向高而攀　向新而进

——新时代十年国家高新区创新发展回顾与总结

吕先志　李有平　庞鹏沙◎编著

科学技术文献出版社
SCIENTIFIC AND TECHNICAL DOCUMENTATION PRESS

·北京·

图书在版编目（CIP）数据

向高而攀　向新而进：新时代十年国家高新区创新发展回顾与总结 / 吕先志，李有平，庞鹏沙编著. —北京：科学技术文献出版社，2023.8（2024.3重印）

ISBN 978-7-5235-0666-0

Ⅰ.①向… Ⅱ.①吕… ②李… ③庞… Ⅲ.①高技术产业区—产业发展—研究—中国 Ⅳ.① F127.9

中国国家版本馆 CIP 数据核字（2023）第 161506 号

向高而攀　向新而进——新时代十年国家高新区创新发展回顾与总结

策划编辑：郝迎聪　　责任编辑：王　培　　责任校对：张吲哚　　责任出版：张志平

出　版　者	科学技术文献出版社
地　　　址	北京市复兴路15号　邮编 100038
编　务　部	(010) 58882938，58882087（传真）
发　行　部	(010) 58882868，58882870（传真）
邮　购　部	(010) 58882873
官方网址	www.stdp.com.cn
发　行　者	科学技术文献出版社发行　全国各地新华书店经销
印　刷　者	北京虎彩文化传播有限公司
版　　　次	2023 年 8 月第 1 版　2024 年 3 月第 2 次印刷
开　　　本	787×1092　1/16
字　　　数	216千
印　　　张	16.75
书　　　号	ISBN 978-7-5235-0666-0
定　　　价	98.00元

编委会

引　言

党的十八大以来，深化改革开放、推动创新驱动发展成为党中央治国理政的重要着力点。改革进入了深水区，开放迈向了新阶段，创新驱动发展成为国家战略，创新成为国家五大发展理念之首，创新的性质和范畴发生了新的变化。习近平总书记特别指出："实施创新驱动发展战略，就是要推动以科技创新为核心的全面创新。"2013 年 9 月 30 日，中共中央政治局在北京中关村以实施创新驱动发展战略为题举行第九次集体学习，习近平总书记指出："现在看来，发展中关村、建设高新区这步棋是走对了"。要求国家高新区必须致力于全面营造有利于创新的环境和开展自主创新，实现高新区向"创新经济生态"的全面发展转型。

当今世界，百年未有之大变局加速演进，国际环境更趋于复杂严峻。新一轮科技革命和产业变革加速推进，特别是第四次工业革命和第二次机器革命交织叠加，前沿技术和颠覆性技术群体突破、持续涌现，引发科技产业的重大变革，催生一批未来技术和未来产业，正在对经济社会发展、国际政治格局、人类文明进步等各个方面产生重大而深远的影响。新一轮科技革命和产业变革深入发展，全球创新创业进入高度密集活跃期，颠覆性技术不断涌现，国际科技经济竞争日趋激烈，创新驱动成为许多国家谋求竞争优势的核心战略。各国纷纷把加快培育区域创新优势作为战略重点，采取措施吸引各种创新要素，积极抢占全球科技创新和高技术产业发展新的战略制高点。在创新全球化的大趋势下，美国挑起贸易摩擦和贸易战争，以期扼制我国高科技产业发展，使我国更加重视科技创新和关键核心技术，加快形成"你有我也有""你中有我、我中有你"的竞争格局。国家高新区作为我国创新驱动发展的一面旗帜，要承担时代赋予的历史使命，代表国家参与全球科技经济竞争合作，加速创新发展步伐。

新时代十年，国家高新区"又高又新"发展取得重大成效，有力支撑了我国经济社会高质量发展。目前，国家高新区面临国际格局之变、周期叠加、变量涌现，经济社会发展阶段变迁、经济发展治理形态系统转换、城市建设发展范式转变，党和国家实施创新驱动发展战略对新时代国家高新区建设发展提出了更高要求。国家高新区要以习近平新时代中国特色社会主义思想为指导，全面贯彻落实党的二十大精神，坚持"高""新"定位，秉承"发展高科技、实现产业化"初心使命，贯彻新发展理念，以推进高质量发展为主题，以率先引领实现中国式现代化为目标，以科教兴国战略、人才强国战略、创新驱动发展战略为指引，持续深化体制机制改革和扩大对外开放，强化创新策源能力，培育壮大世界级科技企业，构建现代化产业体系，建设宜居宜业宜创现代化园区，奋力打造新时代国家高新区高质量发展升级版，为实现高水平科技自立自强，加快建设社会主义现代化国家提供重要支撑。

目　录

一、国家高新区坚守"牢记初心，不忘使命"要求 ……………………………1

（一）国家高新区体现"使命驱动"式发展 ……………………………………1

1. 习近平总书记关怀新时代国家高新区发展 ……………………………1

2. 坚守"发展高科技、实现产业化"初心使命 ……………………………2

3. "创新驱动"引导国家高新区迈向"中国式现代化"新征程 …………3

4. 各省市推动国家高新区建设探索与实践 ………………………………5

（二）国家高新区新时代十年取得了显著成绩 ………………………………8

1. 走出了一条中国特色高新技术产业化道路 ……………………………8

2. 积累了宝贵的高新经验 …………………………………………………11

3. 形成了独特的高新范式 …………………………………………………13

二、加快集聚高水平创新资源，科技自立自强筑牢发展根基 ……………15

（一）高端人才迈向国际一流水平 …………………………………………15

1. 从业人员稳定增长，各类人才广泛汇集 ……………………………15

2. 人才构成日益丰富，高素质人才成为主力 …………………………16

（二）创新资本走向多元化、前沿化 ………………………………………17

1. 财政科技支出增长，稳健实施税收优惠政策 ………………………17

2. 企业 R&D 投入增加，为创新打下坚实基础 ………………………18

3. 吸引社会风险投资增速明显，总额已超硅谷 ………………………19

（三）技术交易规模和质量双提升 …………………………………………20

1. 技术交易规模扩大，科技成果源头供给能力提升 …………………20

2. 企业技术交易活跃，技术吸纳能力显著提升 …………… 21

（四）创新高端化，并肩创业社会化 …………………………… 22

1. 国家级研发机构超 5000 家，新型研发机构蓬勃发展 …… 22

2. 孵化载体数量加速增长，大众创业蔚然成风 …………… 23

（五）国家高新区自立自强典型案例 …………………………… 25

1. 青岛高新区：打造人才引育生态与发展路线图 ………… 25

2. 东莞松山湖高新区：加强重大科学装置布局 …………… 25

3. 上海张江高新区：建立完善的科技金融生态系统 ……… 26

4. 宁波高新区：加大科技投入，促进研发创新 …………… 27

5. 苏州高新区：加快集聚高水平科教资源 ………………… 28

6. 九江共青城高新区：聚焦大学生育留的大学城模式 …… 29

三、积极培养高成长科技企业，强化主体地位推进四链融合 …… 30

（一）高新技术企业数量加速增长 ……………………………… 30

1. 高新技术企业大幅增长，加速科技繁荣 ………………… 30

2. 科技型中小企业兴起，新一代创新力量涌现 …………… 30

（二）瞪羚企业孕育能力持续增强 ……………………………… 32

1. 瞪羚企业群体稳步增长，近四成分布在制造业 ………… 32

2. 瞪羚企业科技创新动力强劲，推动经济高质量发展 …… 33

（三）独角兽企业出现爆发式增长 ……………………………… 36

1. 独角兽企业数量大幅增长，总估值超万亿美元 ………… 36

2. 独角兽青睐硬科技发展，新赛道科技属性强 …………… 39

（四）企业上市融资渠道更加多元 ……………………………… 41

1. 上市企业数量持续增长，总体规模不断壮大 …………… 41

2. 上市企业融资渠道更加多元，融资能力不断提升 ……… 41

（五）企业梯度培育机制逐步完善 ·······························42

　　1. 推动科技企业孵化，种子企业快速成长 ···············42

　　2. 试点创新积分制，破解科技企业融资难题 ···········43

　　3. 举办创新创业大赛，有效挖掘潜力科技企业 ·········44

（六）国家高新区四链融合发展典型案例 ·····················48

　　1. 深圳高新区：聚焦企业创新主体服务的发展模式 ·····48

　　2. 西安高新区：硬科技企业发展的路径与实践 ·········49

　　3. 合肥高新区：四链条驱动的企业培育模式 ···········51

　　4. 成都高新区：PI-IP-IPO 上市企业培育模式 ·········53

四、引领产业向高端化发展，为经济高质量发展注入强劲动力 ···56

（一）持续巩固优势产业领先地位 ···························57

　　1. 全面提升产业链现代化水平，不断巩固优势产业领先地位 ···57

　　2. 加快新型工业化发展，建设以实体经济为支撑的现代化产业体系 ···58

　　3. 大力发展数字经济，促进数字经济和实体经济深度融合 ···59

　　4. 推动园区绿色低碳发展，成为我国绿色经济的先导区和示范区 ···59

　　5. 着力推动补链强链，保障产业链供应链安全稳定 ·····60

（二）不断培育壮大新兴产业规模 ···························61

　　1. 推动战略性新兴产业融合集群发展，培育建立新的增长引擎 ···62

　　2. 高技术服务业"小步快跑"，成为支撑高质量发展的重要力量 ···62

　　3. 科技服务体系持续完善，新兴服务业态加速涌现 ·····63

　　4. 培育壮大创新型产业集群，持续提升集群发展质量 ···63

（三）前瞻性布局发展未来产业 ·····························66

　　1. 积极谋划和布局未来产业，探索形成生动实践 ·······66

　　2. 以未来技术引领未来产业创新，在重点行业领域形成发展优势 ···67

（四）产业组织与服务平台协同发展 ·······················68

  1. 产业服务平台数量持续增长，种类不断丰富 ···········68

  2. 支持产业组织创新，持续提升产业配置能力 ···········70

  3. 政府搭台推动服务多元化，形成常态化众扶平台 ·······70

（五）国家高新区产业高端化发展案例 ·····················71

  1. 天津滨海高新区：率先实现信创产业国产替代全链条布局 ···71

  2. 武汉东湖高新区：打造万亿级光电产业集群 ···········72

  3. 苏州高新区：打造面向未来的光子产业创新集群 ·······74

  4. 贵阳高新区：从无到有发展大数据产业 ···············76

  5. 潍坊高新区：创新突围元宇宙产业 ···················79

  6. 湖州莫干山高新区：特色布局地理信息产业 ···········81

五、策源出新，持续产生原创性和颠覆性科技成果 ···········84

（一）原始创新策源能力显著增强 ·························84

  1. 重大科研力量加速聚集，支撑基础研究开展 ···········84

  2. 原创性成果加速涌现，成为我国创新策源高地 ·········87

（二）新技术新成果不断涌现 ·····························88

  1. 突破一批关键核心技术，推动实现科技自立自强 ·······88

  2. 专利产出效率持续提升，知识产权含金量领跑全国 ·····89

  3. 高新技术产品实现近 3 倍增长，国际竞争力增强 ·······93

（三）新技术开辟新领域新赛道 ···························94

  1. 技术迭代推动传统产业升级 ·························94

  2. 前沿技术应用转化形成新产业 ·······················95

  3. 颠覆性技术突破催生未来产业 ·······················97

（四）高新区策源出新典型案例 ···························99

  1. 中关村科技园区：抢占未来发展制高点，人工智能产业综合实力

　　　居全球前列 ……………………………………………………… 99

　　2. 合肥高新区：聚焦量子产业前瞻布局，加速"世界量子中心"
　　　建设 ………………………………………………………… 100

　　3. 石家庄高新区：强化企业科技创新主体地位，打造千亿级生物
　　　医药产业集群 …………………………………………… 101

　　4. 成都高新区：加快构建数字文创产业体系，打造中国数字文创
　　　第一城 …………………………………………………… 102

　　5. 深圳高新区：抢抓发展机遇，构建新能源汽车产业"先发优势"… 103

六、改革立新，提升科技治理能力和体系现代化水平 ………… 105

　（一）治理现代化是国家高新区进入新时代的必然要求 ……… 105

　（二）推动简政放权改革是高新区治理现代化的新方向 ……… 106

　　1. 加大事权下放力度，提升行政治理效率 ………………… 106

　　2. 优化权责清单制度，政府市场界限更加明晰 …………… 107

　（三）加强国家高新区管理职能是提升治理能力的基础 ……… 108

　　1. 加强党的统一领导，进一步增强思想凝聚力 …………… 108

　　2. 创新组织管理机制，提升治理效能和活力 ……………… 109

　（四）建设服务型政府是高新区治理现代化的必经之路 ……… 112

　　1. 打造服务型政府，推进社会共建共治共享 …………… 112

　　2. 应用新技术，拓展政务服务新场景新模式 …………… 113

　（五）高新区改革立新典型案例 ………………………………… 115

　　1. 天津滨海高新区：法定机构改革打破制度障碍 ……… 115

　　2. 济南高新区：授权下放改革开启探索新篇章 ………… 116

　　3. 郑州高新区：人事管理和薪酬制度改革激励干事创业 … 116

　　4. 佛山高新区：一区多园模式以改革促统筹 …………… 117

　　5. 上海紫竹高新区：高新区民企开发机制新探索 ……… 118

七、开放创新，加快构建开放合作协同发展新格局 ················ 120

（一）积极有力支撑服务国家重大发展战略 ················ 120

1. 深度融入重大区域战略，加强"一带一路"倡议协同 ········ 120

2. 积极推动区域协调发展，示范构建新发展格局 ········ 122

3. 响应新型城镇化号召，持续提升产城融合发展水平 ········ 123

（二）全面打造具有全球竞争力的开放创新生态 ········ 125

1. 国际人才密度持续提升，科技创新支撑体系增强 ········ 125

2. 国际创新成果竞相涌现，国际竞争力显著增强 ········ 126

3. 积极融入国际创新网络，国际深度合作更加频繁 ········ 127

（三）国家高新区开放创新典型案例 ················ 128

1. 国际合作：苏州工业园区交出高质量发展新答卷 ········ 128

2. 服务业扩大开放试点：中关村科技园区打开发展新格局 ········ 129

3. 区域协同：长三角国家高新区打造世界级集成电路产业联盟 ········ 131

4. 对口帮扶：国家高新区对口帮扶促进乡村振兴发展 ········ 133

5. 南北互动：深哈产业园打造科技赋能东北振兴示范样板区 ········ 135

6. 东西合作：张江—兰白高新区携手打造东西部合作科创共同体 ········ 137

八、城市更新，打造宜居宜业宜创高品质生态标杆 ········ 140

（一）绿色低碳集约水平持续提升 ················ 140

1. 积极构建现代环境治理体系，绿色集约发展成效突出 ········ 140

2. 绿色低碳技术研发和产业加速发展，助力实现碳达峰碳中和 ········ 141

（二）产业发展与城市功能深度融合 ················ 141

1. 城市设施与形态不断完善，推动构建产城融合科技新城 ········ 141

2. 公共服务水平持续提升，增强园区吸引力和凝聚力 ········ 142

（三）数字赋能提升园区治理水平 ················ 142

1. 基础设施向数字化智能化发展，不断强化创新场景应用 ········ 142

2.园区治理向数字化精细化转变，积极拓展数字城市新空间………143

（四）高品质生态园区案例……………………………………143

1.苏州工业园区：高颜值园区典范……………………143

2.安康高新区：产城绿融合发展新路径………………144

3.杭州高新区：建设智慧园区…………………………144

4.武汉东湖高新区：探索绿色技术应用………………145

5.无锡高新区：建设零碳科技产业园…………………145

九、国家自创区先行先试，以科技现代化支撑中国式现代化……146

（一）国家自创区在应对国际金融危机中显身手……………146

1."危中求机"，国家自创区建设实现"三步走"………146

2.近五成自创区聚集东部地区，城市群趋势特征显著………149

3.创新示范效果日趋突显，有力支撑我国科技创新……151

（二）以更大的格局、更大的魄力推进国家政策协同………154

1.战略定位各具特色，有力支撑区域战略发展………154

2.加强试点协同，推进国家各类试点深度融合………157

（三）以科技创新为核心全面建设更具活力的体制机制………158

1.深化科技体制改革，探索建立高效科技创新体系……158

2.推进管理体制机制改革，提升园区组织管理效率……160

（四）围绕深层次优化营商环境继续开展政策先行先试………161

1.区域政策环境不断优化，人才建设成为关注焦点……161

2.先行先试政策加快落实和推广，示范引领作用明显……166

（五）国家自创区推进科技现代化典型案例……………………168

1.中关村国家自主创新示范区：发挥改革"试验田"作用，
全面深化先行先试改革………………………………168

2.苏南国家自主创新示范区：完善体制机制，提升创新一体化水平……170

3. 天津国家自主创新示范区：成立联动创新区，提升"双自
联动"创新水平 ························· 172

4. 郑洛新国家自主创新示范区：强化统筹，推动协同创新发展 ····· 173

5. 珠三角国家自主创新示范区：构建粤港澳科技合作机制 ········ 174

6. 福厦泉国家自主创新示范区：深化与福建自贸区联动发展 ······· 175

十、国家高新区未来发展展望 ······················· 177

（一）全球科技园区建设趋势 ······················ 177

1. 世界科技园区发展历程 ······················· 177

2. 世界科技园区发展趋势 ······················· 178

（二）全力打造国家高新区高质量发展升级版 ·············· 181

1. 国家高新区高质量发展升级版的战略定位 ············· 181

2. 国家高新区高质量发展升级版的主要任务 ············· 182

附　录 ···································· 187

附录一　178 家国家高新区名单 ··················· 187

附录二　国务院关于促进国家高新技术产业开发区高质量发展的
若干意见 ························· 197

附录三　科技部关于印发《"十四五"国家高新技术产业开发区
发展规划》的通知 ····················· 204

附录四　科技部关于印发《国家高新技术产业开发区综合评价指标
体系》的通知 ······················· 229

附录五　科技部关于印发《国家高新区绿色发展专项行动实施方案》
的通知 ·························· 241

附录六　新时代十年国家高新区大事记 ··············· 250

一、国家高新区坚守"牢记初心，不忘使命"要求

（一）国家高新区体现"使命驱动"式发展

1. 习近平总书记关怀新时代国家高新区发展

习近平总书记高度重视和关心国家高新区发展建设，亲自谋划、亲自部署、亲自推动，先后40多次到国家高新区考察和指导工作，为国家高新区高质量发展给予关键指引。2023年4月以来，习近平总书记先后到广州高新区、石家庄高新区、呼和浩特金山高新区考察，5月25日专门向2023中关村论坛致贺信，7月5日又到苏州工业园区考察调研，对高新区发展作出系列重要指示。关于高新区的内涵和定位，2013年8月，习近平总书记在大连高新区提出"又高又新"重要指示，为新时代国家高新区高质量发展指明了方向。习近平总书记强调，"高新区就是又要高又要新，高是高水平，新是新技术，要体现高新含量，不能搞粗放经营、什么'菜'都装进高新区的筐子里"，"高新区是科技的集聚地，也是创新的孵化器。看一个高新区是不是有竞争力、发展潜力大不大，关键是看能不能把'高'和'新'两篇文章做实做好"。关于高新区的使命与任务，2023年7月，习近平总书记在苏州工业园区考察时强调，高科技园区在科技自立自强中承担着重大而光荣的历史使命，要加强科技创新和产业创新对接，加强以企业为主导的产学研深度融合，提高科技成果转化和产业化水平，不断以新技术培育新产业、引领产业升级。关于高新区的发展方向和路径，习近平总书记2021年在中关村论坛上表示支持中关村开展新一轮先行先试改革，加快建设世界领先的科技园区。习近平总书记强调，"高新科技园区要围绕国家战略需要，坚持高水平规划、高标准建设、

走集约化、内涵式发展道路，要重视基础设施规划建设，更要打通产业链、供应链，在区域经济发展中发挥带动和辐射作用。"2022 年 6 月 28 日，习近平总书记在武汉东湖高新区考察时指出，"如果我们每一座城市、每一个高新技术开发区、每一家科技企业、每一位科研工作者都能围绕国家确定的发展方向扎扎实实推进科技创新，那么我们就一定能够实现既定目标"。

习近平总书记关于国家高新区的系列重要指示，为我们做好国家高新区工作提供了根本遵循，指明了前进方向。我们要深入学习领会，牢牢把准政治方向，切实把思想和行动统一到习近平总书记的重要指示精神上来，主动担当作为，善于在危机中育先机、于变局中开新局，为加快实现高水平科技自立自强，以中国式现代化全面推进中华民族伟大复兴作出更大贡献。

2. 坚守"发展高科技、实现产业化"初心使命

20 世纪中叶，全球电子和信息产业迅速崛起，引发了新一轮技术及产业革命，美国 128 公路、硅谷、英国剑桥科技园、我国台湾新竹科学园等园区快速壮大，极大地推动了高新技术产业发展。在此背景下，党中央经过综合研判，进行了一系列重大经济体制和科技体制改革。1978 年 3 月，中共中央、国务院召开全国科学大会，邓小平同志提出"科学技术是生产力"的著名论断，我国迎来了"科学的春天"。1985 年 3 月，中共中央作出了《关于科学技术体制改革的决定》，明确提出"要在全国选择若干智力资源密集的地区，采取特殊政策，逐步形成具有不同特色的新兴产业开发区"。

建设国家高新区，是党中央、国务院在推进国家改革开放和社会主义现代化建设进程中作出的重大战略部署，是中央和地方迎接世界新技术革命挑战，抢抓机遇、科学决策、通力协作的重要体现。1988 年 5 月，国务院批准建立第一个国家高新区——北京新技术产业开发试验区。国家高新区由此正式登上历史舞台，拉开了我国建设国家高新区的序幕。在中关村成功探索的基础上，1991 年和 1992 年，国务院先后批准建立了 51 家国家高新区，全面启动国家高新区建设，为促进科技成果的转化和商品化，探索科技与经济结合的体制机制和社会主义市场经济体制发挥了先行者的作用。进入 21 世纪，我国全面融入国际竞争与合作，为适应新的形势和要求，科技部在总结前一阶段国家高新区建设经验的基础上，研究提出了国家高新区"二次创业"的新任务和新目标。重点是从第一阶段的外延式发展向更加依靠科技创新的内涵式发展转变，更加注重"创新驱动、内生增长"。党的十八大以来，创新驱动发展成为国家战略，创新成为国家五大发展理念之首，创新的性质和范畴发生了新的变化。国家高新区开始从产业园区向科技生态社区转变，更加注重打造创新创业生态、更加注重提升自主创新能力和新兴业态的培育，国家高新区的发展质量明显提高。2020 年 7 月 13 日，国务院印发《关于促进国家高新技术产业开发区高质量发展的若干意见》（国发〔2020〕7 号），对新时期国家高新区高质量发展进行全面部署。2022 年，国务院先后批复滁州高新区、拉萨高新区等 8 家高新区升级为国家高新区，实现大陆地区省级行政单元全覆盖。2023 年 6 月，国务院批复阿克苏阿拉尔高新区升级为国家高新区，国家高新区总数达到 178 家。

3. "创新驱动"引导国家高新区迈向"中国式现代化"新征程

党的十八大以来，党中央关于科技创新的顶层设计为国家高新区高质量发展提供战略引领。2012 年，党的十八大报告首次提出实施创新驱动发展战略，强调"科技创新是提高社会生产力和综合国力的战略支撑，必须摆在国家发展全局的核心位置。"此后，党中央不断丰富和完善创新驱动发展战略的思想和内涵，指导我国创新驱动发展实践。2015 年 10 月，党的十八届五中全会明确提出了创新、协调、绿色、开放、共享的新发展理念，其中创新着重解决发展动力问题，并且位居五大发展理念首位，"五位一体"的发展理念吹响国家高新区新时代号角。为贯彻落实创新驱动发展战略，2016 年中共中央、国务院发布《国家创新驱动发展战略纲要》，该纲要是我国实施创新驱动发展战略的纲领性文件，指出了战略的背景、要求、部署和任务，明确了战略的保障和组织实施。

2017年10月，党的十九大报告进一步指出，"创新是引领发展的第一动力，是建设现代化经济体系的战略支撑"，强调要加快建设创新型国家，促进科技创新与实体经济的高度融合。党的十九届五中全会通过的《中共中央关于制定国民经济和社会发展第十四个五年规划和二〇三五年远景目标的建议》，提出"坚持创新在我国现代化建设全局中的核心地位，把科技自立自强作为国家发展的战略支撑"，对创新作出专章部署，并放在各项规划任务的首位，充分体现了党中央对以改革促创新、以创新促发展的高度重视。

党的二十大报告提出，加快实施创新驱动发展战略。习近平总书记在学习贯彻党的二十大精神研讨班开班式上发表重要讲话指出，"要把创新摆在国家发展全局的突出位置，顺应时代发展要求，着眼于解决重大理论和实践问题，积极识变应变求变，大力推进改革创新，不断塑造发展新动能新优势，充分激发全社会创造活力"。党的二十大指出，必须坚持科技是第一生产力、人才是第一资源、创新是第一动力，深入实施科教兴国战略、人才强国战略、创新驱动发展战略，开辟发展新领域新赛道，不断塑造发展新动能新优势。"全面建设社会主义现代化国家，实现第二个百年奋斗目标，创新是一个决定性因素。"

作为创新驱动发展示范区和高质量发展先行区，国家高新区承担着加快实现中国式现代化的重要职责，国家层面对国家高新区的发展提出了更高的要求。2017年，印发《国务院办公厅关于促进开发区改革和创新发展的若干意见》（国办发〔2017〕7号），进一步引导开发区发挥改革开放排头兵的作用，形成新的集聚效应和增长动力，引领经济结构优化调整和发展方式转变。2020年，中央机构编制委员会印发《关于规范开发区管理机构 促进开发区创新发展的指导意见》（中编委发〔2020〕7号），加强开发区机构编制管理，促进开发区体制机制创新，推动开发区高质量发展。同年，国务院印发《关于促进国家高新技术产业开发区高质量发展的若干意见》（国发〔2020〕7号），进一步促进国家高新区高质量发展，发挥好示范引领和辐射带动作用。3个7号文件对下一步指导国家高新区创新发展具有指导性意义。

2022年11月，科技部印发国家高新区"十四五"规划，明确国家高新区按照创新引领、改革驱动、开放协同、绿色智能、特色发展五大原则，把握跃升发展机遇，主动迎接挑战，强化原始创新，加快突破关键核心技术，全面塑造又"高"又"新"发展新优势，成为支撑高水平科技自立自强的第一方阵，率先成为支撑科技自立自强的创新高地、具有吸引力的人才高地、具有国际竞争力的产业高地、服务新发展格局的开放高地和制度与政策创新的改革高地。

在专项工作方面，围绕绿色协调可持续发展理念，科技部印发《国家高新区绿色发展专项行动实施方案》（国科发火〔2021〕28号），旨在推动国家高新区加强绿色技术供给、构建绿色产业体系、实施绿色制造工程、提升绿色生态环境、健全绿色发展机制，进一步探索和形成科技创新引领绿色崛起的高质量发展路径，将国家高新区打造成为引领科技创新，经济发展与绿色生态深度融合、协调发展，全面支撑生态文明建设和美丽中国建设的示范区。在科技金融赋能创新方面，以提升科技企业创新能力和发展质量为目标，推进创新积分制等科技金融工具赋能高质量发展，加快推进政策工具创新以更好地适应新时代科技创新需要，通过体制机制改革，打通财税政策、科教资源、产业资源、金融资源支持企业创新的直接通道，精准引导技术、资金、人才、数据、土地等各类生产要素向高新区内科技企业有效集聚，全面激发微观主体创新活力，助力"硬科技""好苗子"企业脱颖而出，为实现高水平科技自立自强、促进经济稳定增长和高质量发展提供有力支撑。

4. 各省市推动国家高新区建设探索与实践

国务院及各部委针对不同时期、不同任务，发布了数十项与国家高新区有关的政策文件，并对高新区实施分类指导，有力地支持和规范了国家高新区的建设与发展。在国家政策指导下，各省市地方政府充分发挥地方优势和积极性，加强国家高新区管理体制机制创新探索，为国家高新区高质量发展积极营造有利于各种创新要素聚集和融合的良好环境，有效促进了高新区快速发展。无论是针对国家高新区的创新管理、科技创新政策的制定，还是科技项目的实施，这种自上而下的发展统筹和创新推动，使得地方的科技创新之路更具有中国特色。各地在支持高新区创新发展过程中，通常把优化创新创业生态环境、集聚高端创新资源、培育壮大高新技术产业、促进科技型企业梯度培育等作为重要抓手，通过一系列政策支持，加快推进国家高新区高质量发展。有的地方出台一揽子综合性政策，如南京市出台《市政府关于促进高新技术产业开发区高质量发展的实施意见》，通过持续深化体制机制改革、加快提升原始创新能力、加速培育雁阵式企业矩阵、培育壮大高新技术产业集群、加大协同开放创新力度、营造高质量发展环境等，支持南京高新区打造成为创新驱动发展示范区和高质量发展先行区，为建设引领性国家创新型城市，积极争创区域科技创新中心和综合性国家科学中心提供有力支撑；无锡市出台《关于支持无锡高新区开放创新高质量发展 打造现代化国际化建设先行示范的意见》，指出将无锡高新区放到更高层级更广维度，科学统筹、系统推进，全力打造具有世界影响力的高科技园区和具有全球竞争力的现代化国际化创新型城区；武汉市出台《市人民政府关于印发促进武汉东湖新技术开发区高质量发展行动方案的通知》，指出围绕将东湖高新区建设成为世界一流科技园区、全国创新驱动发展示范区、中部地区高质量发展先行区和长江中游践行"两山理念"样板区的发展定位，加快推进以东湖科学城为核心的光谷科创大走廊建设，大力创建湖北东湖综合性国家科学中心和武汉国家科技创新中心，为国家高水平科技自立自强提供战略支撑。在科学城建设方面，厦门市出台《关于加快推进厦门科学城建设的若干措施》、重庆市出台《重庆市人民政府关于支持西部（重庆）科学城高质量发展的意见》等，均指出要加快建设一流科学城，推动科学城高质量发展。合肥高新区出台《合肥高新区建设世界领先科技园区进一步支持科技创新若干政策措施》、成都高新区出台《成都高新技术产业开发区关于加快创建世界领先科技园区的若干政策》，从创建世界领先科技园区的高度提出支持创新发展的系列政策。有的地方则针对具体的业务内容出台更有针对性的支持鼓励政策，如杭州高新区出台《关于推动创新链产业链"两链"深度融合的若干政策》、西安高新区出台《西安高新区关于支持硬科技创新的若干政策措施》、常州高新区出台《加快推进企业上市挂牌实现高质量发展的若干政策》。这些地方的实践探索，为其他地区甚至国际社会提供了宝贵的实践经验。

国家高新区作为我国和地方实施创新驱动发展战略的重要抓手，其探索与实践的重要性不言而喻。中关村科技园已经成为我国改革"试验田"，围绕解决制约创新发展的核心问题先后出台了"1+6"、"新四条"、"新新四条"、两轮人才特区政策、财税政策等80多项改革措施，已有30多项政策复制推广到全国，正在率先探索新一轮先行先试改革。深圳国家高新区借助首个经济特区的政策和地理优势，通过深化科技体制改革，构建了以市场为导向的科技创新体系，采取了一系列有效的措施，吸引和培育了大量科技创新人才，促进了科技成果的商业化和产业化，催生了华为、腾讯和大疆等具有国际影响力的科技企业，彰显了深圳高新区在科技创新中的开放态度和创新精神。苏州工业园区将绿色发展理念深入到园区发展的每一个细节之中，以策略智慧和高效的执行力向世界展示了绿色发展的价值和可能性。通过深度整合环保与经济效益，推动存量企业实施节能减排、能源管理等改造，同时，强调数字化在绿色发展中的关键作用，通过推动制造业企业智能化改造和数字化转型，引导生产方式的提档升级，提升了企业的环保效益与经济效益。这些做法不仅改造升级了传统工业，也引领了新兴产业的绿色发展。紫竹高新区是全国唯一一个由政府、企业和高校联合投资并由民营企业为投资开发主体运作的新型高新技术产业开发区，它的创建者们充分利用了紫江集团、闵行区及上海交通大学的资源，构建了一个以产、学、研一体化为核心的创新生态体系。2019年，紫竹高新区进一步推出了《紫竹国家高新技术产业开发区社会责任工作手册暨社会责任战略规划（2019—2021）精要》，成为全国首个开展企业社会责任与可持续发展工作的国家级高新区，标志着它在社会责任建设的探索中迈出了重要的一步。

（二）国家高新区新时代十年取得了显著成绩

1. 走出了一条中国特色高新技术产业化道路

十年来，国家高新区牢记习近平总书记嘱托，坚持"高""新"定位，坚守"发展高科技、实现产业化"初心使命，立足新发展阶段，在践行新发展理念、构建新发展格局上取得实质性进展，持续推动创新驱动高质量发展迈上新台阶。截至 2023 年，国家高新区总数达 178 家，较 2012 年增加 89 家；依托 66 家国家高新区建设 23 家国家自主创新示范区，较 2012 年增加 20 家。

十年来，国家高新区自主创新能力大幅提升，成为我国科技创新体系的重要组成部分和区域创新高地。国家高新区成为重大原创成果策源地，第一枚人工智能芯片、第一台超导量子计算原型机、全国首台 100 千瓦连续光纤激光器等均诞生在国家高新区。智能机器人、卫星导航、细胞与基因治疗等在国家高新区加速转化和产业化，国家高新区成为开辟新赛道、培育未来产业的主阵地。承担国家"新冠肺炎疫情防控应急科研攻关项目"的 58 家企业，2/3 来自国家高新区，在检测试剂、疫苗和药物等方面涌现了一批新技术、新产品。杭州高新区海康威视与士兰微、矽力杰、瑞盟等芯片企业通过组建企业创新联合体，集中攻关芯片研发技术，核心元器件的对外采购量由 40% 左右下降到 10%；武汉东湖高新区相继涌现首颗三维相变存储芯片、首款百万像素级双色双波段红外探测器、首个 10 万瓦光纤激光器、首台新型显示喷印装备等"光谷原创"关键核心技术和"国之重器"。

十年来，国家高新区坚持经济发展质量和效益并举，带动区域经济结构调整和发展方式转变、实现又好又快发展，成为国民经济社会持续强劲增长的重要力量。2021 年，国家高新区园区生产总值 15.6 万亿元，占我国当年国内生产总值（GDP）的 13.4%；实现税收收入 1.7 万亿元，同比增长 14.3%；实现营业收入 49.5 万亿元，工业总产值 29.4 万亿元，利润总额 4.1 万亿元，同比分别增长 8.4%、14.6%、17.9%。国家高新区实现劳动生产率 41.4 万元/人，是全国平均水平的 2.7 倍；从业人员中本科以上人员占比 40.9%，每万名从业人员中 R＆D 人员全时当量为 750.7 人年，是全国的 10 倍。国家高新区以全国 2.5% 的建设用地创造了 13.4% 的 GDP。

十年来，国家高新区创新创业环境得到了快速且持续地改善，创新创业创造热潮持续涌现。国家高新区聚集了 84% 的国家重点实验室、78% 的国家技术创新中心、56% 的国家科技企业孵化器、43% 的国家备案众创空间。国家高新区集聚了 9469 家创业风险投资机构和 6759 家科技金融服务机构，是我国天使投资、风险投资最活跃的地区。创新创业创造已经成为国家高新区的价值导向和生活方式，成为构建区域创新生态系统的"小雨林"。西安高新区聚焦硬科技创业，其中西安光机所投资孵化硬科技企业 384 家，企业总估值 2242 亿元，带动就业超过 3 万人，孵化企业中 2 家已登陆科创板，还有数十家企业正积极筹备科创板上市。成都高新区打造专业化菁蓉汇旗舰，培育估值过亿企业 23 家，累积估（市）值 162 亿元，培育国内"无人机第一股"纵横股份科创板上市公司。

十年来，国家高新区积极营造企业快速成长的环境，科技企业主体规模不断扩大。国家高新区聚集了全国超过 1/3 的科技型中小企业和高新技术企业、近六成的独角兽企业、超过 2/3 的科创板上市企业。深圳高新区支持领军企业组建创新联合体，不断优化公平竞争的市场环境，培育了华为、腾讯、中兴、比亚迪、大疆等知名企业，形成了科技领军企业顶天立地、高新技术企业和科技型中小企业铺天盖地的发展局面。成都高新区出台深化产业培育促进高质量发展政策，建立起科技企业"种子期雏鹰—瞪羚—独角兽—上市龙头"四级梯度培育工作体系，截至 2022 年累计培育市值超百亿上市企业 13 家、独角兽企业 8 家、瞪羚企业 653 家。中关村在全国率先开展独角兽企业研究工作，并先后出台独角兽企业培育专项政策，成立独角兽企业服务联盟，以提供应用场景等方式支持企业发展，培育了超过全国 30% 的独角兽企业。

十年来，国家高新区通过园区共建、异地孵化、产业链协同等方式强化南北互动、东西合作，贯彻落实国家重大区域战略、辐射带动区域协调发展。国家高新区积极探索资源开放、产业协作、品牌共享、园区共建、技术与管理模式输出等多种方式，发挥示范、辐射、引领和带动作用。中关村与全国 26 个省份 77 个地区（单位）建立战略合作关系，合作共建了 27 个科技成果产业化基地。深圳与哈尔滨高新区通过整体委托"飞地"模式共建深哈产业园区，"带土移植"深圳政策，实现南北共赢。上海张江高新区与兰州、白银高新区通过"平台＋服务"模式，探索东西部科技合作新路径。

十年来，国家高新区不断提升国际竞争力，集聚辐射全球创新资源的能力显著增强。国家高新区不断加大开放力度，充分发挥区位优势，创新国际化再加速，通过搭建国际合作大平台、推进国际科技创新合作，深度融入全球创新链条。70% 以上的国家高新区出台了国际化政策，在美国、欧盟等主要创新经济体系设立境外研发机构超 2200 家，为构建开放合作新格局提供了有力支撑。哈尔滨、长春等东北地区高新区面向俄罗斯及东北亚地区加强交流合作。厦门高新区布局"金砖＋"科技加速器项目，与俄罗斯科技园、巴西帕克科技园、巴西达尔文加速器签订合作协议。新疆等西部地区的国家高新区围绕"一带一路"倡议打造创新节点枢纽。

十年来，国家高新区积极践行五大发展理念，创建有利于创新发展的园区"软环境"，着力打造科技、经济、社会、文化、环境和谐发展的现代科技新城。在持续推动园区基础设施建设的基础上，国家高新区不断改进商贸、医疗、交通、教育等城市配套功能，逐步建立起政府、企业、社会的多元化、高效率投入体系，吸引世界一流的人才、技术、资本、研发机构等创新要素在高新区聚集。国家高新区积极创新绿色发展举措，加强绿色低碳技术研发与供给，加快推进"碳中和"示范园区和工厂建设，探索形成各具特色的绿色发展新路子。

2. 积累了宝贵的高新经验

新时代十年，国家高新区成功探索了科技与经济紧密结合的有效途径，积累了促进高新技术产业发展的宝贵经验，在科技创新、经济增长、创新创业、企业培育、区域带动、改革开放、城市配套等方面都取得了显著的成就，为改革开放和经济社会发展作出了重要贡献，形成了宝贵的"高新经验"，主要体现在 3 个"坚持"。

一是始终坚持深化改革、开放合作、创新发展。

坚持深化改革，推动科技体制和经济体制改革的有机结合，建立了有利于高新技术产业发展的体系、机制和环境。国家高新区遵循"小政府，大服务"的理念，适应科技创新规律和高新技术产业发展，建立了机构精简、人员精干、依法行政、高效服务的新型管理体制和运行机制。不断致力于创新自主创新机制、创新产业集聚机制、创新风险投资机制、创新人文环境机制、创新政府服务管理机制，为高新区发展提供了强有力的体制机制保障。

坚持开放合作，加快"引进来、走出去"，在更高层次上对接和整合利用全球创新资源，加强国际交流与合作，塑造和培育国际品牌，把民族智慧和国际经验有效结合在一起。大力引进知名外企、海外科研机构，提升知识创造能力和国际化水平，同时支持高校、科研院所、企业进行国际化合作，提升国际视野和国际竞争力。

坚持创新发展，在每个历史发展节点上，不断以新的发展思想和理念，加快国家高新区建设。坚持以创新寻求突破，鼓励干部职工敢想、敢试、敢闯、敢干，大力推进观念创新、体制创新、管理创新，形成了"敢为人先，勇争一流"的高新区精神，营造了"尊重知识、尊重人才、鼓励创新、支持创业、宽容失败"的良好环境。

二是始终坚持科技与经济结合、政府与市场结合、中央与地方结合。

坚持科技与经济结合，强调科技要面向经济建设主战场，不断探索科技和经济结合的新机制，充分发挥科技先导作用，为经济发展提供强大动力，不断促进科技成果转化，提高产业的竞争力和国际话语权。

坚持政府与市场结合，强调以市场为导向，充分发挥市场在资源配置中的决定性作用，培育和支持市场化、社会化、专业化的科技服务机构与园区运营机构。同时，注重发挥政府的引导作用，从市场需求出发不断调整政策，加大简政放权力度，积极向产业组织者转变。

坚持中央与地方结合，探索形成了由国家科技行政管理部门牵头指导、中央有关部门配合、地方政府组织实施、园区管委会管理运营、中介机构支撑服务、企业自主经营的具有中国特色的组织体系。

三是持续集聚创新创业要素、营造创新创业环境、培育创新创业主体。

持续集聚创新创业要素，形成了以企业为主体的技术创新体系和资源整合与协同创新的新机制。大力引进和扶持高校与科研院所、企业研发中心与技术中心、国家重点实验室、博士后工作站、检测检验机构等创新载体，两院院士、学科带头人、天使投资人等创新人才，以及智库、投融资、中介、培训等机构在内的创新创业要素，为企业成长和产业发展打造了完善的产业生态圈，为园区创新发展提供了源泉。

持续营造创新创业环境，通过"硬环境"与"软环境"的双重发力，使国家高新区成为环境优美、产业配套完善的宜居宜业的创新创业沃土。一方面，加大园区基础设施和环境的改造建设力度，推动经济、社会、自然与人的和谐发展，呈现出"园在城中，城在园内"的风貌，使高新区成为生态绿化之园，生态宜居之地；另一方面，着力培育各类创新创业促进组织，建设公共服务平台，形成结构合理、功能完善、特色鲜明、资源共享的产业生态环境。

持续培育创新创业主体，推动企业从小到大、从大到强。不断扶持和引导企业加大创新投入，提高经营管理水平，开展产学研和跨区域合作，提升利用全球创新资源和开拓国际市场的能力。通过扶植创新主体、构建孵化体系、优化创新环境、聚集创新人才，国家高新区营造有利于科技人员创新创业、科技成果产业化、科技企业孵化的体制机制与环境。

3. 形成了独特的高新范式

十年来，国家高新区群体不断扩大，国家高新区在初心使命、发展动力、发展路径、政府市场联动等方面的探索更加深入，发展模式更加成熟，创新能力持续增强，成为我国独有的、"又高又新"的"高新范式"。

一是坚持以服务国家战略为使命。党中央、国务院高度重视国家高新区发展建设，历届中央领导都心系国家高新区，多次视察国家高新区，作出系列指示、给予殷切期望，并围绕国家高新区不同时期和发展阶段作出重要决策部署。国家高新区坚定不移实行改革开放，推进科技体制改革，深入实施创新驱动发展战略，在社会主义现代化进程中牢牢打上了国家战略的符号，是党和国家战略布局与科学决策的集中体现。

二是坚持以发展高科技、实现产业化为初心。国家高新区从建设之初，就以"发展高科技 实现产业化"为初心使命，把民族智慧和国际经验有效结合在一起，建立了有利于高新技术产业发展的体系、机制和环境，持续不断培育创新创业主体，强化自主创新能力，推动科技成果转化为现实生产力，形成新的动能和增长点，实现高新技术产业从小到大、从弱到强。

三是坚持以深化改革、扩大开放为动力。作为改革开放的试验田，国家高新区自诞生之日起，就与"改革""创新""开放"密不可分，向改革要活力、向创新要动力、向开放要竞争力，勇于打破思想桎梏和体制机制束缚，主动融入全球创新发展体系，在每个历史发展节点上，不断以新的发展思想和理念，持续释放创新发展活力，在深化改革、开放合作中不断创新、不断发展。

四是坚持以创新驱动和内生增长为路径。国家高新区坚持把创新作为挖掘增长动力、开启发展空间的根本出路，积极推进、不断集聚创新资源和创新要素，营造完善的创新创业生态，推进科技成果转化和产业化，为经济发展提供强大动力，持续推动发展质量和效益同步提升，为我们国家创新驱动发展积累了宝贵经验。

五是坚持以发挥市场配置资源的决定性作用为导向。国家高新区利用灵活的体制机制，更好地推动有效市场和有为政府相结合，注重发挥高校院所的创新源头作用、企业的创新主体作用、投资机构和服务机构的专业化服务作用，推动形成要素集聚、互动融通的创新生态系统。

六是坚持以打造宜创宜业宜居科技新城为目标。国家高新区遵循科技创新、园区经济和城镇化协调发展的内在规律，依靠科技创新破解城镇化进程中的矛盾和难题，努力打造科技、经济、社会、文化、环境和谐发展的现代科技新城，为探索新型工业化道路、推进现代化城市进程作出了示范。

二、加快集聚高水平创新资源，科技自立自强筑牢发展根基

（一）高端人才迈向国际一流水平

1. 从业人员稳定增长，各类人才广泛汇集

集聚多层次创新创业人才，是国家高新区工作的重中之重。近年来，国家高新区不断加大人才工作投入，创新和完善人才政策体系，随着人才引进计划的相继出台和园区从业人员生活条件的逐步改善，国家高新区的从业人员总量稳定增长，各类人才不断聚集。2013—2021 年，全国高新区内企业当年新增从业人员整体呈增长态势，由 2013 年的 190.6 万人增至 2021 年的 461.8 万人，实现年均 11.7% 的增速。其中，当年吸纳高校应届毕业生由 2013 年的 48.6 万人增至 2021 年的 80.0 万人，实现年均 6.43% 的增速。全国高新区内企业 2021 年当年吸纳高校应届毕业生占当年新增从业人员的比重为 17.3%，国家高新区成为吸纳高校毕业生就业的重要渠道。

此外，国家高新区通过吸纳大量海外高层次人才创办、经营企业，集聚、整合和利用全球创新资源以加强开放合作，截至 2021 年年底，国家高新区企业从业人员中有留学归国人员 24.5 万人，是 2013 年的 2.5 倍，留学归国人员数量常年保持较快增长。外籍常住人员从 2013 年的 4.9 万人增至 2021 年的 7.0 万人，整体保持稳定增长。2013—2021 年，国家高新区企业从业人员中海外留学归国人员和外籍常驻员工所占比重一直在 1.0% ～ 1.3% 浮动，2021 年为 1.26%，比 2020 年略有上升，这在一定程度上反映了国家高新区人才国际化水平在不断提高。

2. 人才构成日益丰富，高素质人才成为主力

国家高新区以优厚政策聚拢人才、以优质服务留住人才，始终坚持高标准招人聚才与立体化培育人才并举，逐步建立起一支规模宏大、富有创新精神、敢于承担风险的创新型人才队伍。在人才源源不断汇入的同时，国家高新区从业人员队伍的整体结构也在不断优化，高学历化和高技能化趋势明显。从学历来看，2021 年国家高新区从业人员中本科及以上学历人员数为 1026.5 万人、R&D 人员为 276.6 万人、R&D 人员全时当量为 215.7 万人年，较 2013 年分别实现年均 10.9%、7.7% 和 7.6% 的增速，整体保持高速增长态势（图 2-1）。相较于 2013—2021 年高新区从业人员 7.0% 的年均增速，可以看出，高学历人才和科技活动人员的增长速度高于从业人员的平均增速，国家高新区从业人员队伍整体结构不断优化。其中，2021 年本科及以上学历从业人员占比由 2013 年的 30.8% 提升至 40.9%，国家高新区以研究生、本科生为代表的高学历从业人员的占比在不断提升，高学历人才成为主力军。

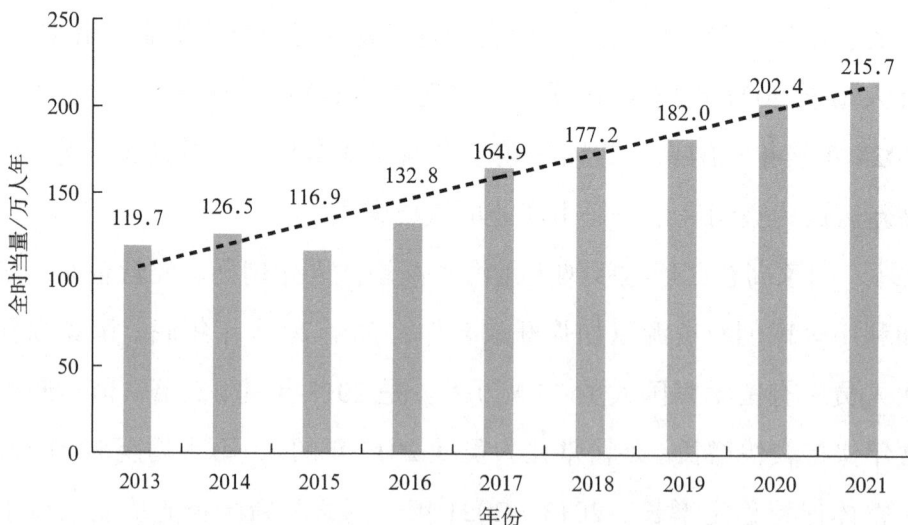

图 2-1 2013—2021 年国家高新区企业 R&D 人员全时当量情况

2021 年，国家高新区中层及以上管理人员数达到 207.0 万人，占从业人

员总数的比例为 8.3%，较上年提高 0.1 个百分点；专业技术人员数达到 733.0 万人，占从业人员总数的比例为 29.2%，较上年提高 1 个百分点。高新区管理人才和技能人才增长迅速，其增长速度均高于从业人员的整体增速（5.2%），分别高出整体增速 0.4 个百分点、3.9 个百分点。2021 年初级及以上技能人员共计 266.2 万人，占从业人员总数的比例为 10.6%，较上年提高 0.1 个百分点，高新区技能人员结构不断优化。

（二）创新资本走向多元化、前沿化

1. 财政科技支出增长，稳健实施税收优惠政策

近年来，国家高新区通过不断加大政府科技资金投入力度，充分发挥财政资金的引导作用，调动社会多元化资金投入创新，财政科技支出整体稳步增加。国家高新区财政科技拨款总额由 2013 年的 495.1 亿元增至 2021 年的 1437.9 亿元，年均实现 14.3% 的增速。财政科技支出占全国财政科技支出比重由 2013 年的 12.4% 增至 2021 年的 14.2%，体现出财政科技支出投入力度不断增加（图 2-2）。

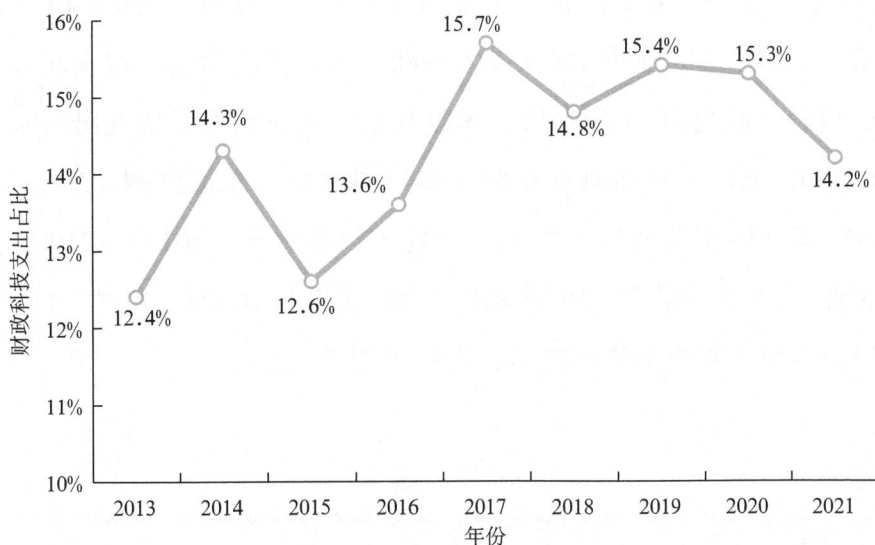

图 2-2　2013—2021 年国家高新区企业财政科技支出占比变化情况

从税收减免的情况来看，国家高新区持续加大税收减免力度，支持和引导企业增加创新投入，激励企业开展科技创新。整体来看，2021 年企业享受税收减免规模（4991.3 亿元）是 2013 年（1220.0 亿元）的 4.1 倍，企业税收减免规模保持高速增长的态势。具体分析，2021 年国家高新区内企业通过各项优惠政策共享受税收减免 4991.3 亿元，较 2020 年企业享受税收减免规模增加 958.4 亿元，其中，企业享受高新技术企业所得税减免 1414.4 亿元、享受研发加计扣除所得税减免 1455.5 亿元、享受技术转让所得税减免 9.6 亿元，此 3 项税收减免较 2020 年同比分别增长 8.7%、45.5% 和减少 11.1%。从享受税收减免结构来看，2020 年研发加计扣除所得税是所占份额最大且增长最快的，为 29.2%；其次是高新技术企业所得税减免额，所占份额较大，为 28.3%，该比例较上年有所下降；最后是技术转让所得税减免额，所占份额为 0.2%，是所得税减免中份额最小的税种。

2. 企业 R&D 投入增加，为创新打下坚实基础

截至 2021 年年底，国家高新区企业研发投入费用持续增长，国家高新区企业 R&D 经费内部支出 10 359.1 亿元，较上年同比增长 12.7%，占全国企业 R&D 经费支出的 48.1%，是 2013 年企业 R&D 经费内部支出（3488.9 亿元）的近 3 倍，整体来看，企业 R&D 投入不断加大，科技活动经费全面提升。从研发强度来看，截至 2021 年年底，国家高新区企业研发经费支出与园区生产总值比例为 6.6%，是全国研发经费支出与国内生产总值比例（2.4%）的 2.7 倍[①]，国家高新区企业的研发投入强度处于较高水平。2013—2020 年，国家高新区企业 R&D 投入占增加值比例由 9.0% 增长至 10.6%，虽然 2021 年略有下降，但研发投入水平整体保持增长态势（图 2-3）。

---

① 文中因小数取舍而产生的误差均未做配平处理。

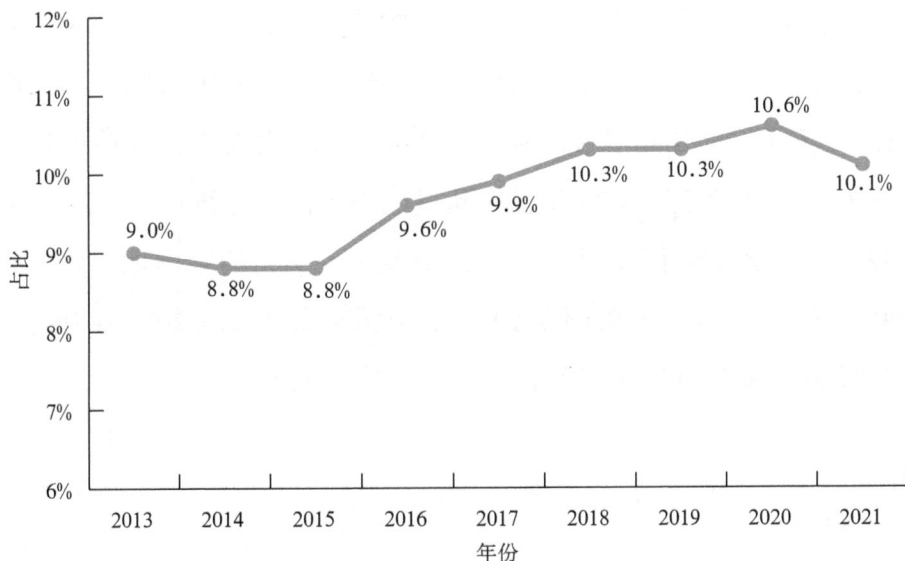

图 2-3　2013—2021 年国家高新区企业 R&D 投入占增加值比例情况

从科技活动经费支出的分布结构来看，2021 年国家高新区企业的人员人工费用占比最高，达到 45.0%，其次是直接投入费用，占比为 28.1%。具体来看，人员人工费用为 10 565.5 亿元，直接投入费用为 6588.3 亿元，折旧费用与长期待摊费用为 959.3 亿元，无形资产摊销费用为 356.3 亿元，设计费用为 450.6 亿元，装备调试费用与试验费用为 538.3 亿元，委托外单位开展科技活动的经费支出费用为 2730.1 亿元。相比 2020 年，各项科技活动经费支出均有所提升，其中委托外单位开展科技活动费用增长最快，同比增速为 23.9%。

3. 吸引社会风险投资增速明显，总额已超硅谷

金融服务机构发挥着促进资本配置和流通的重要功能，国家高新区通过多种举措积极引进和培育金融服务机构，逐步完善科技金融服务体系，其中高新区创投机构发展卓有成效，社会风险投资总额增速明显，总额已超硅谷。截至 2021 年年底，国家高新区共有创业风险投资机构 9469 家，平均每家高新区拥有 56 家，是 2013 年年底国家高新区内创业风险投资机构（2443 家）的 3.9 倍，创投机构发展呈现快速增长的态势。自 2013 年开始，高新区创投

机构当年对企业的风险投资总额进入增长的快车道，几乎以一年翻一番的速度增长，2018年出现爆发式增长，2019年突破千亿元规模，2021年增速加快，达到3619.2亿元，同比增长92.8%（图2-4）。风险投资在规模上也与世界先进园区差距不断缩小，2020年首次超过硅谷地区。据统计，2020年硅谷地区风险投资总额为264亿美元（折合1821.0亿元），旧金山地区风险投资总额为200亿美元（折合1379.5亿元），而中国国家高新区2020年获得创投机构的风险投资总额为1877.1亿元，总额已超硅谷地区。

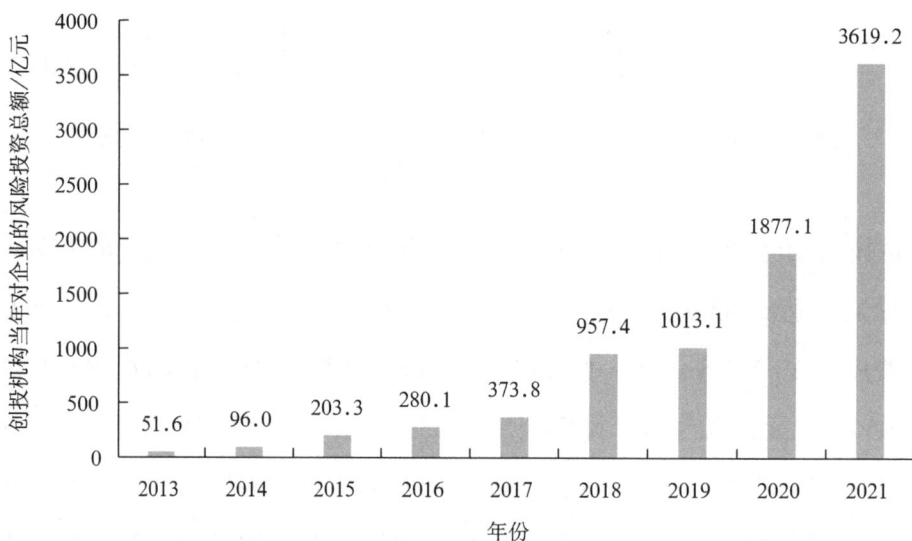

图2-4 2013—2021年高新区创投机构当年对企业的风险投资情况

（三）技术交易规模和质量双提升

1. 技术交易规模扩大，科技成果源头供给能力提升

国家高新区高度重视科技成果和先进技术的转移转化，深入贯彻落实创新驱动发展战略，着力发挥市场在高质量科技成果供给、创新资源优化配置中的决定性作用，引导技术要素市场体制机制创新，技术交易规模持续扩大，科技成果源头供给能力提升。从登记技术合同项目来看，2015年国家高新区

认定登记的技术合同项数为 106 059 项，2021 年达到 222 046 项，国家高新区认定登记的技术合同项数整体呈增长态势；2013—2021 年认定登记的技术合同成交金额由 2562.5 亿元增至 10 283.3 亿元，保持年均 19.0% 的增速，认定登记的技术合同项数和成交金额均体现出企业技术交易非常活跃（表 2-1）。从当年完成技术合同项目来看，2013—2020 年高新区企业当年完成技术合同成交额整体呈增长态势，2021 年达到 10 283.3 亿元，占全国技术合同成交额的比重为 27.6%，是 2013 年当年完成技术合同成交额的 4.0 倍；2021 年企业从业人员人均技术合同成交额为 41 021 元，是全国就业人员人均技术合同成交额的 8.2 倍，国家高新区技术成果交易活动更加频繁，已经成为我国重要的知识成果供给和转化高地。

表 2-1 2013—2021 年认定登记的技术合同情况

年份	认定登记的技术合同项数 / 项	认定登记的技术合同成交金额 / 亿元
2013	—	2562.5
2014	536 175	2726.5
2015	106 059	2675.5
2016	131 232	3101.3
2017	150 250	4233.5
2018	198 172	4769.4
2019	223 058	6783.9
2020	245 386	8017.4
2021	222 046	10 283.3

注："—"代表缺乏相关统计数据。下同。

2. 企业技术交易活跃，技术吸纳能力显著提升

随着我国科技成果转移转化制度的不断完善，营商环境持续优化，企业主体的技术市场活力得到持续释放，企业技术交易主体地位凸显，技术吸纳能力持续增强，有力支撑我国经济高质量发展。按技术交易主体统计，企业法人占据技术交易主体地位，输出与吸纳技术总量均实现持续增长。按技术合同类型统计，国家高新区技术合同登记的主要类型为技术服务、技术开发、技术转让和技术咨询，其中技术服务合同成交额稳居各类合同首位。据统计，2020 年国家高新区技术性收入中，技术咨询与服务收入为 37 975.6 亿元，占技术收入的一半以上，比重为 64.6%；技术承包收入为 8318.8 亿元，占技术收入的比重为 14.1%；接受委托研究开发收入为 3462.9 亿元，占技术收入的比重为 5.9%；技术转让收入为 1877.8 亿元，占技术收入的比重为 3.2%。按技术领域统计，电子信息技术合同成交额持续占据首位。先进制造、城市建设与社会发展、农业、新材料及其应用、新能源与高效节能、生物医药和医疗器械等其他技术合同成交额均保持一定程度的增长。

（四）创新高端化，并肩创业社会化

1. 国家级研发机构超 5000 家，新型研发机构蓬勃发展

国家高新区积极探索传统研发机构与市场经济有效对接的途径，聚集了全国数量最多、水平最高的创新平台，其中各类国家级研发机构数量快速增长，成为区内创新平台的知识载体和技术源头。截至 2021 年年底，国家高新区内共有国家级研发机构 5135 家，同比增加 5.9%。具体来看，经国家认定的企业技术中心（包含分中心）999 家；国家或行业归口的研究院所 1105 家；国家认定博士后科研工作站 1577 个；国家高新区累计建设的国家重点实验室（含省部共建）386 个、包括分中心的国家工程研究中心（国家工程实验室）超过 270 个、国家工程技术研究中心 271 个、国家地方联合工程研究中心（工程实验室）527 个，其中，国家重点实验室、国家工程研究中心（国家工程实验室）数量占全国的比重均超过 70%。而在 2013 年年底，国家高新区内仅有各类国家级研发机构 3105 家，累计建设国家重点实验室 411 个、产业技术研究院

577 家、国家工程实验室 110 个、国家工程研究中心 117 个、国家工程技术研究中心 265 个；国家级科技企业孵化器 275 个、国家级生产力促进中心 68 个、国家级技术转移机构 138 家、各类国家级产业技术创新战略联盟 99 个、具有国家相关资质认定的产品检验检测机构 482 家。整体来看，自 2013 年起，国家高新区各类国家级研发机构数量平均每年增长 6.5%。

此外，国家高新区积极引导和推动新型研发机构等市场化的创新机构建设，具有"研发、孵化、服务和投资"四位一体功能、"实体化、资本化、国际化"特征明显的新型研发组织呈现井喷式发展，2016 年集聚和培育新型产业技术研究院仅 735 家，2021 年达到 2712 家，其中省级及以上新型产业技术研发机构 1365 家。这些新型研发机构的快速发展预示了我国科研机构改革发展的一个重要方向，为破解我国科研与市场对接"两张皮"问题提供了宝贵路径，必将对我国区域转型升级和创新发展，乃至国家创新体系的演变产生深远影响。

2. 孵化载体数量加速增长，大众创业蔚然成风

创业孵化是国家高新区最突出的功能之一。随着"大众创业、万众创新"活动的开展，国家高新区进一步加大了创业孵化载体的建设力度，构建了"众创空间—孵化器—加速器—专业园区"的孵化体系，孵化载体数量加速增长，大众创业蔚然成风。2014—2021 年，国家高新区科技企业孵化器数量由 1052 个增至 3385 个，孵化器使用总面积在 2021 年达到 8781.6 万平方米，孵化器数量和使用面积均呈现不断增长的态势。其中，国家级孵化器数量在 2014 年仅为 288 个，2021 年达到 815 个，年均增速高达 16.0%，占全国国家级孵化器总数的 57.8%，可以看出国家级孵化器数量增速表现强劲（表 2-2）。同时，国家高新区内科技企业加速器也呈现高速增长的态势，数量从 2013 年的 186 家增至 2021 年的 972 家，保持年均 23.0% 的增速。整体来看，随着孵化载体建设工作的推进及创业服务体系的逐步完善，国家高新区科技企业孵化器及

加速器在保持数量加速增长的同时更加注重高质量发展。

表 2-2　2014—2021 年国家高新区科技企业孵化器情况

年份	个数 / 个	科技企业孵化器 数量 / 个	其中：国家级孵化器 数量 / 个	孵化器使用总 面积 / 万平方米
2014	116	1052	288	—
2015	147	1376	374	—
2016	147	1701	456	—
2017	157	2151	544	—
2018	169	2478	565	7398.2
2019	169	2740	639	7424.2
2020	169	3018	739	8232.9
2021	169	3385	815	8781.6

　　自 2015 年《国务院办公厅关于发展众创空间　推进大众创新创业的指导意见》（国办发〔2015〕9 号）出台以来，国家高新区加快建设和培育了一批低成本、便利化、全要素、开放式的众创空间。2015 年年底，146 家国家高新区共拥有 1021 家众创空间，其中科技部备案的众创空间为 221 家，初步形成了创新创业的规模优势。经过多年的建设发展，众创空间已经成为国家高新区发展新经济、培育新动能、紧密对接实体经济的重要力量。经历了数量爆发式增长后，国家高新区内的众创空间开始进入提质增效发展阶段。截至 2021 年年底，国家高新区拥有 3990 家众创空间，其中科技部备案的众创空间 1185 家。近 5 年来，国家高新区众创空间年均增长 22.1%，众创空间的持续发展为创客提供全方位、全要素的服务，逐渐形成了创业服务机构的集聚效应和大众创新创业的规模优势。截至 2021 年年底，国家高新区内纳入统计的众创空间共计 2206 家，提供创业工位 46.1 万余个，当年服务的创业团队和创业企业 13.9 万个（家），吸纳就业 61.4 万人，其中吸纳应届毕业大学生就业

8.2 万人。2206 家众创空间的服务人员数量达到 2.4 万人，服务收入和投资收入达 36.2 亿元，当年有 2.6 万个创业团队注册成立为企业。高新区内众创空间为 2.9 万家（个）企业和团队提供了技术支持服务，常驻创业团队和企业共拥有有效知识产权 23.9 万项，其中发明专利 3.8 万项。

（五）国家高新区自立自强典型案例

1. 青岛高新区：打造人才引育生态与发展路线图

近年来，青岛高新区不断加大聚才力度，构建人才支撑平台，统筹推进做好科技创新、人才引育、营商环境、城市配套等工作，完善人才"引育留用"全链条服务体系，先后获批"国家创新人才培养示范基地""国家级留学人员创业园""山东省海外高层次人才创新创业基地"等称号，人才考核连年位列山东省第一梯队。截至 2023 年 5 月，累计引进院士 35 名，海内外高层次专家 180 余人，人才总量突破 5.8 万人。人才引入、人才政策、人才服务已经成为青岛高新区人才工作的亮丽名片。

人才不仅要引进来，还要留得住。为此，青岛高新区出台《青岛高新区关于振兴实体经济进一步推动"人才特区"建设的若干政策》，进一步完善人才服务，紧贴人才需求，在人才引进、人才生活、子女入学、外籍人才居留等方面提供政策保障，打造完整的人才"引育留"链条。与此同时，青岛高新区聚焦"1+2+1"现代产业体系，不断优化营商环境，打造适宜人才创新创业的发展生态。每年设立亿元专项资金推行"人才＋项目"选拔；常态化推行"无事不扰 有事立办"人才服务模式，高标准打造集人才综合服务、人才住房、毕业生补贴、企业创业补贴、社保、职称、档案等于一体的人才综合服务大厅，高频人才服务事项均实现了线上"零跑腿"或线下"一次办好"。

2. 东莞松山湖高新区：加强重大科学装置布局

东莞松山湖高新区坚持以习近平新时代中国特色社会主义思想为指导，全面贯彻落实党的二十大精神，紧紧围绕"科技创新 + 先进制造"的定位，牢牢把握建设国际一流科学城的总纲领、总目标。

东莞依托大科学装置集聚区建设"核心创新区"，着力构建"一谷一岛一廊"空间格局，着重打造"大装置集聚区""全球顶尖科技企业研发区""国际科技创新合作交流区"三大功能板块。重大科技创新平台加速布局，散裂中子源二期及先进阿秒激光获批纳入国家重大科技基础设施"十四五"规划，南方光源研究测试平台投入使用，松山湖材料实验室一期移交使用，香港城市大学（东莞）一期全面封顶，大湾区大学（松山湖校区）第一标段工程全面封顶，东莞理工学院国际合作创新区动工建设。自散裂中子源运行以来，完成 8 轮开放运行，注册专家用户超过 3900 人，共完成 800 多项研究课题，其中香港、澳门等地区用户占比近 30%。松山湖材料实验室已承担、参与国家、省重大科技项目等纵向课题 122 项，项目总经费约 5.86 亿元，其研究成果入选年度"中国科学十大进展""中国重大技术进展"。

散裂中子源国家重大科技基础设施项目获广东省科技进步奖特等奖。散裂中子源大气中子辐照谱仪通过验收，是国内首台大气中子地面模拟加速测试平台，该谱仪将为众多高科技领域提供先进的大气中子试验环境和大气中子测试与科研平台。粤港澳大湾区国家技术创新中心广东华中科技大学工业技术研究院分中心牵头完成的"自主无人艇机集群跨域协同关键技术及应用项目"获广东省技术发明奖一等奖，其突破了异构无人艇集群相变调控、超稳定抗扰自主控制、多艇多源环境感知与高精目标识别跟踪等关键技术。由企业主导的 SSD 控制器项目、高性能全闪存阵列项目、新能源汽车电池管理系统专用核心芯片等核心技术取得突破，打破欧美技术垄断，实现国产化替代。

3. 上海张江高新区：建立完善的科技金融生态系统

上海张江高新区作为上海科创中心建设的主战场，持续提升科技创新策源能力，全力促进产业经济发展，在科技和金融结合改革试点方面，充分借助上海国际金融中心、上海自贸区建设的条件与优势，积极探索科技与金融结合的新模式、新途径，稳步构建张江高新区高质量发展新格局。

为了推动高科技产业的集群发展，让更多的资本"聚焦"自主创新，上海市张江高科技园区逐步形成了较为完善的"一个中心、多种路径"的投融资环境。"一个中心"是指张江产权中心，"多种路径"是指政府资助、银行贷款、产业引导基金、风险投资机构、知识产权质押融资等企业融资渠道。张江高新区积极落实"浦江之光"行动，推动优质科创企业赴科创板上市。汇添富中证沪港深张江自主创新50ETF在上海证券交易所挂牌上市。

位于张江的全国首个金融数据港开港一年来，一大批典型的金融科技研发机构陆续落户，包括人民银行金融科技子公司、哔哩哔哩元宇宙子公司、黑瞳科技子公司等，极大丰富了金融数据港产业生态。就业人数已超过7万人，形成了金融科技集聚的"生态圈"和场景应用的"样板间"。作为引领区的重大举措，金融数据港正计划发挥平台作用，联动上海数交所、中国银联、上海纽约大学、华为、字节跳动等功能平台类机构和科研院所，在推动创新场景应用的同时，进一步活跃园区氛围。

4. 宁波高新区：加大科技投入，促进研发创新

宁波高新区坚持科技是第一生产力、人才是第一资源、创新是第一动力，扎实开展"聚力六大行动、奋力争先创优"3年计划，加快培育高质量发展新动能。全年营业收入增速超过10%，总量达7057亿元；全社会研发投入同比增长20%以上；每万人高价值发明专利拥有量突破100件。

依托高新区整合甬江两岸科研院所和创新资源建设，高水平建设甬江科创区。甬江科创区是宁波市全面深化改革创新的主引擎和建设国家自创区、全球智造创新之都的核心载体。总投资260亿元的甬江实验室（新材料浙江省实验室）聚焦"0到1"原始创新，西北工业大学宁波研究院建成仅2年已获批国家省市级重点平台19个，承担竞争性课题400余项；诺丁汉大学卓越灯

塔计划（宁波）创新研究院已入驻先进制造、聚合物复合材料等 30 个科研创新团队。重点创新平台建设方面，宁波石墨烯创新中心成为全省首个国家制造业创新中心，绿色石化创新中心入选省级技术创新中心。新增绿色海水养殖、汽车电子智能化等 4 个国家部委、浙江省级重点实验室，新创建浙江省新型研发机构 2 家。新培育市级企业创新联合体 5 家，累计 8 家，占全市的 2/3。创新型企业培育方面，宁波制造业单项冠军居全国城市首位，高新区作为全市创新高地、产业高地，单项冠军数量占全市的 60%；专精特新"小巨人"数量占全市的 40%。新增国家企业技术中心 2 家，省重点企业研究院 6 家、省科技领军企业 5 家、科技小巨人企业 20 家。均胜集团入选宁波市千亿级企业培育计划，赛尔富电子等 21 家企业位居全省高企创新能力百强。

认真落实长三角一体化发展战略，国家新材料测试评价平台浙江区域中心牵头组建浙江省新材料测试评价联盟，西北工业大学宁波研究院发起成立环杭州湾创新联盟，这些联盟旨在强化区域创新合作，有助于推动创新资源的开放共享和有序流动。不断深化对外开放合作交流。2022 年 6 月 30 日，由科技部指导建设的中国—中东欧国家创新合作研究中心正式揭牌成立，举办首届中国—中东欧国家创新合作智库论坛。新创建浙江—加拿大绿色化工省级国际联合实验室，以及汽车零部件智能化高效精确成形国际科技合作基地、中国—中东欧国家科技创新合作基地等 2 个省级国际科技合作基地。积极推动企业"走出去"和项目"引进来"，有 28 家企业在境外设立研发机构，59 家企业设立境外分公司或办事处。

5. 苏州高新区：加快集聚高水平科教资源

苏州高新区加快建设教育强区，大力实施名师、名校、名校长"三名工程"，进一步打响"高新教育"品牌。持续构建以院所为创新策源、企业为主体、市场为导向、产学研相结合的创新体系，引进以中国科学院苏州生物医学工程技术研究所、浙江大学苏州工业技术研究院、清华苏州环境创新研究院、南京大学苏州创新研究院、南京航空航天大学苏州研究院等为代表的各类院所平台超百家，累计引进高质量孵化企业410余家，实现营业收入超150亿元，投融资超40亿元；引进培育各级科技领军人才累计超510人次。

南京大学苏州校区着力打造高能级创新承载地、高水平人才集聚地、国际化办学主阵地。南京大学苏州校区东区主体建成，成立新型学院4个、研究院5个。南京大学按照"同等标准、错位发展、创新机制、国际一流"的理念，把苏州校区建设成为全新时代到来作准备的新型未来大学，拥有较多青年学者的大学，充分体现学科融合的大学，为中国高等教育发展树立新典范。

6. 九江共青城高新区：聚焦大学生育留的大学城模式

九江共青城高新区深入践行新发展理念，落实高质量发展要求，聚焦"十百千"和"234567"等经济社会发展目标，决战"一区"建设，深入实施六大攻坚突破行动，强化工业强市主战场定位，全力抓好各项重点工作。

作为"全国青年创业基地"，共青城高新区为8所高校8万大学生打造了3个青年创业孵化基地，为青年创业提供足额资金保障、常态化创业培训，为青年创业保驾护航；打造"一镇多园"四新经济圈，每年吸纳创新创业大学生1500人左右。为持续提升青年幸福感，共青城市委市政府大力完善基础设施，打造"拎包入住"式人才公寓3000套；建成了中国科学院大学"国科共青城实验学校"和北京大学"赣江新区博雅学校"。把政策支撑作为留住人才的基础支撑，形成了一个青年人才"礼包"、两个专项人才项目的特色支持政策。为全力推进产业、学科、人才、双创"四个精准接轨"，共青城市编印了《共青城产业指南2022》《共青城高校指南》《共青城大学生双创指南》等3本产学融合手册，组织校企、校所精准对接，推动优质企业、"十四五"重点村与驻市高校签订合作协议37项，推动产学、产才深度融合。

三、积极培养高成长科技企业，强化主体地位推进四链融合

（一）高新技术企业数量加速增长

1. 高新技术企业大幅增长，加速科技繁荣

国家高新区高新技术企业的新生力量不断壮大，当年认定数量持续增长。2011 年高新区当年认定的高新技术企业仅为 4971 家，2020 年达到 37 775 家，是 2011 年的 7.6 倍，比 2019 年同期增长 29.9%，国家高新区高新技术企业培育和认定工作卓有成效（图 3-1）。

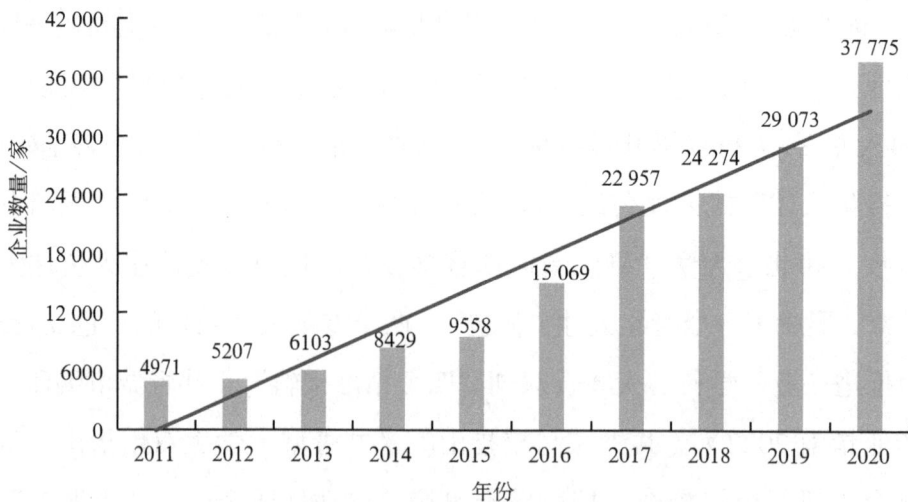

图 3-1　2011—2020 年国家高新区当年认定的高新技术企业数量

2. 科技型中小企业兴起，新一代创新力量涌现

我国经济进入高质量发展阶段，科技型中小企业是推动经济增长、促进创

新创业、支撑产业链延链补链的重要力量。

科技部火炬中心与财政部、税务总局相关部门联合开展调查研究，坚持"服从大局、聚焦重点、着眼长远、兼顾日常"的工作思路，按照"服务引领、放管结合、公开透明"原则、"互联网＋政务服务"理念和"一张网、一张表"工作目标，开发完成了科技型中小企业服务平台，为广大中小企业提供了全程上网便捷服务。该服务平台于 2017 年 10 月 28 日正式上线投入使用。

截至 2017 年年底，全国的 25 个省（直辖市、自治区）获得科技型中小企业入库登记的企业共计 1.3 万家。截至 2018 年年底，全国入库登记的科技型中小企业共计 13.1 万家。截至 2019 年年底，全国入库登记的科技型中小企业 15.2 万家，同比增加 16.3%。截至 2020 年年底，全国入库登记的科技型中小企业 22.3 万家，同比增长 45.8%。2021 年入库科技型中小企业 32.8 万家，较 2020 年增长了 47.1%，是全国市场主体增长速率的两倍以上，整体呈现发展快、盈利能力强、研发强度大等特点。由此可见，自 2017 年科技型中小企业服务平台建立以来，国家高新区科技型中小企业入库数量加速增长，为创新创业提供充足的支持力量（图 3-2）。

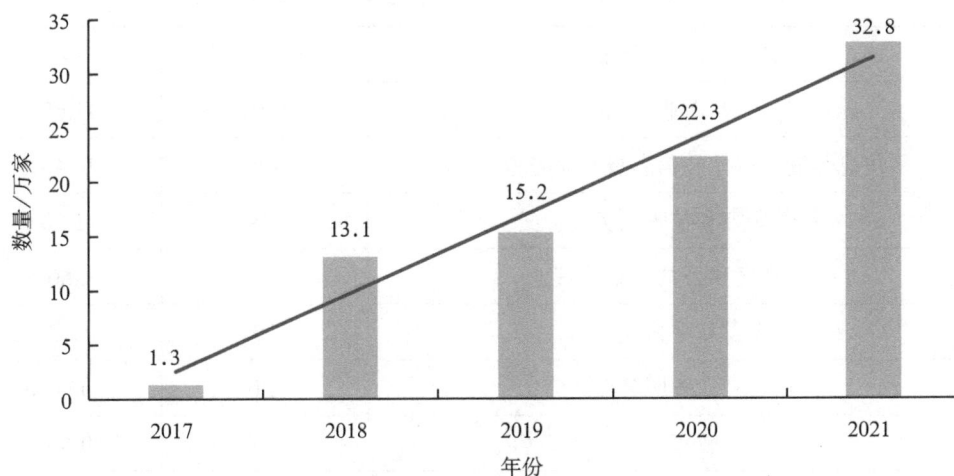

图 3-2　科技型中小企业数量变化（2017—2021 年）

（二）瞪羚企业孕育能力持续增强[①]

1. 瞪羚企业群体稳步增长，近四成分布在制造业

2020 年国家高新区瞪羚企业数为 2312 家，比 2019 年增加 718 家，增长率为 45.0%。其中，新晋瞪羚企业数为 1631 家，比 2019 年增长了 62.0%，保持较高的新晋率。从行业内分布来看，瞪羚企业行业分布向节能环保、新材料、创新创业服务、大数据等符合当前产业发展导向的战略性新兴产业倾斜。

从《国民经济行业分类》（GB/T 4754—2017）的 20 个门类行业看，瞪羚企业分布于其中的 16 个，其中九成以上集中在制造业，信息传输、软件和信息技术服务业，科学研究和技术服务行业。制造业的瞪羚企业最多，为 1101 家，占瞪羚企业总数的 47.60%；其次为信息传输、软件和信息技术服务业，瞪羚企业数为 795 家，占比为 34.40%；再次为科学研究和技术服务业，瞪羚企业数为 259 家，占比为 11.20%。以上 3 个门类行业瞪羚企业合计占比达 93.20%（表 3–1）。

表 3–1 瞪羚企业国民经济门类行业分布（2020 年）

国民经济门类行业	企业数 / 家	占比
制造业	1101	47.60%
信息传输、软件和信息技术服务业	795	34.40%
科学研究和技术服务业	259	11.20%
水利、环境和公共设施管理业	37	1.60%
批发和零售业	29	1.30%
租赁和商务服务业	21	0.90%
教育	15	0.60%

---

① 该部分内容摘编自《国家高新区瞪羚企业发展报告》。

国民经济门类行业	企业数／家	占比
建筑业	15	0.60%
电力、热力、燃气及水生产和供应业	10	0.40%
卫生和社会工作	8	0.30%
文化、体育和娱乐业	6	0.30%
金融业	6	0.30%
居民服务、修理和其他服务业	4	0.20%
采矿业	3	0.10%
农、林、牧、渔业	2	0.10%
交通运输、仓储和邮政业	1	0.00%
瞪羚企业群体	2312	100.00%

2. 瞪羚企业科技创新动力强劲，推动经济高质量发展

瞪羚企业是高成长企业的典型代表，瞪羚企业营业收入 2017—2020 年的 3 年复合增长率高达 46.2%，明显高于高新区全部企业平均水平（11.7%）。

瞪羚企业营业收入 3 年复合增长率主要集中在 20%～50%，有 1628 家，占比为 70.40%；其次为 50%～70%，有 347 家，占比为 15.00%。此外，瞪羚企业营业收入 3 年复合增长率在 100% 及以上的企业有 115 家，占比为 5.00%（表 3-2）。

表 3-2　瞪羚企业营业收入 3 年复合增长率分布

营业收入 3 年复合增长率	企业数／家	占比
10% 以下	11	0.50%
10%～20%	6	0.30%
20%～30%	741	32.10%

营业收入 3 年复合增长率	企业数/家	占比
30% ～ 40%	542	23.40%
40% ～ 50%	345	14.90%
50% ～ 60%	194	8.40%
60% ～ 70%	153	6.60%
70% ～ 80%	89	3.80%
80% ～ 90%	73	3.20%
90% ～ 100%	43	1.90%
100% 及以上	115	5.00%
瞪羚企业群体	2312	100.00%

2020 年，瞪羚企业实现净利润 269.6 亿元，平均净利润为 1166.3 万元。其中，净利润在 0 ～ 2000 万元的有 1457 家，占比为 63.00%；在 1 亿元及以上的有 67 家，占比为 2.90%；未盈利的有 309 家，占比为 13.40%（表 3-3）。

表 3-3　瞪羚企业净利润分布

净利润/元	企业数/家	占比
未盈利	309	13.40%
0 ～ 500 万	763	33.00%
500 万 ～ 1000 万	370	16.00%
1000 万 ～ 2000 万	324	14.00%
2000 万 ～ 3000 万	151	6.50%
3000 万 ～ 5000 万	170	7.40%
5000 万 ～ 8000 万	132	5.70%
8000 万 ～ 1 亿	26	1.10%
1 亿及以上	67	2.90%
瞪羚企业群体	2312	100.00%

2020年，瞪羚企业净利润率（净利润与营业收入的比值）为8.6%，高于高新区全部企业平均水平（7.1%）。其中，净利润率在0～20%的有1529家，占比为66.10%；在50%及以上的有55家，占比为2.40%；负值有309家，占比为13.40%（表3-4）。

表3-4　瞪羚企业净利润率分布

净利润率	企业数/家	占比
负值	309	13.40%
0～5%	521	22.50%
5%～10%	487	21.10%
10%～20%	521	22.50%
20%～30%	255	11.00%
30%～50%	164	7.10%
50%及以上	55	2.40%
瞪羚企业群体	2312	100.00%

2020年，瞪羚企业总资产利润率（利润总额与资产总计的比值）为5.9%，高于高新区全部企业平均水平（4.9%）。其中，总资产利润率在0～5%的有533家，占比为23.10%；在5%～10%的有456家，占比为19.70%。此外，总资产利润率在50%及以上的有56家，占比为2.40%；负值有308家，占比为13.30%（表3-5）。

表3-5　瞪羚企业总资产利润率分布

总资产利润率	企业数/家	占比
负值	308	13.30%
0～5%	533	23.10%
5%～10%	456	19.70%

续表

总资产利润率	企业数 / 家	占比
10% ～ 20%	550	23.80%
20% ～ 30%	249	10.80%
30% ～ 50%	160	6.90%
50% 及以上	56	2.40%
瞪羚企业群体	2312	100.00%

（三）独角兽企业出现爆发式增长 [①]

1. 独角兽企业数量大幅增长，总估值超万亿美元

2022 年，中国独角兽企业数量达到 357 家，总估值超 1.1 万亿美元，企业数量继续保持增长态势，同比增长 13%。2022 年有 25 个国家高新区共出现 201 家独角兽企业，占全国独角兽企业总数的 56.3%。其中，北京中关村科技园区 68 家，上海张江高新技术产业开发区 43 家，深圳高新技术产业开发区 18 家，南京高新技术产业开发区 13 家，杭州高新技术产业开发区 11 家，青岛高新技术产业开发区 8 家，苏州工业园区、广州高新技术产业开发区各 5 家，成都高新技术产业开发区、合肥高新技术产业开发区、上海紫竹高新技术产业开发区各 4 家，济南高新技术产业开发区 3 家，其余国家高新区分别有 1 ～ 2 家独角兽企业。

2022 年，中国新晋独角兽企业中有 40 家位于国家高新区。其中，北京中关村科技园区、上海张江高新技术产业开发区各 9 家，深圳高新技术产业开发区 6 家，杭州高新技术产业开发区 4 家，苏州工业园区 3 家，南京高新技术产业开发区、成都高新技术产业开发区、合肥高新技术产业开发区、上海

[①] 该部分内容参考长城战略咨询发布的《中国独角兽企业研究报告 2023》。

紫竹高新技术产业开发区、苏州高新技术产业开发区、厦门火炬高技术产业开发区、石家庄高新技术产业开发区、常熟高新技术产业开发区、株洲高新技术产业开发区分别有 1 家新晋独角兽企业。

从国家高新区独角兽企业集聚程度来看，2022 年独角兽企业数量在 3 家以上且占比达所在城市独角兽企业总数 50% 以上的国家高新区共 8 家。各高新区独角兽企业数量占所在城市独角兽企业总数的比例分别为：青岛高新技术产业开发区（8 家）占比 100.0%、济南高新技术产业开发区（3 家）占比 100.0%、南京高新技术产业开发区（13 家）占比 92.9%、北京中关村科技园区（68 家）占比 89.5%、上海张江高新技术产业开发区（43 家）占比 68.3%、成都高新技术产业开发区（4 家）占比 57.1%、深圳高新技术产业开发区（18 家）占比 50.0%、合肥高新技术产业开发区（4 家）占比 50.0%（表 3-6）。

表 3-6　2022 年中国独角兽企业国家高新区分布情况

所属高新区	独角兽企业数量 / 家	城市独角兽企业数量 / 家	占该城市独角兽企业数量比例	新晋独角兽企业数量 / 家
北京中关村科技园区	68	76	89.5%	9
上海张江高新技术产业开发区	43	63	68.3%	9
深圳高新技术产业开发区	18	36	50.0%	6
南京高新技术产业开发区	13	14	92.9%	1
杭州高新技术产业开发区	11	24	45.8%	4
青岛高新技术产业开发区	8	8	100.0%	—
苏州工业园区	5	16	31.3%	3

续表

所属高新区	独角兽企业数量/家	城市独角兽企业数量/家	占该城市独角兽企业数量比例	新晋独角兽企业数量/家
广州高新技术产业开发区	5	23	21.7%	
成都高新技术产业开发区	4	7	57.1%	1
合肥高新技术产业开发区	4	8	50.0%	1
上海紫竹高新技术产业开发区	4	63	6.3%	1
济南高新技术产业开发区	3	3	100.0%	
武汉东湖新技术开发区	2	6	33.3%	
苏州高新技术产业开发区	2	16	12.5%	1
厦门火炬高技术产业开发区	1	1	100.0%	1
威海火炬高技术产业开发区	1	1	100.0%	
株洲高新技术产业开发区	1	1	100.0%	1
江阴高新技术产业开发区	1	2	50.0%	
石家庄高新技术产业开发区	1	2	50.0%	1
西安高新技术产业开发区	1	3	33.3%	
武进高新技术产业开发区	1	3	33.3%	

所属高新区	独角兽企业数量 / 家	城市独角兽企业数量 / 家	占该城市独角兽企业数量比例	新晋独角兽企业数量 / 家
嘉兴高新技术产业开发区	1	4	25.0%	
长沙高新技术产业开发区	1	8	12.5%	
常熟高新技术产业开发区	1	16	6.3%	1
萧山临江高新技术产业开发区	1	24	4.2%	

2. 独角兽青睐硬科技发展，新赛道科技属性强

2022 年，中国 357 家独角兽企业分布于 38 个赛道。从独角兽企业数量来看，集成电路、新零售、创新药、数字医疗、数字文娱、智慧物流、网红爆品、人工智能、自动驾驶赛道的独角兽企业数量均在 15 家及以上，数量合计占比为 48.5%。集成电路为独角兽企业数量最多的赛道，共 39 家，占独角兽总数的比例为 10.9%，数量同比增长 50.0%。

2022 年，中国新晋独角兽企业 98 家，数量占比为 27.5%，清洁能源、新材料赛道成为新晋主阵地。独角兽企业赛道分布进入结构性调整阶段，集成电路、清洁能源、新材料、创新药、新能源汽车、动力电池等硬科技赛道成为 2022 年独角兽企业创新主阵地，贡献新晋独角兽企业数量 62.2%。其中，集成电路赛道延续了 2021 年的热度，新晋 20 家独角兽企业，占该赛道独角兽企业总数的一半以上；清洁能源、新材料、创新药赛道各有 10 家新晋独角兽企业，以上赛道新晋独角兽企业比例均在 50.0% 以上；与新能源和智能汽车相关的新能源汽车、动力电池、自动驾驶、智能网联赛道新晋企业数量均位列前十，其中动力电池赛道新晋独角兽企业比例在 70.0% 以上（表 3-7）。

表 3-7 2022 年中国独角兽企业赛道分布

序号	赛道	企业数量 / 家	总估值 / 亿美元	平均估值 / 亿美元
1	集成电路	39	858	22.0
2	新零售	19	1295	68.2
3	创新药	19	318	16.7
4	数字医疗	17	276	16.3
5	数字文娱	16	2503	156.5
6	智慧物流	16	596	37.2
7	网红爆品	16	501	31.3
8	人工智能	16	260	16.3
9	自动驾驶	15	358	23.9
10	企业数字运营	14	189	13.5
11	汽车服务	13	262	20.2
12	清洁能源	13	209	16.1
13	智慧出行	12	231	19.2
14	机器人	12	230	19.2
15	新能源汽车	11	495	45.0
16	产业互联网	11	208	18.9
17	新材料	11	193	17.5
18	金融科技	10	713	71.3
19	商业航天	8	137	17.2
20	创新医疗器械	8	101	12.6
21	动力电池	7	226	32.3
22	旅游体育	7	114	16.2
23	物联网平台	6	162	27.0
24	数字地产	5	168	33.5
25	大数据	5	101	20.2

续表

序号	赛道	企业数量/家	总估值/亿美元	平均估值/亿美元
26	智能网联	5	88	17.5
27	智能飞行	4	56	14.1
28	云服务	3	132	44.0
29	生活服务	3	77	25.6
30	互联网教育	3	60	19.9
31	量子科技	3	34	11.3
32	智能硬件	2	61	30.5
33	社交	2	37	18.3
34	VR/AR	2	30	15.0
35	农业科技	1	15	14.9
36	3D打印	1	12	11.6
37	合成生物	1	10	10.4
38	网络工具	1	10	10.0

（四）企业上市融资渠道更加多元

1. 上市企业数量持续增长，总体规模不断壮大

国家高新区已建设成为上市企业集聚高地。截至 2022 年年底，境内上市企业共 5062 家，其中高新区内共有境内上市企业 1937 家，占比为 38.3%，同比增长 10.9%。2020—2022 年，国家高新区新增境内上市企业 570 家，占全国的 41.1%，国家高新区显现强劲发展势头，发挥了高质量发展压舱石的作用。

2. 上市企业融资渠道更加多元，融资能力不断提升

截至 2022 年，国家高新区科创板上市企业 306 家，占全国的 61.1%，较 2021 年提升 1.4 个百分点，纳入上海证券交易所和中证指数有限公司最新一

期科创 50 指数的企业中，国家高新区企业占比 68%。上海张江高新区 2021 年境内上市企业达 31 家，占上海市的 64.58%，其中科创板上市企业 18 家，占上海市的 81.82%；中关村企业龙芯中科、天津滨海高新区企业海光信息 2022 年先后在科创板上市，分别成为国产 CPU 企业科创板第一股、第二股，其中海光信息上市首日总市值超千亿元。

国家高新区不断完善科技金融服务体系，催化高新区资本市场，加速推进科技与资本的深度融合，持续增强高新区企业对资本的吸引力。截至 2022 年，国家高新区境内上市企业总市值达 29.43 万亿元，占全国境内上市企业总市值的 33.55%，其中 2021 年国家高新区境内新上市企业市值达 1.82 万亿元，占 2021 年全国新上市企业市值的 41.36%。国家高新区境内上市企业实收资本（股本）共 2.26 万亿元，占全国的 26.34%。2021 年，中关村上市公司直接融资规模大幅增长，共 66 家企业进行上市融资，融资规模达 2059.18 亿元，同比增长 24.48%，40 家企业在境内 A 股进行 42 次定向增发，募集资金共 725.75 亿元，同比增长 108.33%；截至 2022 年，广州高新区上市企业总市值约 9500 亿元，占广州市的 32%。

（五）企业梯度培育机制逐步完善

1. 推动科技企业孵化，种子企业快速成长

国家高新区具有创业孵化和内生增长的先天基因，在支持"大众创业、万众创新"方面具有绝对的先天优势。截至 2020 年年底，国家高新区内共有国家级科技企业孵化器 739 家，占国家级孵化器总数的 56.6%；共有科技企业加速器 888 家。国家高新区内科技企业孵化器和加速器总面积分别为 8232.9 万平方米和 7330.4 万平方米，其中国家级科技企业孵化器 75.7% 的面积供在孵企业使用，占比较上年进一步提升。国家高新区持续集聚和积累创新创业要素资源，科技企业孵化器、加速器为各类创业主体注入了鲜活动力。

截至 2021 年年底，国家高新区纳入统计的科技企业孵化器共有 2044 家，占全国孵化器数的比重达 33%，在孵企业 9.5 万家，同比增长 7.71%，其中当年新增在孵企业 2.6 万家，累计毕业企业 10.4 万家。

国家大学科技园的建设和发展取得显著成效。截至 2013 年年底，全国共有国家大学科技园 94 家，在孵企业 8204 家。截至 2014 年年底，全国共有国家大学科技园 115 家。大学科技园有在孵企业 9972 家。截至 2015 年年底，全国共有国家大学科技园 115 家。大学科技园有在孵企业 1.0 万家，同比增长 1.5%，其中当年新入孵企业 2837 家，师生自办企业 1651 家，高新技术企业 816 家。截至 2016 年年底，全国共有国家大学科技园 115 家。大学科技园有在孵企业 9861 家，其中当年新入孵企业 2573 家，师生自办企业 1373 家，高新技术企业 954 家。截至 2017 年年底，全国共有国家大学科技园 115 家，大学科技园在孵企业数突破 1 万家，达 10 448 家，其中当年新入孵企业 2696 家，师生自办企业 2297 家，高新技术企业 1176 家。截至 2018 年年底，全国共有国家大学科技园 115 家，大学科技园在孵企业 10 127 家，其中当年新入孵企业 2720 家，师生自办企业 2503 家，高新技术企业 1077 家。国家大学科技园数量由 2013 年的 94 家增加至 2018 年的 115 家，园区内在孵企业数量由 8204 家增加至 10 127 家，国家大学科技园成为科技创业的重要载体，融通创新的重要平台，双创生态的重要阵地。

2. 试点创新积分制，破解科技企业融资难题

企业创新积分制是在总结地方经验基础上，科技部火炬中心以国家高新区为重点，面向广大科技企业创新主体实施的一种基于数据驱动、定量评价、适用性广的新型政策工具。通过 18 个核心指标（地方可适当拓展指标形成地方特色）对各类科技企业，尤其是高新技术企业、科技型中小企业进行创新能力精准画像和量化评价，组织和引导地方主动靠前服务，打通财税政策、科技与教育资源、产业资源、金融资源支持企业创新的直接通道，精准引导

技术、资金、人才、数据、土地等各类生产要素向科技企业有效集聚，全面激发微观主体创新活力，助力"硬科技""好苗子"企业脱颖而出，加速发现、支持和培育一批科技领军企业，为实现高水平科技自立自强、促进经济稳定增长和高质量发展提供有力支撑。

2020年10月，企业创新积分制在13家国家高新区启动首批试点工作；2021年9月，试点范围扩增至59家国家高新区，初步实现了全国范围推广；2022年9月，企业创新积分制面向全国高新区（含省级高新区）全面应用实施。为切实提高企业创新积分制工作水平，规范工作流程，强化工作标准，明确工作要求，火炬中心研究制定了《"企业创新积分制"工作指引（1.0）》，以更好地服务各地方的企业创新积分制实践应用，为政府部门精准支持企业创新奠定坚实的工作基础。

据试点高新区上报的数据显示，2021年，各银行机构对第一批2.23万家积分企业增信授信289.9亿元，地方政府对积分企业提供财政资金支持达56.3亿元。2022年，全国积分企业已超过7万家，专项贷款超过千亿元。据2022年各试点高新区上报的总结报告反馈，59家国家高新区充分发挥企业创新积分制政策工具效用，在集成涉企政策、加强金融增信授信、注重梯度培育精准施策、数字化治理减轻企业负担及支持企业政策工具创新等方面，不断拓展积分制应用场景，为各政府部门形成合力协同推动科技企业提升技术创新能力提供了重要支撑。

3. 举办创新创业大赛，有效挖掘潜力科技企业

为提高科技的社会影响力，营造全社会创新创业的氛围，有效引导社会资本关注和投入创新创业，探索科技计划项目的投入方式，推动科技、金融、文化的紧密结合，由科技部、教育部、财政部、全国工商联等四部门联合行动共同指导，火炬中心负责赛事全程策划、组织、推进的"中国创新创业大赛"于2012年正式举办。

2012 年，首届中国创新创业大赛正式举办。此届大赛共吸引来自全国各地超过 4400 家企业、1557 个创业团队参与，共有 48 家企业和 20 个创业团队脱颖而出，进入全国总决赛。大赛邀请了来自 200 多家创投机构的近 600 名创投专家参与大赛的评审。参赛的优秀企业和团队中，部分获得了由大赛合作银行——招商银行提供的创新创业扶持资金的无偿资助，有 160 多家企业获得了招商银行总额超过 17 亿元的贷款授信，实际贷款近 9 亿元。据不完全统计，还有 10 多家企业获得了大赛配套基金近 2 个亿的投资。

2013 年，科技部火炬中心成功举办了第二届中国创新创业大赛。第二届大赛在全国 26 个省份设立了分赛区，共有 10 381 家企业和 2928 个团队报名参赛。此次大赛加强了参赛项目与科技计划的衔接，国家重点新产品计划、科技型中小企业技术创新基金均予以申报支持。同时，还组织投资机构和优秀团队到部分地区进行实地投资与落户考察，切实做好对参赛企业的跟踪服务，为参赛企业提供创业辅导、创业投资、银行授信、股改上市培训等服务。

2014 年，科技部火炬中心成功举办了第三届中国创新创业大赛，共有 8759 家企业和 3746 个团队报名参赛。大赛先在全国 22 个省份设立的分赛区和 2 个综合赛区进行初赛。决赛按新材料、生物医药、新能源及节能环保、先进制造、电子信息、互联网和移动互联网 6 个行业分别在淄博、上海、大庆、武汉、苏州、深圳等城市举行。获奖企业和团队中，7 人成功入选科技部"创新人才推进计划"。10 名 35 岁以下的获奖青年随时任总理李克强访问俄罗斯，参加第三届莫斯科国际创新发展论坛。张云飞团队的无人遥控飞船受到李克强总理的好评，其在论坛讲演时欢迎俄罗斯青年参加下一年的中国创新创业大赛。

2015 年，第四届中国创新创业大赛继续调动各地方、各行业组织的积极性，不断扩大影响，持续提升质量，形成了"地方赛全覆盖、行业赛高精尖"的良好格局，并吸引了数量巨大、质量较高的企业和团队参与，搭建了中国最大的"众创"平台。此届大赛共收到 27 287 家企业和团队的报名申请，再创历史新高。其中，企业共 17 991 家，较上届增加 105%，团队共 9296 个，较上届增加 148%。大赛 4 年累计报名近 6 万家，其中企业数量约 41 000 家，团队约 17 000 个，是国内规模最大的创新创业赛事。

2016 年，第五届中国创新创业大赛共收到 34 341 家企业和团队的有效报名项目（其中，企业 22 277 家、团队 12 064 个），较上届大赛增加了 26%。参赛选手覆盖了全国所有省份，其中企业组参赛数量超过 1000 家的有上海（6084 家，占参赛企业的 27%）、广东（2367 家）、江苏（1670 家）、云南（1079 家）、浙江（1064 家），团队组参赛数量超过 1000 个的有广东（1744 个，占参赛团队的 14%）、深圳（1416 个）、江苏（1000 个）。中国创新创业大赛形成了国内规格最高、规模最大、影响最广的创新创业大赛品牌。

2017 年，第六届中国创新创业大赛共有 28 147 家企业报名参赛，较第五届大赛企业报名数量增长 26%，再创历史新高。报名企业覆盖了全国所有省、自治区、直辖市、计划单列市和新疆生产建设兵团，参赛数量超过 1000 家的区域有上海（5599 家，占参赛企业的 19.89%）、广东（4199 家）、江苏（2270 家）、深圳（1653 家）、云南（1318 家）、浙江（1255 家）。

2018 年，第七届中国创新创业大赛继续得到广大创新创业者的积极响应，企业报名数量达到 31 136 家，较上一届增长 10.6%。西藏自治区首次举办中国创新创业大赛独立地方赛。至此，全国所有省、自治区、直辖市、计划单列市和新疆生产建设兵团全部由科技管理部门牵头举办大赛的独立地方赛，使大赛成为名副其实的全国性创新创业赛事，"双创"火炬在中华大地上已形成燎原之势。

2019 年，全国 37 个省、自治区、直辖市、计划单列市及新疆生产建设兵团科技部门都积极牵头组织了第八届大赛地方赛，全国参赛企业总数 30 288 家（初创组 8041 家、成长组 22 247 家），上海（6601 家）、江苏（2613 家）、深圳（2537 家）、广东（不含深圳，2385 家）参赛企业超过 2000 家，这 4 个地区参赛企业之和约占全国一半；江苏（10 家）、浙江（9 家）、广东（不含深圳，7家）、深圳（7家）、上海（6家）在全国总决赛中获名次企业数量居前，这5个地区获名次企业占全国70%以上；来自西藏赛区的企业（2家）首次取得了全国总决赛优秀企业成绩，全国总决赛优秀企业实现了覆盖全国各省（直辖市、自治区）。

2020年，第九届中国创新创业大赛继续得到广大创新创业者的积极响应，共有1491家企业入围全国赛，产生出612家优秀企业，包括34家进入总决赛的晋级企业。大赛参赛企业数量东部占70.06%，中部占12.57%，西部占12.34%，东北占5.03%，东部占比较上届增加了5.56%。我国经济最具活力的长三角和珠三角地区参赛企业数量、获奖企业数量均位居前列。其中，上海赛区表现最为突出，参赛企业10 157家，比上届（6601家）增长53.9%。

2021年，第十届中国创新创业大赛共覆盖全国37个地方赛区，参赛报名企业33 289家，其中高新技术企业8781家，科技型中小企业15 829家，产生"创新创业50强"，并决出了21家一二三等奖获奖企业。大赛秉承"政府引导、公益支持、市场机制"的模式，聚焦国家战略和重大需求，发挥高新区产业优势，围绕纳米技术、现代农业、洁净能源等组织了产业技术创新专业赛，以及大中小企业融通雄安绿色数字产业专业赛，在细分行业领域引导人才、技术、资本等各类创新资源向企业集聚。全国赛期间，举办了大中小企业对接活动，16家大企业发布创新需求80余个，约200家参赛企业参与大企业对接，对接成果在后续技术合作的实践中不断显现，推动了产业链上下游、大中小企业融通创新。据统计，2021年地方科技计划等各类财政资金支持参赛企业约5500家，金额超过9亿元；大赛地方赛邀请创投专家5000余人次，创投投资参赛企业超过600家，投资总额超过130亿元；银行授信参赛企业超过1500家，授信总额超过270亿元；组织各类科技创新创业相关服务活动超过1800场，参与人次超过千万；海内外报道大赛有关情况近2万次，赛事品牌不断做强。

中国创新创业大赛结合战略性新兴产业发展，引导广大科技型中小企业参与"关键核心技术攻坚战"，以"大中小企业融通专业赛"为抓手和纽带，推进产学研深度融合，已经成为我国资源汇聚、专业高效的全国性综合服务平台。

（六）国家高新区四链融合发展典型案例

1. 深圳高新区：聚焦企业创新主体服务的发展模式

深圳高新区坚定不移地将自主创新作为发展的主导战略，始终坚持"发展高科技、实现产业化"两大方向，扎实做好"高""新"两篇文章，现已成为引领深圳科技创新的核心引擎、发展高新技术产业的先行示范基地、辐射带动粤港澳大湾区科技创新的重要力量，在推动深圳高新技术产业发展成为全国的一面旗帜中发挥了重要的引领带动作用。

深圳有"6个90%"的创新密码，即90%以上的创新型企业是本土企业、90%以上的研发机构设立在企业、90%以上的研发人员集中在企业、90%以上的研发资金来源于企业、90%以上的职务发明专利出自企业、90%以上的重大科技项目发明专利来源于龙头企业。尊重企业的创新主体地位，是这一"创新密码"的基本逻辑。

强化企业创新主体地位。深圳高新区遵循科技创新规律、产业集聚规律和市场经济规律，持续强化企业在技术创新、研发投入和成果转化中的主体地位；不断优化公平竞争的市场环境，培育了一大批具有国际竞争力和影响力的高新技术企业，使之成为我国参与国际科技竞争的重要力量。华为、中兴、大疆、比亚迪等本土知名企业不断打破国外技术垄断，海思"麒麟"应用处理器芯片、云天励飞全球首创动态人像智能解决方案、紫光同创国内首款自主知识产权千万门级 FPGA 芯片等一批企业技术创新成果全球领先；紧紧围绕主导产业，形成世界级头部企业顶天立地、高新技术企业和科技中小企业铺天盖地的发展局面，其内生式发展模式为全国高新区作出了成功示范。

铸造创新硬核实力。深圳高新区瞄准科技前沿，聚焦国家重大战略需求，不断提升科技企业集聚度和产业竞争力，构建战略性新兴产业和未来产业发展生态圈，打造了新一代通信技术、互联网科技、智能制造、人工智能、生物医药等千百亿级产业集群，5G、8K、人工智能、基因测序、3D显示、新能源汽车、无人机等领域的创新技术处于世界前沿。

营造活力，迸发双创生态。近年来，深圳不断完善"基础研究＋技术攻关＋成果产业化＋科技金融＋人才支撑"全过程创新生态链。2022年深圳市政府工作报告提出"发挥全过程创新生态链整体效应"，在持续推动原始创新能力提升的同时，对协同创新能力的提升之策也首次以相同篇幅着墨，强调"强化科技产业协同"等。深圳实施成果产业化加速行动，提升创新驱动力。通过科技成果"沿途下蛋"高效转化机制，推动创新链和产业链融合发展，在深圳，有3100多个各类创新载体，与千千万万企业凝聚合力，推动从"0到1"的创新突破再到从"1到N"的枝繁叶茂。

深圳高新区辐射内外经济，链动全球创新资源。深圳高新区积极鼓励深港澳创新主体联合开展技术攻关，推动科研项目管理制度规则衔接，"以赛促创、以赛引智"举办深港澳高校创新创业大赛，推动深港澳高校青年创新创业。加强与国内高新区协同发展，先后与多家高新区开展深度对口合作，推动资源共享、优势互补。

2.西安高新区：硬科技企业发展的路径与实践

西安高新区依托自主创新的特质基因和完善的创新生态，深入实施创新驱动发展战略，为国家"探月工程""北斗卫星导航系统"等国家战略提供了强有力的支撑，获批全国首个硬科技创新示范区，成功争创全国唯一综合性国家科学中心和区域科技创新中心的"双中心"核心承载区，空天动力未来产业科技园成功入选首批未来产业科技园建设试点。2022年，实现地区生产总值（GDP）3104.3亿元，同比增长10.1%，全市占比27%；全社会R&D支出占GDP比重升到7.5%，技术合同交易额达1100亿元，同比增长65%；聚集高新技术企业超 5000 家，高技术产业产值、战略性新兴产业产值增速均超过 30%，高技术产业对工业增长的贡献率超过 40%，对高新区经济的贡献度不断增强。

西安高新区鼓励企业加大 R&D 项目经费投入，支持企业围绕创新链、供应链需求，开展自主立项、先行投入攻关关键核心技术和开发重大创新产品。2022 年，全社会 R&D 支出占 GDP 比重升到 7.5%，获授权专利 23 614 件，占全市专利授权总量的 40.7%；PCT 专利申请 178 件，占全市专利申请总量的 35.9%；累计有效发明专利达 43 067 件，占全市有效发明专利总量的 58.1%。科技成果转移转化成效显著，以科技大市场为主导，加快科技成果转化交易。2022 年，新增技术经理人 300 余名，技术合同交易额达 1100 亿元，同比增长 65%。成立全国首家硬科技领域专业仲裁机构——硬科技仲裁院，打造兼具区域特色与品牌特点的创新仲裁法律服务。

西安高新区以硬科技创新示范区建设为导向，推动国家科研机构、高水平研究型大学、科技领军企业等国家战略科技力量在西安高新区布局，为经济高质量增长蓄势赋能。以西安创建综合性国家科学中心和区域科技创新中心为契机，争取更多国家战略科技力量布局西安高新区，建设多类型、多层次、协作支撑的国家重大科技基础设施集群，推进重大科技基础设施更好赋能科技创新。探索市场化和政府投入协同联动的技术攻关体制，支持区内企业通过"揭榜挂帅""赛马制"等方式承担一批具有战略性全局性前瞻性的国家重大科技项目。深化与西安交通大学、西北工业大学、西安电子科技大学等高水平研究型大学的联合研发，支持区内高等院校、科研院所建设基础学科研究中心，转化一代自主可控技术，研制一代关键核心技术，探索一代未来前沿技术。支持区内企业联合高等院校、科研院所和行业上下游企业建设创新联合体，整合集成产业链上下游企业实施产业集群协同创新，提高企业核心技术创新能力。引导区内企业开放创新资源、供应链资源和市场渠道，通过研发众包、内部创业、大中小企业融通等方式，实现平台化转型。加大瞪羚、独角兽等高成长企业培育力度，完善企业发掘、筛选和培育机制。精准培育一批"四科"特征明显的科技型中小企业，引导更多资源向科技型中小企业聚集。

西安高新区强化区域硬科技辐射带动，助力西安科创大走廊建设，构建西安市硬科技产业园区联盟。打造关中平原城市群硬科技产业辐射圈，大力发展"飞地经济"，推进以合作共建、飞地自建、托管等方式建立"飞地园区"，扩大"高新制造、区域配套，高新孵化、异地生产"模式辐射范围。联动咸阳、宝鸡、杨凌、渭南、铜川等地，加强产业协作配套，打造关中高新技术产业带。加强区域间交流合作，与榆林、汉中、安康等地共同建立协同创新合作机制。科技赋能乡村振兴，聚焦各镇（街）产业发展技术需求，依托科技特派员工作联络站，遴选认定区级农业科技特派员 25 名，累计开展指导及培训 50 次，服务农民 300 余人次。开展"万企兴万村"活动，统筹区内企业资源，采取合作经营、对口援建、活动消费、宜业宜游等"四项措施"，打造区域村企合作示范，截至 2022 年年底，已有 52 家企业与西安高新区签署"万企兴万村"战略合作协议。

3. 合肥高新区：四链条驱动的企业培育模式

合肥高新区被科技部列入全国首批 25 家科技服务业试点区域之一。近年来，合肥高新区始终把创新作为最大政策，将创新链、产业链、资金链、人才链深度融合，不断以科技创新开辟发展新领域、新赛道，奋力推动高质量跨越式发展。

创新链高能级创新平台密布，科技创新成果涌现。量子信息未来产业科技园入选全国首批未来产业科技园建设试点培育单位，深空探测实验室揭牌运行，认知智能全国重点实验室、高端压缩机及系统技术全国重点实验室获批建设，国际先进技术应用推进中心全国首挂……仅仅是 2022 年，合肥高新区打造科技创新策源地，又新添了很多重量级"新成员"。加上国家实验室、天都实验室、国际先进技术应用推进中心等高能级创新平台，目前，合肥高新区已经成为国家战略科技力量布局最密集的区域。创新平台的建成投用，为科技成果加速转化注入了源源不断的动力。而作为创新主体，园区高科技企业也纷纷瞄准核心科技开展攻坚。据安徽省量子计算工程研究中心最新消息，国产首个用于保存量子芯片的高真空存储箱，近日在合肥高新区研制成功，并已投入国内首条量子芯片生产线使用，科学家形象地称其为"量子芯片冰箱"。位于合肥高新区的本源量子团队采用高真空存储技术，自主研发了这台量子芯片高真空存储箱，为量子芯片提供高真空的保存环境。

产业链未来产业加快布局，率先开拓发展新赛道。2023年4月24日，"中国航天日"主场活动在合肥开幕，国电高科天启合肥总部基地、太空星际InSAR卫星星座、银河航天合肥星座、"玑衡一号"商业气象卫星星座研产及运营基地等9个空天信息产业项目签约落地合肥高新区，为高新区空天信息产业发展注入新动能。仅用两年时间，高新区空天信息产业招引、培育近80家企业，初步形成航天产品设计、制造、集成、测试、试验及信息服务的全产业链，并纳入"未来科学城"空间规划。有了科技创新策源地的强劲支撑，合肥高新区不仅新兴产业蓬勃发展，未来产业也加快布局。2023年2月14日，《合肥高新区元宇宙产业发展规划（2023—2028）》发布，将"元宇宙"纳入未来产业，吹响了建设"长三角元宇宙创新发展第一区"的嘹亮号角。加上获批国家试点的量子信息未来产业科技园，合肥高新区正加快打造未来产业培育体系，在产业新赛道上塑造高质量发展新动能。

资金链发展科技金融　"基金丛林"总规模超2500亿元。为了打造优越的创新创业生态体系，合肥高新区连续出台"创九条""金九条"等扶持政策，并打造形成繁荣茂盛的"基金丛林"。截至2022年年底，园区基金总规模超2500亿元，基金超过200支，由政府基金积极发挥引导作用，带头投早投小投科技，推进资金链与创新链、产业链深度融合。作为安徽规模最大的创业园区，合肥高新创业园内科技企业已经超过1330家，累计培育国家级高企总量达到 828 家、上市公司 13 家。瞄准小微企业融资难、融资贵的痛点，高新创业园依托"青创资金"＋"孵化基金"双轮驱动，通过利息补贴、银行成本补偿等方式，降低企业融资成本。自 2015 年以来，截至 2022 年年底，青创资金通过贷款累计 1799 笔，总额 13.34 亿元，累计撬动各类资金 42.18 亿元。

人才链打造宜居宜业之地，"科大硅谷"汇聚全球人才。创新成果层出不穷，新兴产业生机勃勃，"基金丛林"蓬勃发展，吸引了越来越多的高层次人才汇聚合肥高新区，在创新发展的道路上携手同行。为了给创新人才营造宜居宜业的生活工作环境，高新区努力打造与"世界领先科技园区"相匹配的基础教育，由"实施名校战略"进阶为"精品化办学战略"，并在城市建设、健康医疗、文化休闲等领域发力，打造现代化产城融合发展的"样板"。

"四链"深度融合，赋能高质量跨越式发展。合肥高新区还不断深化机制体制改革，通过土地全域治理、链通高新、区域经济大脑等创新方式，为创新"松绑"，为发展"加油"。下一步，合肥高新区将以量子信息未来产业科技园建设培育试点作为塑造新优势的突破口，把建设"科大硅谷"核心区作为支撑跨越发展的重要着力点，不断夯实区域科技创新体系，奋力建设世界领先科技园区，勇当科技和产业创新的开路先锋。

4. 成都高新区：PI-IP-IPO 上市企业培育模式

2022 年 9 月 27 日，成都高新区召开新闻发布会发布《成都高新技术产业开发区关于加快创建世界领先科技园区的若干政策》。政策共 8 章 27 项，重点聚焦人才、技术、平台、转化、产品、企业、金融、产业八大核心维度，覆盖创新人才—创新平台—知识创造—双创孵化—企业培育—科技金融 6 个环节，打造"PI-IP-IPO"创新链条，通过集聚高端人才、提升创新策源能力、加快科技成果资本化，为加快创建世界领先科技园区提供有力保障。

聚焦第一资源（PI），激活科技成果转化源头。实施领军智荟行动计划，出台《成都高新区急需科技创新领军人才和急需产业创新领军人才专项支持政策（试行）》，支持新型研发事业单位、科研院所和重点企业引进符合成都高新区主导产业建圈强链方向、具有世界科技前沿技术和关键核心技术攻关能力的急需科技创新领军人才和具有突出技术创新能力的急需产业创新领军人才，经认定给予3年、每年最高500万元人才补贴，最高500万元安家补贴或赠予1套专家公寓，截至2022年年底，已聚集国家级人才449名。持续举办金熊猫全球创新创业大赛、全国颠覆性技术创新大赛领域赛（成都）等国家级赛事以及各类项目对接洽谈会，面向全球征集、发现和支持顶尖团队，2021年、2022年共计吸引参赛项目4500余个。

聚焦创新平台，打造科技成果（IP）转化支撑。实施平台策源行动计划，重点布局战略科技创新平台、产业技术创新平台、校地合作研究院和公共技术平台，着力打造分工明确、结构合理、功能互补的创新平台体系。高标准建设天府锦城实验室（前沿医学中心）、天府绛溪实验室，以分类布局、"揭榜挂帅"竞争准入、成果转化梯度培育、校院地企协同攻关等形式，打造以产业牵引为核心的"研究极＋发展极＋产业极"全生命周期服务机制，实现0-1突破、1-10转化和10-N产业化。打造一批产业技术创新平台，策划、建设、升级一批国内顶尖、链接国际的高能级创新平台，鼓励建设区级创新平台，并纳入成都高新区重点创新平台储备库的区级创新平台，构建国家、省、市、区四级梯度平台培育体系。累计聚集省级以上创新平台438家，其中国家级平台61家，西部领先。实施"岷山行动"计划，通过"揭榜挂帅"，引入国内外颠覆性创新人才团队建设新型研发机构，推动揭榜项目转化落地，探索科技成果转化新路径，构筑主导产业新的动力源，破解科技经济"两张皮"问题。实施中试跨越行动计划，通过新建一批中试平台，提供将创意、样机等打造为成熟产品的面向制造的服务，解决产业发展和成果转化痛点，吸引一批人才和中试项目落地，推动科技成果跨越中试关键环节，大力支持中试平台建设；形成"中试十条政策"，产业培育型中试平台5年最高可获5000万元支持，产业突破型中试平台支持力度量身定制，使用中试平台的熟化项目 5 年最高可获 1000 万元支持。

实施卓越 IP 行动计划，支持科技型中小企业、高新技术企业和梯度培育企业加大研发投入，促进全社会研发投入强度提升，推动建设高价值专利培育中心，高价值发明专利数量持续提升，加快形成一批具有国际引领性的自主知识产权，全社会研发投入强度达 5.87%，高价值发明专利 12 972 件，技术合同交易额超 400 亿元。

聚焦产品企业双上市，推动科技成果资本化（IPO）。实施双创提能行动计划，以"创业便利化"为导向，持续提升孵化载体能级、双创品牌能级、创业项目能级、企业融资能力，营造"处处可创业，人人愿创业"的良好生态，全面夯实全国双创第四极地位。打造 25 万平方米菁蓉汇双创旗舰，建立了国家、省、市、区、后备五级梯度孵化载体体系，被国家发展改革委官宣为全国双创版图"第四极"。2022 年，成都高新区参评国家大众创业万众创新示范基地年度评估，在区域类国家双创示范基地精益创业带动就业专项行动中排名全国第一。

实施高原筑峰行动计划，瞄准重点产业链、未来产业赛道，以链主企业、上市龙头企业和科技小巨人企业等核心企业为支点，打造普惠政策叠加精准扶持的科技企业培育体系，在科技企业高原上筑科技领军企业高峰，加快培育具备引领科技创新、带动产业生态能力的世界一流科技领军企业。完善"种子期雏鹰企业—瞪羚企业—（潜在）独角兽企业—上市龙头企业"梯度培育体系，加快培育城市标签级科技领军企业，为处于不同发展阶段的企业精准匹配资源要素。截至 2022 年年底，全区共有独角兽企业 7 家，净增高新技术企业 642 家，全年入库科技型中小企业 2655 家，培育上市企业 59 家，位居中西部第一。

四、引领产业向高端化发展，为经济高质量发展注入强劲动力

国家高新区是我国高新技术产业发展的先行军和排头兵，不断书写着中国特色"高"和"新"的故事。国家高新区从建设之初就以"发展高科技，实现产业化"为初心使命，在发展高新技术产业上长期蓄力、久久为功，建立了有利于高新技术产业发展的体系、机制和环境，全面提升产业基础高级化和产业链现代化水平，加快构建以先进制造业为骨干、创新引领、协同发展、"四链融合"的现代化产业体系，成为产业创新策源地、区域经济增长极和创新生态高地。

一方面在"攀高"上做好文章，顺应全球新一轮科技革命与产业变革的发展大势，巩固优势产业领先地位，加快打造具有国际竞争力的战略性新兴产业集群，实现高新技术产业从无到有、从小到大、从弱到强，产业结构不断迈向中高端，产业发展的接续性和竞争力不断增强，成为推动经济转型升级的战略平台、保障产业链供应链安全的重要载体。

另一方面在"求新"上做足功课，围绕产业链部署创新链、围绕创新链布局产业链，持续不断培育创新创业主体，强化自主创新能力，推动科技成果转化为现实生产力，不断培育壮大新兴产业规模，锚定绿色低碳方向，持续运用高新技术和数字技术改造提升传统产业，推动数字经济与先进制造业、现代服务业深度融合，前瞻性布局未来产业，持续夯实未来技术发展基础，分类推进有条件的国家高新区开展科学城、产业联盟、绿色低碳园区等专题实践，形成新的动能和增长点。

当前，新一轮科技革命和产业变革深入发展，国际科技经济竞争日趋激烈，

许多国家纷纷把加快培育区域创新优势作为战略重点，采取措施吸引各种创新要素，积极抢占全球科技创新和高技术产业发展新的战略制高点。随着我国经济进入高质量发展新阶段，新时代的十年国家高新区深入贯彻落实习近平总书记关于"又高又新"的重要指示精神，以传统产业转型、新兴产业发展、未来产业培育"三条曲线"统筹推进的产业演进路径愈加清晰，产业基础高级化水平、产业技术创新能力与产业组织创新能力持续提升，代表国家参与全球科技经济竞争合作，成为引领经济增长的强大引擎。2021 年，国家高新区以 2.5% 的建设用地创造了超过 13.4% 的 GDP，六大类高技术制造业中国家高新区有 5 类占全国比重超过 30%。中关村、上海张江、深圳、西安、武汉东湖等高新区的营业收入超过万亿元，深圳、西安等高新区 GDP 占所在城市GDP 比重达到 20% 以上，广州、苏州工业园、成都等高新区 GDP 占所在城市GDP 比重达到 10% 以上，成为引领地方经济高质量发展的核心载体。

（一）持续巩固优势产业领先地位

十年来，国家高新区持续加强产业规划与产业政策研究，积极推动优势产业延链、传统产业升链、新兴产业建链、短板产业补链，加快建设以实体经济为支撑的现代化产业体系。着眼于巩固优势产业领先地位，持续推进产业高端化、数字化、绿色化发展，努力提升国际影响力和全球竞争力。

1. 全面提升产业链现代化水平，不断巩固优势产业领先地位

传统产业是现代化产业体系的基底，传统产业的改造升级直接关乎现代化产业体系建设全局。国家高新区通过实施产业基础再造工程和重大技术装备攻关工程，引导和支持传统产业加大技术改造和设备投入，加快改造升级与转型发展，支持企业专精特新化发展。充分发挥区域产业优势，实施错位化、差异化发展战略，着力发展特色主导产业，结合地方实际夯实园区产业根基，提升政策精准度，实现产业发展的多样化和高端化。持续加快发展国家火炬

特色产业基地，引领和带动地方优势产业优化升级，推动地方经济转变发展方式，推动产业由中低端迈向中高端。例如，天津滨海高新区积极推动传统产业转型升级，精细化工和新材料产业驶入快车道。重庆高新区引入施耐德、博世、IBM等物联网企业，设立智能制造创新中心，助力辖区传统制造企业数字化转型升级。广州高新区出台《广州市黄埔区　广州开发区　广州高新区深化供给侧结构性改革助力国内大循环若干措施》，从重点提升产业链供应链现代化水平等方面着力推动强链、补链、固链，以视源股份为链主企业，打造世界新型显示之都；以广汽本田为链主企业，以小鹏汽车、宝能汽车、文远知行为重点企业，打造智能汽车之城；以广东粤港澳大湾区国家纳米科技创新研究院为链主企业，打造新材料产业高地，以新能源汽车为引擎，成就汽车产业强区。

2. 加快新型工业化发展，建设以实体经济为支撑的现代化产业体系

国家高新区积极践行新发展理念，坚持走创新、协调、绿色的新型工业化道路，由高技术制造业和高技术服务业共同构成的高技术产业已经成为国家高新区产业的重要构成部分，实现了从科技价值到经济价值，再到社会价值的转变，持续统筹推进"五位一体"总体布局，绿色低碳循环发展成为园区的普遍形态。加快推动传统制造业的高端化、智能化、绿色化发展，着力提高装备制造业等"国之重器"的产业竞争力。超过50%的高新区获得国际或国内认证机构评定认可的ISO14000环境体系认证。西安高新区大力发展以光电子信息、汽车、智能制造、生物医药、新材料新能源为代表的五大优势主导产业，不断健全和完善以实体经济为支撑的"55611"现代产业体系，为经济社会高质量发展打造了强劲引擎、构筑了坚实根基。其中，汽车制造业，电气机械和器材制造业及计算机、通信和其他电子设备制造业增速分别为61.8%、48.6%和3.5%，三大行业合计拉动产值增长26个百分点，是工业增长的主要支撑力量。

3. 大力发展数字经济，促进数字经济和实体经济深度融合

国家高新区数字经济发展迅猛，催生"互联网+""物联网+""智能+"等"N+X"跨界融合新业态，不断涌现移动互联网、物联网、3D打印、可穿戴设备等一批新产业新业态，智能经济、平台经济、分享经济、数字经济等新经济形态迸发出强劲的活力。越来越多的国家高新区出台促进数字经济发展的新政策，武汉、成都、苏州、南京、重庆下辖的国家高新区也成为当地争创数字经济一线城市的主阵地，而昆明、贵阳在数字经济综合实力排名上已超过佛山、南通等GDP万亿元城市。目前，高新区的数字化相关产业营业收入快速增长。例如，杭州高新区2022年数字经济核心产业增加值1723亿元，占GDP比重78.9%，数字经济核心产业营收4873.01亿元；中关村2022年数字经济占高技术产业比重提升到了41.6%；光谷2022年数字经济核心产业增加值超过900亿元，占武汉市的比重超过50%，其中，数字产品制造业营收超2100亿元，数字技术应用业营收近840亿元。贵阳高新区大力发展大数据产业，全力打造中关村贵阳科技园，通过建设国际人才城、大数据应用展示中心、云计算中心、中国科学院创新园等一批高端平台，实现"中关村要素"集聚，成功引进中兴云计算基地、百度数据中心、新浪云基地等45个大数据项目。大连高新区大力发展数字经济，全面推动软件和信息技术服务业升级跨越，促进互联网、大数据、人工智能与制造业的深度融合。

4. 推动园区绿色低碳发展，成为我国绿色经济的先导区和示范区

国家高新区长期注重园区经济与生态环境的协调发展，不断推动园区企业切实实现污染物排放或能耗大幅降低，工业企业万元增加值综合能耗持续降低（2020年为0.451吨标准煤），超过91.1%的国家高新区出台了环境保护和绿色发展政策。2021年，科技部出台《国家高新区绿色发展专项行动实施方案》，提出在国家高新区内培育一批具有全国乃至全球影响力的绿色发展示范园区和一批绿色技术领先企业，在国家高新区率先实现联合国2030年可

持续发展议程、工业废水近零排放、碳达峰、园区绿色发展治理能力现代化等目标，部分高新区率先实现碳中和。"国家高新区绿色低碳发展试点园区"建设工作锚定绿色低碳方向，持续运用高新技术和数字技术改造提升传统产业，培育绿色低碳创新型产业集群，培育壮大绿色低碳战略性新兴产业、未来产业集群，稳妥推进落后产能转型升级，搭建绿色产业创新联盟，构建绿色产业发展促进长效机制，形成绿色发展典型经验，发挥国家高新区深入践行绿色发展理念的表率作用。

部分高新区在绿色低碳技术产业化、资源能源环境数字化管理等方面先行先试，加强生产制造过程资源消耗的精细化管控，争取率先实现碳达峰碳中和目标。合肥高新区、苏州高新区、武汉东湖高新区、天津滨海高新区等加快推进"碳中和"示范园区和工厂建设。无锡高新区建立了全国首个"零碳"目标的科技产业园，通过加强绿色低碳技术研发与供给、培育和集聚低碳产业、推进能源清洁化数字化、健全绿色发展机制、建设低碳社区，"五管齐下"实现园区净零排放目标。天津滨海高新区积极打造太阳能组件领域的智慧化标杆工厂，努力推动全球新能源光伏产业平价上网。郑州高新区围绕智慧环保时空精准监测管控平台，打造"智慧+"绿色发展工作体系，依据"碳监测"平台，加大源头管控，构建完善区域性激励约束机制。合肥高新区在全国首创园区层面的以工业企业为管理主体的碳积分试点制度，聚焦重点行业、重点企业探索实施，以点带面推动园区全面绿色低碳转型发展（2023年3月发布《合肥高新区工业企业碳积分试点实施方案》）。青岛高新区对区域开发强度、生态红线划定等内容作出明确的目标控制范围，对区域空气、水、噪声环境质量达标率，生活垃圾无害化处理以及清洁能源等内容设定了约束指标。

5. 着力推动补链强链，保障产业链供应链安全稳定

国家高新区坚持以科技创新保链稳链强链，在关系安全发展的领域加快补齐短板，提升战略性资源供应保障能力。积极应对疫情和中美贸易风险冲击，提高产业链韧性和供应链安全稳定。围绕产业链供应链"补链强链"需求，有针对性地选择部分国家高新区试点开展"揭榜挂帅"科研攻关工作，以产业链关键产品、创新链关键技术为核心，强化关键环节、关键领域、关键产品保障能力，通过打通创业链，完善创新链，保障产业链。着力打通产业物流"瓶颈"，推行产业链链长制度，按照"一链一策、一企一策"原则，全力促进产业链各环节、各要素高效衔接。例如，重庆高新区围绕供应链补链延链，推动 50 家企业申报研发准备金补助，13 家企业申报市级企业技术中心，2 家企业申报工业和信息化重点实验室，4 家企业申报产业技术创新联盟。广州高新区出台《深化供给侧结构性改革助力国内大循环若干措施》（简称"助力国内大循环 8 条"），从重点提升产业链供应链现代化水平等方面提出 8 条具体举措，着力推动强链、补链、固链，增强产业链供应链稳定性，对在区内产业化且属于国内首次规模化生产和应用的，给予最高 1000 万元奖励。

（二）不断培育壮大新兴产业规模

集群发展是产业发展的必然趋势，也是产业结构转型升级的必由之路，彰显一个国家或地区的经济发展水平。国家高新区高度重视产业集群的发展，以打造产业链条为目标，积极布局发展产业属性相关、产业形态互动、发展过程互补的集群形态，推动产业集群向产业生态升级，形成规模效应、集聚效应、协同效应，在有效配置创新资源、打造产业竞争优势、促进产业高质量发展等方面发挥了重要作用。2020 年 7 月，国务院发布《国务院关于促进国家高新技术产业开发区高质量发展的若干意见》，提出到 2025 年要涌现一批具有国际竞争力的创新型企业和产业集群。十年来，国家高新区产业持续向集群化、集约化发展，推动创新链产业链资金链人才链深度融合，围绕新一代信息技术、生物技术、新能源、新材料、高端装备、新能源汽车、绿色环保、航空航天、海洋装备等新兴产业形成了一批具有国际竞争力的创新型产业集群。长三角集成电路产业国家高新区创新发展联盟、北京中关村 ICT 产业规模占全国 17%，长三角 36 个国家高新区的生物医药产业规模超过全国一半，珠三角自创区催生了先进材料等一批万亿级产业集群。

1. 推动战略性新兴产业融合集群发展，培育建立新的增长引擎

构建新一代信息技术、人工智能、生物技术、新能源、新材料、高端装备、绿色环保等一批新的增长引擎，如中关村 IT 产业集群、上海张江集成电路产业集群、武汉东湖光电子产业集群、深圳通信产业集群等。推动长三角、粤港澳地区的国家高新区探索建立集成电路、新能源汽车产业创新联盟，实现产业创新资源的跨区域流动和整合，推动产业组织创新，提升产业协同发展能力。例如，兰州高新区高度聚焦生物医药产业，区内口蹄疫疫苗国内市场占有率达到 60%，非洲猪瘟疫苗率先实现疫苗免疫保护力突破；血清和无血清培养基产品合计国内市场占有率超过 70%；拥有国内唯一经政府许可的肉毒素生产商，国内市场占有率达到 75%。2021 年，六大类高技术制造业中国家高新区有 5 类占全国比重超过 30%，长三角地区国家高新区生物医药产业规模超全国一半，粤港澳大湾区国家高新区形成了万亿级先进材料产业集群，中关村新一代信息技术、武汉东湖光电子、上海张江集成电路、天津风能产业的规模分别占到了全国的 17%、50%、35% 和 30%。

2. 高技术服务业"小步快跑"，成为支撑高质量发展的重要力量

高技术服务业是现代服务业的重要内容和高端环节，技术含量和附加值高，创新性强，发展潜力大，辐射带动作用突出；加快发展高技术服务业对于扩大内需、吸纳就业、培育壮大战略性新兴产业、促进产业结构优化升级具有重要意义。由于国家高新区持续推进产业结构调整，越来越多的国家高新区布局和发展高技术服务业，高技术服务业在企业数量贡献度上已经远超高技术制造业，在创造新的工作岗位、扩大就业方面贡献很大，上缴税费的贡献

度也逐步趋近高技术制造业。2020年，国家高新区高技术服务业企业共计69 551家，占高新区统计企业的42.1%，是高技术制造业企业数量的3倍多；高技术服务业的营利性开始凸显，高技术服务业净利润首次在总量上超过高技术制造业。

3. 科技服务体系持续完善，新兴服务业态加速涌现

一方面持续完善科技服务体系，加速集聚研发设计、中试熟化、技术转移转化、检验检测认证、知识产权、科技金融等各类科技服务机构，布局建设科技金融创新服务中心，引导金融资本更多流向实体经济，探索科技服务新模式，不断提升科技服务效能和水平，支持高新技术产业发展。例如，合肥高新区打造"人工智能＋创新券"，实现长三角通用通兑，累计帮助2700余家科技中小企业领取1.7亿元政策资金；广州高新区打造"区块链＋AI链"商事服务模式，获批发行全国首支纯专利权的知识产权证券化产品；成都高新区建成西部首个高新技术服务超市，开发创新信用券、生长力评价、政策匹配系统等工具，为创新创业提供"一站式"服务，获四川省委改革办推广至全省。另一方面不断推动创业服务专业化、多样化、市场化和国际化，构建创新创业服务生态，形成了众创空间、创客中心、新型孵化器等多样化创业载体，涌现出创业训练营、互联网创业生态圈、跨境孵化器等孵化新形态。例如，合肥高新区打造"投资＋孵化""网络＋孵化""服务＋孵化""机制＋孵化"的4.0版专业孵化器，组建企业孵化器联盟，获批财政部、工业和信息化部、科技部"科技资源支撑型"国家双创特色载体。

4. 培育壮大创新型产业集群，持续提升集群发展质量

科技部自2011年起深入实施"创新型产业集群建设工程"，聚焦生物医药、人工智能、集成电路、新材料产业等战略性新兴产业打造创新型产业集群，千亿级、万亿级的世界级产业集群呈加速崛起之势。截至2023年2月，

全国共有创新型产业集群 193 家，集群产业覆盖了全部战略性新兴产业领域。其中，近 150 家创新型产业集群位于 122 家国家高新区内，占比近八成。在关键前沿技术研发、重大产品与装备制造、国际技术标准创制等方面涌现出一大批高端技术和产品，在全国乃至世界独占鳌头，涌现出多个第一，有力带动我国产业迈向全球价值链中高端。截至 2021 年年底，千亿级的产业集群有 20 家。其中，深圳高新区下一代互联网创新型产业集群规模最大，工业总产值为 9630.1 亿元，位居第二的中关村移动互联网创新型产业集群为 4295.4 亿元。苏州工业园区生物药品制品制造创新型产业集群发展质量和创新能力保持高速成长态势，产业产值超 1300 亿元，通过科技领军人才计划聚集各级领军人才超 1000 人、各级各类生物医药创新人才总量超 5 万人，顶尖人才数占全国同类人才总量的比重达 25% 以上。天津滨海高新区着力打造信创产业链，落地信创海河实验室，聚集了以飞腾、麒麟、曙光、360 为代表的 1000 余家上下游企业，实现了从 CPU 操作系统、数据库、超算、网络安全到整机终端信创全产业链。广州高新区加速氢能全产业链布局，打造千亿级规模的氢能产业大区，落地中国首家大型氢燃料电池系统专用工厂——现代汽车氢燃料电池系统生产和销售基地项目。杭州高新区聚焦数字经济产业，2021 年数字经济核心产业增加值占 GDP 比重达 78.9%，核心产业全产业链基本形成。无锡高新区集成电路制造创新型产业集群成为国内首个完整覆盖研发、制造、封测、设计、装备、应用和服务等环节的集成电路产业集群，截至 2022 年实现总产业规模达 1352 亿元，约占全国 1/9。

专栏 4-1　全国生物医药产业集群（园区）协同创新联盟

结合国家重点区域发展战略和战略性新兴产业重点领域，国家高新区在推进京津冀、长三角和粤港澳大湾区的产业集群协同创新方面持续发力，把集群纵向产业技术联盟和横向创新协同联盟结合起来，发挥协同创新优势，促进产业集群规模效益不断提升。"全国生物医药产业集群（园区）协同创新联盟"，开辟我国生物医药产业集群化协同创新发展的新路径，为我国生物医药产业集群（园区）进一步做大做强拉开新的历史篇章。

联盟性质："全国生物医药产业集群（园区）协同创新联盟"是在科技部火炬中心领导下，于2016年9月29日召开的"第二届国家高新区生物医药产业集群协同创新工作会暨全国生物医药产业集群（园区）协同创新联盟成立大会"上，由石家庄高新区、本溪高新区、烟台高新区、上海浦东新区、昆山高新区、昆明高新区、南昌高新区、通化高新区、苏州高新区、广州开发区、杨凌农高区、南宁高新区、青海高新区、中山火炬高新区、中关村科技园区大兴生物医药产业基地、济南高新区、厦门高新区和中国医药科技成果转化中心共18家单位作为主要发起人，拟将联合全国各级各类生物医药科技产业园区（基地）建设管理单位，以及行业龙头骨干医药企业和优秀创新创业支撑服务机构等，秉持"共建共享、合作共赢、协同发展"理念，自愿组成的一个全国性、行业性、开放性、非营利性的新型社会合作组织。

联盟主要成员：一类是全国各级各类生物医药科技产业园区（基地）建设管理单位（高新区、经开区、新区、综保区等管委会），需由园区（基地）管委会指定其下属企事业单位为会员代表机构；另一类是各园区（基地）和行业内的龙头骨干医药企业、优秀创新创业支撑服务机构（科研院所、大学、CRO、临床试验机构、检验检测机构、投融资机构、孵化加速器、技术转移机构、科技信息咨询机构、知识产权机构、产业技术联盟等）。联盟建立"4+1+1X"运行管理体系，即成立4个中心（技术创新转化中心、科技金融协同中心、国际科经合作中心、市场品牌推广中心）、1个研究院（竞争力发展研究院）和1个载体运行总公司及其各控股子公司。

联盟职责：通过搭建联盟的市场、研发、环境等协同平台，力求整合全国生物医药行业的技术、人才、资本和市场等优势资源，一是为大企业的持续和稳健发展提供战略支撑和资源储备；二是为中小微企业的快速和健康成长提供市场渠道和发展路径；三是通过对产业发展的跟踪和生态环境的研究，适时为政府的行业决策提供战略咨询和政策建议。

联盟发挥的作用：石家庄高新区、中关村科技园区大兴生物医药产业基地等轮值成为理事长单位和承办生物医药产业集群协同创新工作会。在联盟的推动下，中国生物医药创新创业生态体系建设政策研讨会、中国生物医药园区协同发展研讨会、中国生物医药创新创业"千人讲坛""中国生物医药创新创业直通车"项目路演与投融资合作洽谈等顺利展开，25 个生物医药集群2017 年总产值已占当年全国生物医药园区总和的 43 ％。其中，济南高新区生物制品产业集群围绕纵向产业链协同、横向集群协同，着力打造科技型领军企业带动、中小企业参与、上下游产业协同创新的集群生态，集群企业产值从 2017 年的 455 亿元，迅速提升到 2019 年的 850 亿元。

（三）前瞻性布局发展未来产业

未来产业是抢抓新一轮科技革命和产业变革的机遇，是实现引领发展的重要抓手。习近平总书记指出，要瞄准人工智能、量子信息、集成电路、先进制造、生命健康、脑科学、生物育种、空天科技、深地深海等前沿领域，前瞻部署一批战略性、储备性技术研发项目，瞄准未来科技和产业发展的制高点。国家高新区认真落实习近平总书记对未来产业和科技创新作出的一系列重要论述和重要指示批示，争先谋划和布局未来产业，大力支持未来科技研发创新与成果转化。

1.积极谋划和布局未来产业，探索形成生动实践

国家高新区紧密跟踪前沿技术发展方向，立足自身资源禀赋，前瞻布局未来产业，围绕重点产业和战略性产品的重要环节，加强关键核心技术攻关、颠覆性技术攻关，勇闯创新"无人区"，已有探索发展未来产业的初步实践。

例如，中关村围绕新一代信息技术未来产业方向，聚焦互联网 3.0 领域，在基础设施层、交互终端层、平台工具层、应用层等系列布局，积极推动建设互联网 3.0 未来产业创新试验区。深圳高新区聚焦下一代信息网络领域，着力布局 6G 网络研究，重点开展通信感知一体化、智能超表面、算力网络、分布式自治网络、太赫兹通信、光通信、卫星通信等前沿技术以及下一代智能终端关键核心技术攻关，依靠鹏城实验室、华为、中兴等战略科技力量，构建自主安全的产业生态，布局建设 6G 网络未来产业创新试验区。上海张江高新区成立"张江元宇宙创新发展联盟"，构建起从技术到端口再到应用的元宇宙产业生态圈。合肥高新区围绕量子科技未来产业方向，重点聚焦量子精密测量细分领域，布局建设量子精密测量未来产业创新试验区。苏州工业园区聚焦基因诊疗产业细分领域，开发新型实体瘤 CAR-T/CAR-NK /TCR-T/DC-CIK/TIL 等细胞、干细胞与再生医学产品，在基因诊断、核酸药物等方面布局建设基因诊疗未来产业创新试验区，成立了医疗器械及生物医药培育基地，加速未来产业项目孵化落地。苏州高新区围绕集成电路未来产业方向，聚焦光芯片产业细分领域，重点发展高功率半导体激光芯片、高速光通信芯片、传感探测芯片、生物传感芯片、高性能光电一体化芯片、光子计算芯片等用于生命健康、工业制造、航空航天、通信等领域的光芯片，布局建设脑机交互未来产业创新试验区。天津滨海高新区围绕脑科学未来产业方向，聚焦脑机交互产业细分领域，开展非侵入式脑机接口核心元件、关键器件、高端装备等全产业链技术攻关，布局建设脑机交互未来产业创新试验区。

2. 以未来技术引领未来产业创新，在重点行业领域形成发展优势

目前，国家高新区在人工智能、自动驾驶、区块链、虚拟现实、量子信息、脑科学、生命健康、未来网络、先进制造、深海空天、绿色能源等"硬科技"方向领域已初步形成发展优势，在大数据、云计算、无人机、5G 等一些细分领域跻身世界先进行列。例如，中关村依托数据优势和场景优势，在人工智

能应用创新、互联网 3.0 上处于世界领先水平；寒武纪、百度昆仑等企业初步实现在 ASIC（领域专用芯片）特定领域弯道超车；在交互感知系统等核心链路领域，PICO 2022 年以全球 10%、全国 66% 的市场份额位列全球第二、全国第一。青岛高新区聚焦机器人、智能制造装备等领域，获批国内首家"国家机器人高新技术产业化基地"和机器人创新型产业集群试点，全球排名前十的机器人企业已入驻 6 家。合肥高新区诞生了首台超导量子计算原型机"悟源"，培育了全球第一个量子产业上市公司国盾量子，量子钻石原子力显微镜、单自旋量子精密测量谱仪实现世界首创。苏州工业园区在细胞治疗、生物芯片、基因测序与合成等前沿领域形成一定规模和技术领先优势，处于世界先进水平。襄阳高新区航空航天创新型产业集群建立了航宇火箭橇轨试验基地、高速风洞实验室、航泰动力国家级计量中心和国家级复合材料检测中心等高水平创新平台，均拥有突破关键技术的自主创新成果，航空航天企业技术水平在细分行业已处于全球领先地位。

（四）产业组织与服务平台协同发展

国家高新区聚合各类主体优势，构建高效协同的产业创新服务体系，推进产业链、创新链、资金链、人才链相融合，最大限度激发各类创新人才的积极性、创造性，加速科技成果转化，鼓励创新试错，强化创新能力，打造创新策源地，成为区域产业创新发展的技术源头、人才源头，有力促进了高新技术产业的发展。

1. 产业服务平台数量持续增长，种类不断丰富

集聚了各类产业促进机构，积极推进产学研协同创新中心建设，培育了一批市场化、专业化、国际化的技术转移机构。十年来，国家高新区省级及以上各类创新服务机构数由 2011 年的 1517 家增长至 2020 年的 5944 家（图 4-1）。截至 2020 年年底，国家高新区内共有生产力促进中心 503 个，其中国家级

111 个；共有各类产业技术创新战略联盟 1805 个，其中国家级 174 个；累计建成技术转移机构 2175 家，其中经认定的国家技术转移示范机构 313 家。

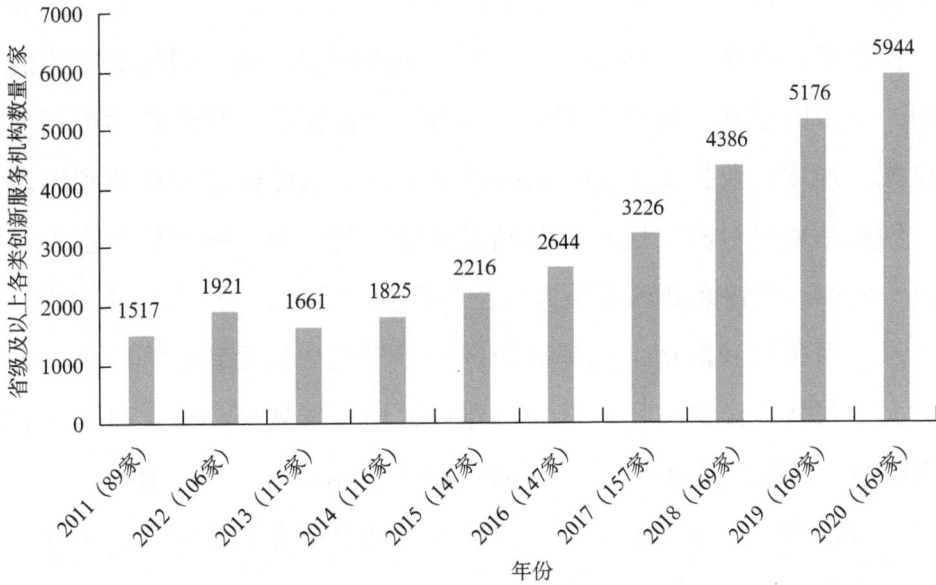

图 4-1　2011—2020 年国家高新区省级及以上各类创新服务机构数量情况

注：括号内数字为当年国家高新区数量。

国家高新区以省部会商、院地合作、联合共建、自建等多种形式，推动设立了以市场需求为导向、民间资本参与的产业技术研究院、产业技术创新联盟等新型研发机构，不断提升科技成果转化和产业化水平。例如，中关村科技园区支持寒武纪、龙芯中科等建设 19 个高精尖产业协同创新平台。深圳高新区积极推动"部省市"共建西丽湖国际科教城，建设和集聚省级新型研发机构 46 家。合肥高新区建成中科大先研院、中国科学院创新院、中国科学院工研院等重大协同创新平台。苏州工业园区引进了一批高水平大院大所，建设了国家生物医药技术创新中心和国家第三代半导体技术创新中心。沈阳高新区在材料等领域建设高水平创新服务平台，聚集了一批国内外高层次科技人才。

2. 支持产业组织创新，持续提升产业配置能力

国家高新区支持发展产业创新服务综合体，加快专业化、特色化、国际化重大载体建设，从源头上破解产业发展载体空间瓶颈约束。大力引进和扶持智库、投融资、中介、培训等机构，为企业成长和产业发展打造完善的产业生态圈，为园区创新发展提供源泉。创新产业链招商、场景招商等新型招商服务模式，强化产业招商服务，围绕产业升级、战略性新兴产业和未来产业培育、创新基地平台和园区新型基础设施建设等领域，吸引优质重大产业项目落地。例如，无锡高新区围绕园区主导产业成立12个产业招商中心，大力推进重点项目招引和落地。成都高新区每年设立2亿元新经济应用场景专项资金，大力扶持新经济应用场景项目建设，培育发展新动能，以人工智能领域为突破口，打造出"AI+教育""AI+医疗""AI+社区""AI+园区""AI+政务" 五大应用场景，面向社会公开发布首批226条机会清单，被列入国务院第六次大督查发现的32项典型经验做法。依托先进制造业和现代服务业融合发展试点建设，积极探索产业服务模式创新。扬州高新区培育"两业融合"特色载体，推进园区"4+X"载体板块发展，目前已建成以研究开发装备制造业前瞻性、共性关键技术，为企业提供科技创新咨询、论证、检测、实验的科技检测公共服务平台，年服务企业上百家，辐射苏中、苏北地区。以"互联网+先进制造业"为发展方向，提供覆盖全产业链智能营销、数据分析、供需对接、供应链优化等服务，构建"线上与线下相结合、制造与服务相结合"的"工业汇"互联网服务平台。以孵化和培植高科技上市企业为主要方向的科技企业上市服务平台；以缓解园区企业融资难题为目标的"园区保"综合金融服务平台，为园区企业提供融资服务超10亿元，企业融资成功率得到显著提升。

3. 政府搭台推动服务多元化，形成常态化众扶平台

高水平组织中国创新创业大赛、全国颠覆性技术大赛、中国创新挑战赛等

赛事活动，聚焦产业关键核心技术攻关和科技成果转移转化，有效引导科技资源、金融资源、财政政策、产业资源精准流向优质科技企业。着眼国家战略发展亟须，在赛事安排中设置"长三角区域一体化发展""硬科技""技术融合"专题赛，通过建立以需求为主体、以市场为导向、产学研深度融合的技术创新平台，汇聚科技资源、解决技术难题，推动国家战略深入实施。这些赛事活动"围绕产业链部署创新链"，联合各个承办单位，突出战略性新兴产业发展，把地方支柱产业作为技术需求挖掘重点，聚力攻关产业共性难题、突破发展瓶颈，为产业转型升级提供科技方案。

（五）国家高新区产业高端化发展案例

1. 天津滨海高新区：率先实现信创产业国产替代全链条布局

天津将信创产业作为推进自主创新和原始创新、加快新旧动能转换的重要战略引擎，全力推动信创产业发展。天津滨海高新区作为天津创新创业生态活跃的功能区，积极推动信创产业高质量发展，全力建设"中国信创谷"，集聚以麒麟、飞腾、曙光、360、中科曙光、南大通用等龙头企业为代表的上下游企业千余家，逐步构建"CPU—操作系统—数据库—服务器—整机终端—超级计算—信息安全服务"自主可控、产研一体、软硬协同的信创产业体系，在全国率先实现国产替代全链条布局。例如，麒麟发布的"星光麒麟操作系统"实现了全平台的国产化和安全自主可控。这种努力有助于减少对国外技术和产品的依赖，提高国家信息安全和自主创新能力。重要举措如下：

高标准加快推进重大创新载体建设。一个是海河实验室的建设，以高标准推进的信创海河实验室成为重大创新主体和载体加快建设的核心项目。首批启动的 9 项"卡脖子"关键核心技术攻关项目，进一步加强了实验室的研发能力和创新水平。信创海河实验室联合国家超算中心、飞腾、麒麟等相关领域优势单位，围绕微处理器设计、基础软件、工业软件、高性能计算四大领域开展核心技术攻关，与麒麟软件共同发布 openKylin 开源桌面操作系统。与清华大学、北京大学、浙江大学、天津大学等知名大学合作建设清华大学天津高端装备研究院、清华大学天津电子信息研究院、北京大学（天津滨海）新一代信息技术研究院、浙江大学滨海产业技术研究院、天津大学医疗机器人与智能系统研究院等一大批高水平新型研发机构。加强主导产业的关键核心技术突破，中科曙光发布了业界首款液冷存储系统——曙光 ParaStor 液冷存储系统，这一技术的问世标志着天津信创产业在该领域的领先地位，为行业带来了全新的发展机遇。科学技术成果量质齐升，麒麟软件荣获中国专利优秀奖；飞腾发布固件类规范 2 项，丹娜生物参与制定国家标准 2 项。

持续优化信创产业创新创业环境。成功举办第十一届中国创新创业大赛全国赛、第三届天津市"海河英才"创新创业大赛信创组分赛、生态城"创新之星"环保主题双创大赛等重大赛事，举办创业辅导、项目路演、银担企融资对接等活动过百场，营造良好双创氛围。金融支持创新稳步推进，设立信创产业基金等政府引导基金，参与设立市级天使母基金并推进 GP 落户；与市科技创新发展中心合作成立天创（华明）天使驿站。建设全国首家知识产权贷后管理平台，帮助企业完成融资 2 亿元。

发挥政策优势，营造良好营商环境。发布"中国信创谷九条"政策，设立百亿规模信创产业基金和每年 10 亿元的专项扶持资金，将做大做强基础硬件、软件系统、信创服务 3 条核心链，做实信息安全保障。实施"海河英才""鲲鹏计划"等，天津成功吸引了超过 2500 名各类人才。其中，海河实验室已经集聚了超过 25 位两院院士、140 多位杰出青年等高端人才，以及 800 多名各类研发人员，为区域的科技创新和产业发展提供了强大的支持。

2. 武汉东湖高新区：打造万亿级光电产业集群

培育世界级产业集群是我国全面提升国际竞争力的重要战略选择，也是国家高新区发展的内在要求。武汉东湖高新区三十年如一日，将光电子信息作为特色主导产业，不断聚"光"成"链"、集"链"成"群"，成为全球最大的光纤光缆制造基地、光模块研发生产基地，全国最大的激光设备生产基地，获批国家存储器产业基地。武汉东湖高新区经过多年探索，在光电子信息产业集群化发展方面摸索出一整套行之有效的工作经验，形成了一套世界级产业集群培育的"组合拳"。

聚焦"光"特色，二十多年如一日坚持首位产业不变。武汉东湖高新区于2001年获批建设国家光电子信息产业基地（武汉·中国光谷）；2009年获批建设国家自创区，明确了"优先发展光电子信息产业"的"131"产业架构；2022年提出培育世界级光电子信息产业集群、奋力打造"世界光谷"的目标。经过不同时期的发展，光电子信息产业作为武汉东湖高新区的首位产业始终没有变，但其内涵和容量在不断拓展和丰富，从最早的光通信、激光、消费电子到集成电路、新型显示，再到"互联网+"、北斗、人工智能等，持续推动产业迭代升级。

坚持创新驱动，实现创新链和产业链双向互动。武汉东湖高新区充分发挥华中科技大学、武汉大学、中国科学院精密测量科学与技术创新研究院等高校院所的源头创新力量，建立了与企业间的科产教互动机制，搭建了武汉光电国家研究中心（光谷实验室）、光纤通信技术和网络国家重点实验室等战略平台，丰富了由新型研发机构、国家级创新中心，以及中试、检验检测等公共服务平台构成的创新平台体系，成为国家光电子信息领域战略科技力量主力军。这些创新平台在光电子信息产业关键技术攻关、前沿引领技术创新、科技成果产业化、创新人才培养等方面发挥了重要作用，同时，光电子信息产业的发展亦推动了在武汉高校院所相关学科迈入世界一流水平。

强化内生发展，打造领军企业顶天立地、中小企业铺天盖地的发展格局。武汉东湖高新区历来具有支持创业的传统，构建了"始于创业、显于瞪羚、成于领军"的科技企业成长链条。武汉东湖高新区于1987年成立我国第一家科技企业孵化器，多年来支持多元市场主体建设孵化载体，实施了"青桐计划""创业十条""硬核科技创业计划"等系列政策，实现年新增注册企业达到2万家；连续12年实施"光谷瞪羚企业培育计划"，搭建"光谷瞪羚源"服务平台，累计培育认定光谷瞪羚企业1500余家，从中走出6家独角兽企业、20家上市企业和一批细分领域的"单打冠军"；培育出中国信科、长飞光纤、长江存储等在全国有影响力的领军企业，突破了一批关键核心技术，吸引了大批产业人才，在光电子信息产业发展中发挥了核心引领作用。

发挥市场力量，探索多元主体参与的集群治理模式。武汉东湖高新区积极探索"政府+中介"治理方式，较早地成立了武汉·中国光谷激光行业协会、地球空间信息产业协会、武汉光谷光电中小企业产业协会等行业中介组织。在工业和信息化部2022年先进制造业集群竞赛中，光电工研院作为集群促进机构，助推以武汉东湖高新区为核心的武汉光电子信息产业集群入选国家先进制造业集群。最近，光电子信息产业专家咨询委员会、企业家联合会相继成立，进一步促进集群集聚、融通、高效、开放发展，成为产业集群治理的重要力量之一。

加强辐射带动，建设光谷科技创新大走廊。从省级层面推动，以武汉东湖高新区为核心承载区，辐射带动鄂州、黄石、黄冈等地，深入探索"研发在光谷、制造在大走廊，孵化在光谷、加速在大走廊，主链在光谷、配套在大走廊"的协同发展模式。近年来，建设了光谷黄冈科技产业园、黄石光电子信息产业园、光谷鄂州临空经济区光电子产业园、黄石（武汉）离岸科创园、黄冈（光谷）离岸科创中心等一批"双向飞地"，推动创新资源共享、产业链协同配套。以黄石为例，黄石开发区有近70%的企业与光谷企业形成配套，30多家黄石企业研发中心入驻光谷。

3.苏州高新区：打造面向未来的光子产业创新集群

苏州高新区重点围绕习近平总书记提出的集成电路未来产业方向，聚焦光芯片产业细分领域，以建设太湖光子中心为抓手，重点发展高功率半导体激光芯片、高速光通信芯片、传感探测芯片、生物传感芯片、高性能光电一体化芯片、光子计算芯片等用于生命健康、工业制造、航空航天、通信等领域的光芯片，发布"高光 20 条"，加快推进光子产业发展布局，打造面向未来的光子产业创新集群。截至 2022 年年底，苏州高新区光子产业规模已超 600 亿元，集聚光子企业超 200 家，基本覆盖了光芯片及关键材料、光器件及模块、激光制造等重点方向。

优先布局，抢占先机。光子技术作为一项十分重要的底层支撑技术和前沿技术，对现代产业发展有着极其重要的促进作用。苏州高新区依托在光芯片、光通信、光制造、光显示、光医学、光传感等领域形成的特色优势，在国内率先提出建设太湖光子中心，既是深入贯彻习近平总书记指示要求、自觉履行高水平科技自立自强的战略选择，也是坚决落实市委、市政府决策部署，大力推动产业创新转型的具体行动，还是高新区积极抢占未来产业制高点、进一步打响太湖科学城品牌的有力举措。

政策加持，强化顶层设计。苏州高新区通过启动建设太湖光子中心，发布专项支持光子产业创新集群发展的"高光 20 条"，成立推进光子产业发展工作领导小组和工作专班，组建光子产业公司，编制完善"光子产业创新集群三年行动计划"等措施，用实力支持光子产业发展。通过举办苏州太湖光子中心建设推进会暨苏州高新区产业创新集群发展大会，设立总规模 100 亿元的太湖光子产业投资基金，打造"长三角绿色金融数字化交易平台""光子宝""光通讯专项基金"等科技金融平台，加强要素保障，优化营商环境，全力打造国内一流的千亿级光子产业创新集群。长光华芯拥有国内唯一的 6 英寸砷化镓晶圆生产线，天孚光通信是国内光通信元器件细分行业领军企业，金橙子激光打标软件占据国内激光控制市场主导地位，天准科技智能检测装备在检测精度、速度、准确率等方面均达到国际先进水平，中国科学院苏州医工所在生物光子技术领域国内领先。

强化创新服务和平台作用。苏州高新区牵头组建苏州市光子产业联盟和苏州市光子产业联合会，发布化合物半导体、光电芯片封装测试两大基础工艺平台。在武汉、西安、成都等地设立协同创新中心并举办专题招商推介会，发挥南京大学苏州校区、苏州大学、中国科学院苏州医工所、浙大工研院、中国兵器工业集团214所、苏州半导体激光创新研究院、中国科学院光电技术研究所苏州研究院等重点高校院所平台优势，加大在产业领域的技术攻关、产学研合作和企业孵化力度，全力打造从科技研发到产业落地、从创新链到产业链全链条的发展生态。已集聚长光华芯、天孚光通信、新磊半导体等重点企业200余家，建设半导体和智能终端两条产业链。

4. 贵阳高新区：从无到有发展大数据产业

2014年3月，贵州省拉开了发展大数据的帷幕，贵阳高新区坚持以大数据为引领，综合运用互联网、大数据、云计算、人工智能、物联网、区块链等新技术，推动质量变革、效率变革、动力变革，抢占大数据理论创新、规则创新、标准创新、实践创新的制高点，走出一条以大数据引领高质量发展的道路，翻开了弯道取直、后发赶超的崭新篇章。2015年6月17日，习近平总书记在贵阳高新区视察大数据展示中心时指出"贵州发展大数据确实有道理"。2021年2月，习近平总书记再次来到贵州，希望贵州在实施数字经济战略上抢新机，着眼于形成新发展格局，推动大数据和实体经济深度融合，培育壮大战略性新兴产业，加快发展现代产业体系。2022年，贵阳高新区坚决贯彻落实习近平总书记"在实施数字经济战略上抢新机"的指示精神，围绕"强省会""数字活市"等战略部署，深入实施"软件再出发"行动计划，全力推动数字经济高质量发展，获批全省首个省级软件名园，已成为全市发展数字经济主导力量。

率先探索数据要素改革。近年来，贵阳高新区已出台"大数据十条""区块链十条"等政策措施，成立贵阳大数据交易所，率先探索数据流通交易价值和交易模式，在隐私计算、联邦学习、区块链等先进技术运用方面，打造出数据、算力、算法等多元的数据产品体系，获得国家 OID 注册中心正式授权，成为全国首个数据要素登记 OID 行业节点。2022 年，在省市有关部门的大力支持下，重组建立了"省数据流通交易服务中心＋贵阳大数据交易所有限责任公司"的"一中心一公司"组织架构，上线数据要素流通交易平台，发布全国首套数据流通交易规则，全年围绕算力、数据、算法，聚焦推动头部企业、金融机构、云上贵州公司生态伙伴进场交易，入驻数据商 402 家、数据中介 17 家，完成交易 137 笔，上架产品 606 个，实现交易额 3.61 亿元。形成了一批以"享链主权区块链""东方祥云"等为代表的技术创新成果，已成为贵阳数字经济产业发展核心区和引领区。

加强数据与实体经济融合发展。依托辖区行业应用软件及系统集成解决方案聚集优势，面向全省范围输出大数据赋能产业转型"高新方案"，围绕网络货运、数字金融科技、工业互联网、智慧文旅、北斗应用、数据交易等重点领域打造应用场景，打造行业应用软件特色产业生态。高新区累计在 15 个行业细分领域实施大数据与实体经济融合，其中在大数据与货运物流、大数据与政务服务、大数据与新能源等领域实现新突破。在大数据与货运物流方面，依托梵途科技公司打造了"哆啦好运"整车物流数智服务平台，截至 2022 年年底，该平台累计承运及管理货源规模超过 7000 万吨，企业货主超过 5500 家，累计完成运费交易 GMV 规模超过 30 亿元，在全省已建成投入并运营 35 家好运司机之家服务站，为全省运力提供车后综合服务。在大数据与政务服务方面，由乐诚技术公司承担建设运营的"数字工商联"项目总投资 600 万元，项目聚焦工商联管理实际，建设一套覆盖工商联管理和商会运营的跨界共享互联的数字化平台，来实现为工商联和商会秘书处减负、为会员企业提供便捷服务的目的，项目建成后预计实现营收 1600 万元。在大数据与新能源方面，依托弗迪电池公司的智能工厂，生产自主设计研发的刀片电池，让电池安全性能得到极大提升的同时，使电池成本下降 30%，不仅让电池这颗"心脏"跳动得更加强劲，也彰显了新能源汽车产业蓬勃发展的好势头。2022 年带动大数据与实体经济融合企业数达到 31 家。

打造有影响力的试点示范工作。提升政府治理能力大数据应用技术国家工程研究中心承担建设的"贵阳国家高新区'一趟都不跑、一次就办成'大数据政务服务平台"获批"2021 年度数字治理省级示范项目";航天云网公司"磷化工生产智能调度 APP 应用解决方案"获批"2021 年工业互联网 APP 优秀解决方案";电子商务云公司承担建设的"一码贵州智慧商务大数据平台"获批"工业和信息化部 2022 年新型信息消费示范项目","黔货云仓仓配一体化云平台"获批"'万企融合'2021 年度大行动省级融合标杆项目"。获批贵州省唯一一个省级"软件名园"称号,顺利完成工业和信息化部国家新型工业化产业示范基地(大数据)发展质量评价。率先获批国家大数据产业技术创新试验区、国家高新区大数据引领产业集群创新发展示范工程等试点示范,率先在全国启动国家大数据产业孵化器、提升政府治理能力大数据应用技术国家工程实验室建设,获批全国首个国家新型工业化产业示范基地(大数据)。

抢抓新型基础设施建设机遇。贵阳高新区充分发挥大数据先行先试优势,抢抓"东数西算"等重大战略机遇,把数字经济作为第一动能,大力实施"软件再出发"行动,着力培育发展一批增长速度快、发展前景好、产品质量高的行业引领型示范企业,用好"两图两池两库",引进信创产业、应用软件、数据要素市场、互联网平台经济等业态。抢抓全国一体化算力网络国家(贵州)枢纽节点建设机遇,积极参与"东数西算"工程,主动融入贵州科学城、贵阳大数据科创城、清镇职教城、花溪大学城"四城"联动发展大局,推动构建"云算数网"融合与协同创新的算力服务体系。三大电信运营商在辖区内完成了全域"双千兆"升级,共计投资约 1090 万元,线路新增及改造投入约 510 万元,有效提升了园区基础网络质量。乐诚技术、智诚科技等 13 家企业获批贵阳贵安大数据及软件和信息技术服务业引领型示范企业。引进了中电万维"电信信创项目"、网易网络"贵州区域总部项目"等 37 个数字经济企业项目。规上互联网及相关软件和信息技术服务业营收同比增长 21.7%,占全市规上企业营收的 52.6%。500 万口径软件业务收入同比增长 22.5%，占全市软件业务收入的 47.9%。1 名本土大数据企业家获国家级领军计划人才称号，大数据优秀企业家李胜当选党的二十大代表，黄勇当选全国人大代表。

5. 潍坊高新区：创新突围元宇宙产业

潍坊高新区依托潍坊市丰富的应用场景和旺盛的需求，如工业、地理信息和文旅等领域，为元宇宙产业提供了广阔的发展空间。通过吸引具有全球影响力的企业、完善产业链、满足多样化的应用场景和需求，以及提供政策支持，为元宇宙产业生态圈的形成奠定了基础。通过完善产业链，包括硬件生产、软件开发和内容制作等领域的创新企业，形成了以歌尔集团为"链主"的产业链，助力潍坊高新区成为全球最大的元宇宙产业硬件制造基地和全国一流的元宇宙产业内容制作基地。

强化龙头带动，激活产业链发展。发挥歌尔集团的先发优势，投资 70 亿元建设元宇宙创新中心，入选省高质量发展重大项目；推动歌尔集团等 21 家企业联合成立元宇宙创新共同体，实行产品联合开发、技术联合攻关、实验平台联合建设、人才联合培养，加力突破 MEMS 芯片、超高清显示芯片、终端集成设备等核心技术。建设元宇宙科创产业园，推进歌尔中央研究院、歌尔工学院、元宇宙体验中心等项目建设，打造全球最大的元宇宙产业硬件制造基地和全国一流的元宇宙产业内容制作基地，当好潍坊建设"元宇宙技术创新与产业之都"的主力军。着眼补链强链延链，优化梯队构成。规划建设占地 6000 亩的元宇宙科创产业园，布局硬件制造、内容制作、科教示范三大基地，实施"高企引育""育苗造林""小升高"等专项计划，加快完善企业梯度培育体系，现已培育聚集浪潮华光、元旭半导体等 25 家硬件制造企业，引进孵化同心视界、定鼎科技等 105 家软件和内容制作企业。

发挥应用场景基础优势，深化平台赋能。元宇宙在潍坊的应用场景丰富、需求旺盛。潍坊是人口大市、产业大市、经济大市，2021 年规上工业营业收入过万亿元，如"元宇宙＋工业"，可用于装备产品设计、虚拟装配、机械仿真、虚拟样机等场景；"元宇宙＋地理信息"，潍坊是山东省测绘地理信息产业基地，拥有测绘地理信息研发孵化中心、高新区软件园、北斗地理信息产业园、测绘地理信息产业园等高端园区，拓展了元宇宙产业应用空间；"元宇宙＋文旅"，潍坊拥有丰富的文旅资源，元宇宙在此方面也可大有作为。探索实施"飞地"孵化模式，借力中国信通、赛迪、启迪之星等高端资源，在北京中关村设立元宇宙未来智汇苗圃，在本地建设元宇宙未来创新谷、联东 U 谷·潍坊元宇宙配套产业园等 12 个专业园区，吸引掌握关键技术的元宇宙企业落户发展。

改善营商环境，强化创新服务。创新金融支持机制，推动设立百亿规模的元宇宙产业基金群，构建起从种子、天使、VC/PE、Pre-IPO 到 IPO 的全链条金融支持体系。制定国内首部中小微企业估值规范团体标准，用无形的企业信用、技术专利、发展潜力作"背书"，创新开发科技成果转化贷、投贷联动、科创贷等金融产品，全力支持企业发展。创新服务供给机制，聚焦企业诉求高效推进"一次办好"改革，与长三角、珠三角、京津冀等创新高地以"云牵手"方式结对，实现企业开办、信息变更等手续"跨域通办""零见面"审批。加强品牌创意、法律咨询、出海战略等政策指引，围绕项目申报、市场拓展等提供定制化精准服务，为企业专心发展营造良好氛围。创新人才集聚机制，创新开展"匠造专班"人才培养，与歌尔集团共建元宇宙现代产业学院和现场工程师培训学院，每年可向企业输送元宇宙技术技能人才 200 名以上。深化领导干部联系服务人才机制，优先办好子女教育、配偶随迁等"关键小事"，吸引更多人才来区投身数字经济发展。

政策支持创新，集聚先发优势。潍坊市制定了一系列政策文件，包括《潍坊市打造元宇宙技术创新与产业之都行动计划（2022—2026 年）》《潍坊市关于加快推动元宇宙产业发展的若干政策》，提供了奖励措施和基金支持，以吸引更多企业参与元宇宙产业的建设。潍坊元宇宙产业以政策创新为动力，快速发展并取得了显著成就。高新区通过设立产业基金、规划专业园区和引进上下游企业等措施，为元宇宙产业提供全要素支持。制订的行动计划和政策措施明确了五大重点行动，并为实际投资和有营业收入的企业提供奖励和扶持。潍坊高新区成立元宇宙产业发展局，运用大数据技术精准支持企业发展，引育了130多家产业链企业。这些政策措施创新使潍坊成功集聚先发优势，抢先布局新赛道，为元宇宙产业的快速壮大提供了良好环境和条件。潍坊的成功经验将成为其他地区的借鉴，同时也为国家元宇宙产业的发展提供了样本和指导。潍坊将继续以政策创新为动力，为元宇宙产业进一步发展奠定坚实基础。

6. 湖州莫干山高新区：特色布局地理信息产业

湖州莫干山高新区通过重点引进位置智能、室内定位、无人机遥感等地理信息新兴领域企业，引导企业广泛参与全省数字化改革的"揭榜挂帅"，打造多个跨产业平台，如"地信＋车联智能""地信＋通用航空""地信＋高端智造"等，坚持一张蓝图绘到底，全力打造全球地理信息产业高地。高新区支持企业产品和服务与实际应用相结合，全省首批重点突破多跨场景最佳应用中，将"数字两山GEP核算辅助决策及生态价值转化"应用场景列入其中。同时，"数字乡村一张图"等也在省市基层治理中得到广泛应用。2022年，高新区聚焦标志性项目、聚力显著性增量，以全球地理信息知识与创新中心为标识的创新活力持续迸发，以百亿级"链主型"项目为引领的创新能级整体跃升，以省"鲲鹏行动"顶尖人才为标志的创新磁场加速释放。地理信息产业学院、地理信息国际学院等平台建设有力推进，阿里达摩院、文远知行、宽凳科技等行业领军项目相继落户，北斗地信未来产业先导区入选第一批省级未来产业先导区培育创建名单。

数字化激活区域经济的新动能。湖州莫干山高新区前瞻布局数字仿真、数字孪生、新基建等领域，以北斗为特色打造"1＋X"地理信息产业体系，截至2022年年底，已拥有千寻位置、长光卫星等地理信息企业430余家，已成为国内地理信息企业集聚度最高、产业结构最丰富的园区。紧紧抓牢浙江省数字化改革契机，积极拓展地理信息产业应用，全力打造全球地理信息产业高地，高标准建设"地信智慧城"，成功入选国家火炬特色产业基地，成为浙江省数字化示范园区。深入实施"开放融入深化年"行动。抓住"办好联合国世界地理信息大会"列入《长江三角洲区域一体化发展规划纲要》的历史性机遇，制定发布地理信息产业发展三年行动计划、新一代人工智能创新发展行动计划和加快会展经济、特色小镇新业态发展的政策意见，主动对接国际规则、国际惯例、国际标准，降低商务成本、放宽市场准入、优化公共服务，加快引入一批国际化合作组织、项目、会议和人才，合力办好亚洲遥感会议、FIG 测绘地理信息"一带一路"国际研讨会等重大会议，谋划建立地理信息国际学院等国际政产学研合作平台、区域协同创新平台，特色小镇国际化营商环境进一步提升。2023 年 4 月 11 日，联合评级国际有限公司作为一家国际信用评级公司，授予湖州莫干山高新集团有限公司"BBB"的国际长期发行人评级。

场景应用凸显数字治理新优势。广泛运用地理信息、人工智能等数字技术，以智慧赋能撬动社会治理"智变"。一是加快县域治理应用推广。制定县域数字化改革"景益求精"计划、地信示范应用三年行动计划，以"产业大脑 + 未来工厂""城市大脑 + 未来社区"两大体系建设为牵引，有序推进多跨场景数字化治理应用，浙江国遥、中海达、浙江数聚等企业研发的企业码、"亩均数字地图"等项目在县域治理中广泛应用并获业内高度肯定。二是强化区域治理数字联动。抢抓长三角一体化、杭州城西科创大走廊向两翼延伸契机，积极承接位置服务、区块链、物联网等新兴产业项目，成立长三角地理信息创新联盟，落地长三角 G60 科创走廊科技成果转移转化示范基地，联合浙江工业大学、西湖大学谋划打造莫干山实验室，加速整合优质资源，协同攻坚区域治理中关键技术难题。三是积极参与国际数字治理体系建设。通过联合国世界地理信息大会、亚洲遥感会议、全球未来出行大会等链接全球资源，"德清县乡村全域数字化治理体系建设""以数字空间治理推动经济高质量发展"成功入选联合国践行2030年可持续发展目标（SDGs）优秀范例，联合国全球地理信息知识与创新中心落地工作有序推进；中测新图、数联空间等企业向老挝、坦桑尼亚、巴基斯坦等"一带一路"沿线国家提供地信智治中国方案，在参与国际治理体系建设中贡献了中国力量。

"四链"助力数字服务添动力。以智能化理念构建"资本链、创新链、人才链、供应链"服务体系，推动数字科技赋能产业发展。一是资本链支撑。打造地理信息企业全生命周期金融服务，精准帮扶企业降低经营成本、提升运行活力，2022年奖励地理信息企业各类资金1.56亿元，并通过"拨改投"投资2.2亿元，助力30余家企业激发活力、加速成长。二是创新链加速。制定一站式创新创业解决方案，打造种子仓—孵化器—加速器—生产基地"5公里创新圈"，已引进中科卫星应用德清研究院、浙江省涡轮机械与推进系统研究院等研究院24家，聚集地信梦工场等国家备案众创空间2个，创建微波特性与仿真测量实验室等省级重点实验室2家，辅助企业开发关键共性技术攻关项目51项，隆泰医疗、桃园科技、海骆航空等一批企业经创新孵化成长为当地优质企业。三是人才链联动。以人才改革试验区建设为抓手，出台人才政策"双十条"，谋划成立人才集团、人才双创引导基金，推进工程师协同创新中心建设，成功签约浙江鲲鹏产业人才培养创新中心，引进富昇科技、知路导航、浙源智能、越众医疗等一批由院士专家领衔的科技人才项目，新增申报顶尖领军人才12人、国家引才计划58人、省级引才计划70人。四是供应链保障。持续发挥地信创新服务综合体、B型保税区作用，加快联合采购—代办贸易—保税仓储—现代物流—贸易供应链完善，建设企业公务官协同服务中心，为企业提供采购、贸易、审计等组团式公共服务，为企业节省共享数据及设备应用开支。

五、策源出新，持续产生原创性和颠覆性科技成果

（一）原始创新策源能力显著增强

1. 重大科研力量加速聚集，支撑基础研究开展

科技部印发的《"十四五"国家高新技术产业开发区发展规划》提出，为提升国家高新区创新能级，推动一批有条件的园区率先建设科教资源集聚区，夯实特色产业和重点领域创新能力，推动园区布局重大科技基础设施、国家技术创新中心等重大创新平台。从国家高新区来看，重大科技基础设施、国家技术创新中心、国家科学城、国家实验室、高水平研究型大学等都是支撑重大科研力量加快聚集的基础设施，通过有效聚集中央、地方力量，为国家高新区提升基础研究水平奠定了基础。

国家高新区积极响应国家创新驱动发展战略，加快一批重大科技基础设施部署。重大科技基础设施（亦称"大科学装置"）是为探索未知世界、发现自然规律、引领技术变革提供极限研究手段的大型复杂科学技术研究装置或系统。作为国家创新体系的重要组成部分，重大科技基础设施是解决重点产业"卡脖子"问题、支撑关键核心技术攻关、保障经济社会发展和国家安全的物质技术基础，是抢占全球科技制高点、构筑竞争新优势的战略必争之地。围绕国家重大科技基础设施的规划、建设与运行，国务院及相关部委先后研究出台了《国家重大科技基础设施建设中长期规划（2012—2030年）》（国发〔2013〕8号）、《国家重大科技基础设施管理办法》（发改高技〔2014〕2545号）等政策文件。一批创新基础较为雄厚的国家高新区正在积极布局重大科技基础设施建设。截至2022年，国家发展改革委已经布局建设77个国

家重大科技基础设施，其中 34 个已建成运行。根据相关调查问卷显示，有 52 个国家重大科技基础设施分布在国家高新区范围内，占比超过 67%，主要涉及领域包括电子信息、航空航天、集成电路、智能制造、医疗器械等，部分设施已经迈入全球第一方阵。位于东莞松山湖高新区的散裂中子源，作为我国首台散裂中子源和粤港澳大湾区首个国家重大科技基础设施，填补了国内脉冲中子源及应用领域的空白，为国家基础研究和高新技术研发提供了强有力的研究平台。位于武汉东湖高新区的脉冲强磁场实验装置，作为世界四大脉冲强磁场科学中心之一，建有 12 个 3 种类型的系列脉冲磁体，最高场强达到 94.8 T，为研究者研究一系列科学难题提供了工具；位于西安高新区的高精度地基授时系统，建成后将成为全球规模最大、功能最为完善、性能最先进的地基授时系统，对提高我国授时系统的安全性、可靠性和授时精度，对基础产业、科学研究和国家安全具有重要意义。

国家高新区已经成为国家技术创新中心的主要聚集地。国家技术创新中心是应对科技革命引发的产业变革、抢占全球产业技术创新制高点、突破涉及国家长远发展和产业安全的关键技术瓶颈、构建和完善国家现代产业技术体系、推动产业迈向价值链中高端的重要科技力量，对国家重点产业领域技术创新发挥战略支撑引领作用。2017 年 11 月，科技部制定了《国家技术创新中心建设工作指引》。文件明确，"十三五"期间，我国将布局建设 20 家左右国家技术创新中心，将重点聚焦有望形成颠覆性创新、引领产业技术变革方向、影响产业未来发展态势、抢占未来产业制高点的领域。根据功能定位、建设目标、重点任务等不同，国家技术创新中心分为综合类和领域类等两个类别进行布局建设。相关调查数据显示，已批复建设的 25 家国家技术创新中心的建设主体有 20 家位于国家高新区，其中 3 家综合类技术创新中心全在高新区内。

国家高新区积极配合推动与承载科学城建设。科学城是中央和地方促进创新发展的特定城市空间载体，其发展强调与城市的协同，通过集中推动高技术的自主创新、高技术产业的发展及科学文化的建设来实现创新能力提升、经济效益提升、社会公平和环境可持续发展。国家发展改革委先后批复上海张江、安徽合肥、北京怀柔、粤港澳大湾区四大综合性国家科学中心建设方案，特别是近年来，各地自发推动建设一批科学城，越来越多的国家高新区布局建设科学城，科学城建设呈现方兴未艾的发展态势。据不完全统计，全国各地超过200多家科学城正在规划建设，其中基础和条件较好的超过20家。例如，中关村科学城、北京怀柔科学城、上海张江科学城、广州黄埔科学城、武汉东湖科学城、英歌石科学城、东莞松山湖科学城等，均坐落在国家高新区内，已成为地方建设国际科技创新中心、综合性国家科学中心、区域科技创新中心的核心载体，对带动当地基础研究的发展、增强城市竞争力具有重要意义。

国家实验室是以国家现代化建设和社会发展的重大需求为导向，开展基础研究、竞争前沿高技术研究和社会公益研究，积极承担国家重大科研任务的国家级科研机构，是突破型、引领型、平台型一体化的大型综合性研究基地，是目前国家规格最高的实验室。在党的十八届五中全会上，中央提出"十三五"期间要"在重大创新领域组建一批国家实验室"，习近平总书记在会上指出"提高创新能力，必须夯实自主创新的物质技术基础，加快建设以国家实验室为引领的创新基础平台"。"十四五"规划纲要指出，我国将聚焦量子信息、光子与微纳电子、网络通信、人工智能、生物医药、现代能源系统等重大创新领域组建一批国家实验室。

国家高新区在提升原始创新策源能力方面，更注重加强与高水平研究型大学密切合作，通过大学的创新溢出效应，提升园区企业的基础研发和应用创新能力，满足产业创新发展需求。高水平研究型大学是国家战略科技力量的重要组成部分，是高等教育适应社会需要，在不断推动社会进步过程中，自身发展形成的一类大学形态。习近平总书记强调，高水平研究型大学要把发展科技第一生产力、培养人才第一资源、增强创新第一动力更好结合起来，发挥基础研究深厚、学科交叉融合的优势，成为基础研究的主力军和重大科技突破的生力军。国家高新区共有各类高校 1200 余所，平均每家高新区拥有 5 所大学，而先进园区或所在发达城市，积极加强高水平研究型大学布局的同时，在推动政产学研合作方面更为积极，协同发展方面更为明显。例如，中关村科技园主要聚集了清华大学、北京大学等高校，高水平研究型大学数量在所有高新区中位列第一。

2. 原创性成果加速涌现，成为我国创新策源高地

高质量、原创性论文的产出是度量国家高新区原创性成果产出的重要指标。科技论文在情报学中又称为原始论文或一次文献，它是科学技术人员或其他研究人员在科学实验（或试验）的基础上，对自然科学、工程技术科学以及人文艺术研究领域的现象（或问题）进行科学分析、综合的研究和阐述，是科学研究的重要手段，也是科技人员交流学术思想和科研成果的工具。2013—2021 年，国家高新区企业发表科技论文数量持续攀升，2021 年为 15.0 万篇，较 2013 年增加了 64.8%（图 5-1），其中中关村企业发表科技论文数量居首位，占国家高新区的比例超过 10%。

图 5-1　2013—2021 年国家高新区企业发表科技论文数量

国家高新区不断加强原创性技术攻关，加速原创性重大科学发现。例如，中关村科技园研制的卫星"怀柔一号"（GECAM）是全球首颗全天监测引力波伽马暴的卫星，可全天监测引力波伽马暴、快速射电暴高能辐射等高能天

体爆发现象，推动破解黑洞、中子星等致密天体的形成、演化奥秘。合肥高新区"墨子号"量子卫星是全球首颗空间量子科学实验卫星，圆满完成了星地量子纠缠分发实验、星地量子密钥分发实验和地星量子隐形传态实验三大科学实验任务。

国家高新区加大顶尖科学家的引进和培育力度，为原始创新提供高端人才保障。十年间，引进科学家数量不断增长。上海张江积极营造"科学家敢干、资本敢投、企业敢闯"的科创生态，上海从事科研的高被引科学家从 2019 年的 47 人增长至 2022 年的 117 人，占全国 8.5%；东莞松山湖高新区积极打造从"顶尖科学家"到"科技研发人才"，再到"应用型人才"的人才梯队，2021 年已引进国家级科学家 68 位；合肥高新区设立合肥高新区科学家国际合作伙伴奖，形成科学家与政府、高校、企业的良好合作氛围，到 2020 年累计吸引 20 名以上全球科学家合伙人，预计到 2025 年累计吸引 50 名以上；昆山高新区深时数字地球国际大科学计划（DDE）于 2021 年 8 月通过科技部正式审核立项，王成善、侯增谦、陈骏、周成虎、沈树忠、成秋明、郑志明等院士与专家组成的中方科学家团队率先向全球提出实施的大科学倡议，截至2021 年 10 月，DDE 创始成员组织已拓展至 18 个国际组织与国家机构，实现了多国多组织参加、跨领域合作。

（二）新技术新成果不断涌现

1. 突破一批关键核心技术，推动实现科技自立自强

关键核心技术是国之重器，是现代化国家综合实力的重要基础，对推动我国经济高质量发展、保障国家安全具有十分重要的意义。党的十八大以来，习近平总书记对关键核心技术攻关高度重视。习近平总书记在 2016 年 4 月 19 日网络安全和信息化工作座谈会上特别指出，核心技术受制于人是我们最大的隐患，我们要掌握我国互联网发展主动权，保障互联网安全、国家安全，就必须突破核心技术这个难题。2022 年 9 月，中央全面深化改革委员会第

二十七次会议审议通过《关于健全社会主义市场经济条件下关键核心技术攻关新型举国体制的意见》，强调健全关键核心技术攻关新型举国体制，把政府、市场、社会有机结合起来，科学统筹、集中力量、优化机制、协同攻关。党的二十大报告强调，要以国家战略需求为导向，积聚力量进行原创性引领性科技攻关，坚决打赢关键核心技术攻坚战。

新时代十年来，围绕战略性新兴产业和高精尖产业等领域，国家高新区突破了一批关键核心技术，成为我国破解"卡脖子"难题的中坚力量。一批高新区积极探索实行"揭榜挂帅""赛马争先"等科技项目组织机制，寻求产业共性关键技术突破的有效方式和路径。西安高新区仅在 2022 年就取得 158 项关键核心技术和原始创新成果，紫光国芯凭借其 SeDRAM（异质集成嵌入式动态随机存储器）技术，成功斩获"中国芯"年度重大创新突破产品奖；襄阳高新区在新能源汽车及关键零部件、高端装备制造、新能源与新材料、检验检测 4 个领域突破 32 项关键技术，其中 8 项达到国际先进水平、11 项可替代进口、13 项国内领先。

2. 专利产出效率持续提升，知识产权含金量领跑全国

专利产出是科技创新活动的中间产出，增强知识产权服务对于鼓励自主创新、提升创新成果产出具有重要意义。我国已成为名副其实的知识产权大国，正在从知识产权引进大国向知识产权创造大国转变。十年来，国家高新区加速打造知识产权"高地"，知识产权环境得到显著改善。国家知识产权局确定的首批 22 家国家级知识产权强国建设示范园区中有 15 家为国家高新区，占比 68.2%；首批 64 家国家级知识产权强国建设试点园区中有 37 家国家高新区，占比 57.8%；另外，共有 23 家高新区获批建设国家知识产权服务业高质量集聚发展示范区、试验区。

国家高新区企业专利产出效率不断提高，人均专利产出量持续增加。2013—2021 年，每万名从业人员申请专利翻了一番，2021 年该指标为 417.3 件，除 2015 年小幅下滑外，其余年份均实现正增长，其中 2016 年、2017 年增速较快，分别达到 16.3% 和 18.7%（图 5-2）。2021 年每万名从业人员授权专利为 303.6 件，是 2013 年的近 3 倍，年均增长率为 12.3%（图 5-3）。每万名从业人员拥有专利在 2023—2021 年扩大 4 倍，2021 年为 1478.9 件，每年增长率均在 18.4% 以上（图 5-4）。

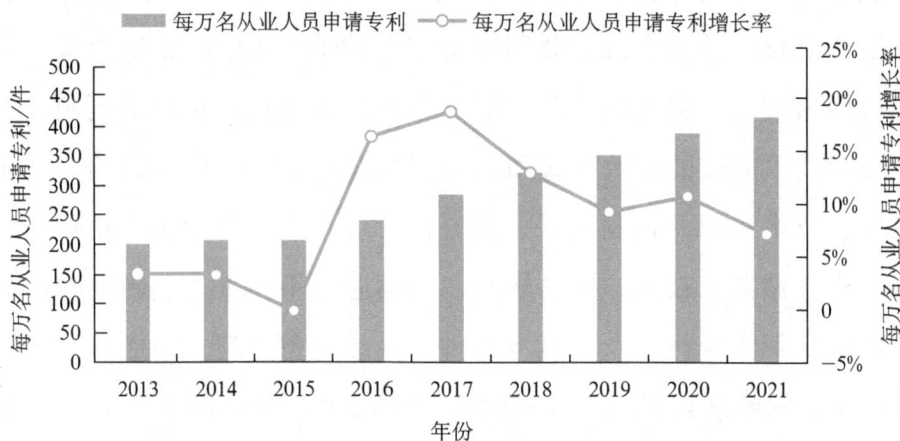

图 5-2　2013—2021 年国家高新区人均专利申请情况

图 5-3　2013—2021 年国家高新区人均专利授权情况

图 5-4　2013—2021 年国家高新区人均专利拥有情况

国家高新区单位研发经费中的知识产出量可以在一定程度上反映高新区专利产出效率，体现经济发展的"含金量"。从投入产出角度看，2013—2021年国家高新区单位研发投入的专利产出量呈总体增长趋势。每亿元研发投入的申请发明专利小幅上升，2021 年为 51.2 件，较 2013 年增加 26.7%（图 5-5）。每亿元研发投入的授权发明专利呈波动上升趋势，除 2013 年、2014 年和2020 年，其余年份均实现正向增长，2021 年达到 22.9 件（图 5-6）。2013—2021 年，每亿元研发投入的拥有发明专利实现了翻番，年均增长率为 10.3%（图 5-7）。

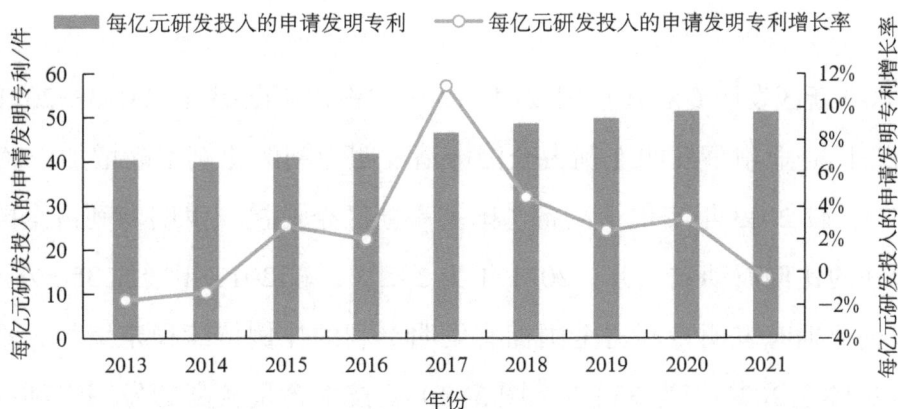

图 5-5　2013—2021 年国家高新区单位研发经费发明专利申请情况

每亿元研发投入的授权发明专利　—○—每亿元研发投入的授权发明专利增长率

图 5-6　2013—2021 年国家高新区单位研发经费发明专利授权情况

每亿元研发投入的拥有发明专利　—○—每亿元研发投入的拥有发明专利增长率

图 5-7　2013—2021 年国家高新区单位研发经费发明专利拥有情况

　　国家高新区发明专利在全国发明专利中的占比不断提升。2013—2021 年，国家高新区企业申请发明专利占全国申请发明专利的比例不断增加，2021 年为 33.5%，较 2013 年实现了翻番。国家高新区企业授权发明专利占全国授权发明专利的比例波动式上升，2021 年为 34.1%，较 2013 年增加 35.3%。国家高新区企业拥有发明专利占全国拥有发明专利的比例持续稳定增加，平均每年增加 9.1%，2021 年为 33.9%（图 5-8）。技术含量较高的发明专利在国家发明专利产出中所占比例不断提升，反映了国家高新区专利成果的质量高于全国平均水平。

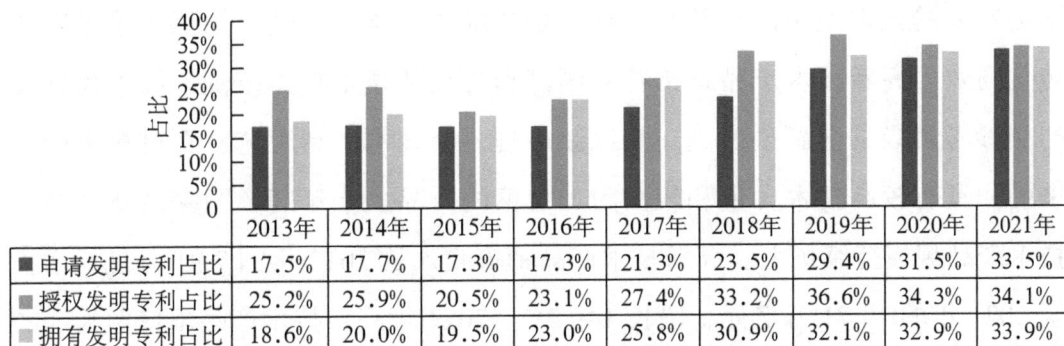

	2013年	2014年	2015年	2016年	2017年	2018年	2019年	2020年	2021年
申请发明专利占比	17.5%	17.7%	17.3%	17.3%	21.3%	23.5%	29.4%	31.5%	33.5%
授权发明专利占比	25.2%	25.9%	20.5%	23.1%	27.4%	33.2%	36.6%	34.3%	34.1%
拥有发明专利占比	18.6%	20.0%	19.5%	23.0%	25.8%	30.9%	32.1%	32.9%	33.9%

图 5-8 2013—2021 年国家高新区发明专利在全国占比情况

除发明专利外，注册商标、软件著作权、PCT 国际专利等也可以反映园区经济产出中的知识产权密度，体现产业的创新层级和在产业价值链中的位置。2013—2021 年，国家高新区期末拥有注册商标数量增速迅猛，2021 年为138.1 万件，较 2013 年翻了近 7 倍。拥有软件著作权数量同样在 2013—2021年迅速增加，2021 年达到 185.5 万件，是 2013 年的近 13 倍。申请 PCT 国际专利自 2016 年有统计数据以来快速增加，2021 年为 3.5 万件，是 2016 年的近 3 倍（图 5-9），国家高新区国际创新竞争力正不断增强。

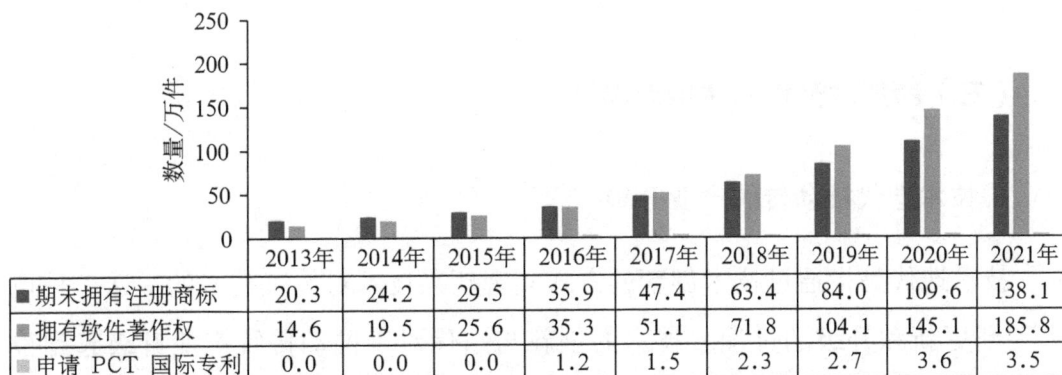

	2013年	2014年	2015年	2016年	2017年	2018年	2019年	2020年	2021年
期末拥有注册商标	20.3	24.2	29.5	35.9	47.4	63.4	84.0	109.6	138.1
拥有软件著作权	14.6	19.5	25.6	35.3	51.1	71.8	104.1	145.1	185.8
申请 PCT 国际专利	0.0	0.0	0.0	1.2	1.5	2.3	2.7	3.6	3.5

图 5-9 2013—2021 年国家高新区注册商标、软件著作权、PCT 国际专利情况

3. 高新技术产品实现近 3 倍增长，国际竞争力增强

国家高新区致力于培育知识产权密集型产业，打造以科技创新驱动经济

社会发展的知识型园区，其显著特征是技术要素含量较高、知识成果供给和转化高效。高新技术产品是指符合国家和省高新技术重点范围、技术领域和产品参考目录的全新型产品，是以新原理、新技术、新工艺、新材料生产出来的，具有较高技术含量和较高附加价值的产品。十年间，国家高新区高新技术产品规模持续扩大。高新技术产品销售收入从 2013 年的 7.91 万亿元增长至 2021 年的 19.71 万亿元，增长 149.2%。2021 年高新技术产品出口额为 3.22 万亿元，是 2013 年的 14 倍（图 5-10）。

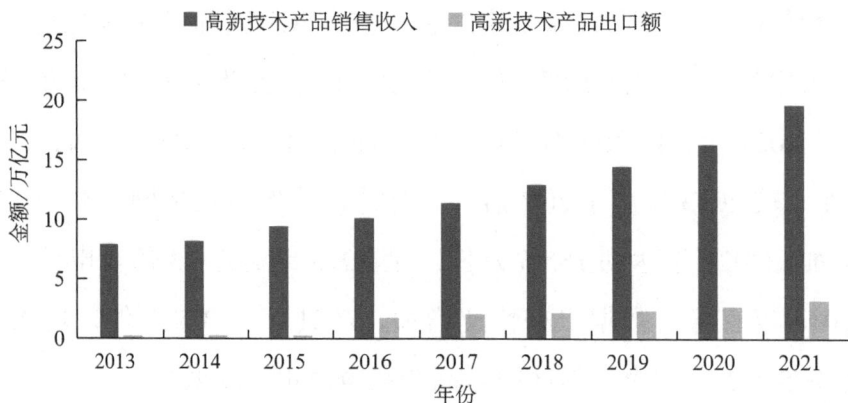

图 5-10　2013—2021 年国家高新区高新技术产品销售及出口情况

（三）新技术开辟新领域新赛道

1. 技术迭代推动传统产业升级

技术迭代是指通过技术创新的方式实现新兴技术对传统技术的更迭，是技术不断更新和升级的过程。技术的创新与迭代对于推动传统产业升级起到很大作用。2014 年，国家发展改革委提出，将认真贯彻落实党中央、国务院决策部署，强化创新驱动，加快改造提升传统产业，推动服务业大发展，促进产业转型升级。2022 年，工业和信息化部印发《中小企业数字化转型指南》，提出增强企业转型能力、提升转型供给水平、加大转型政策支持，助力中小企业科学高效推进数字化转型，提升为中小企业提供数字化产品和服务的能力，为有关负责部门推进中小企业数字化转型工作提供指引。二十届中央财经委员会第一次会议强调，坚持推动传统产业转型升级，不能当成"低端产业"简单退出。《"十四五"国家高新技术产业开发区发展规划》中还提出，支持国家高新区推进产业绿色低碳转型，促进大数据、人工智能等新兴技术与绿色低碳产业深度融合，打造绿色工厂、绿色供应链、智能工厂等。随着新一轮科技革命和产业变革的到来，技术更新迭代的步伐越走越快。

国家高新区抢抓重大历史机遇，以产业转型升级为突破口，推进技术迭代，推动传统产业高端化、新型化、智能化。如榆林高新区运用新发展理念和先进技术，实现"提高煤炭作为化工原料的综合利用效能"，降低能耗、水耗和碳排放，开展气化渣的综合利用研究，做强煤制油产业链、煤制烯烃产业链、煤基含氧化学品产业链、氢能全产业链四大产业链条，形成了以煤化工为重点的高科技产业集群。青岛高新区大力发展数字产业，先后引进华为、腾讯、百度等项目，布局中国移动青岛云数据中心、华为青岛云计算数据中心等项目，为数字产业发展提供了重要载体和发展基础，打通了数字化产业发展链条。

2. 前沿技术应用转化形成新产业

前沿技术是指高技术领域中具有前瞻性、先导性和探索性的重大技术，是未来高技术更新换代和新兴产业发展的重要基础，是国家高技术创新能力的综合体现，包括但不限于区块链、先进材料、量子计算、虚拟和增强现实、制造业、精密医学、生物技术、3D打印、人工智能和数字经济等。

国家高新区是我国前沿技术转移转化的主要阵地，由前沿技术催生新产业的案例层出不穷。成都高新区积极推动人工智能技术赋能生物医药产业的创新发展，建成投运智算中心、中电数据、前沿医学中心、AI创新中心等基础创新平台，聚集AI生物医药相关企业150余家，涵盖药物研发、医疗器械、医疗服务、健康管理等众多领域。佛山高新区出台了《关于前沿技术应用场景试点示范的认定及资助实施细则》，每年安排财政资金用于支持前沿技术应用场景试点示范项目建设，大力推进生物技术、信息技术、新材料技术、先进制造技术等前沿技术在佛山高新区落地应用，加快推动佛山高新区产业转型升级，目前已经成功推动5G、云计算、机器视觉等前沿技术在智能家电、高端装备、集成电路等领域率先应用。

党的十八大以来，在绿色低碳技术及绿色产业方面，国家高新区主动布局，绿色低碳发展趋势明显。自《国家生态工业示范园区标准》（HJ 274—2015）公布以来，我国现有23家国家高新区获批建设国家生态工业示范园（表5-1）；2021年科技部印发《国家高新区绿色发展专项行动实施方案》，提出要以关键核心技术转化与产业化带动技术创新体系工程化，培育发展具有国际竞争力、自主可控的绿色技术和产业体系。杭州高新区2021年揭牌我国首个国家绿色技术交易中心，该交易中心聚焦我国低碳转型中的关键技术，规划创建绿色技术创新引领工程、绿色产业集聚区、绿色技术示范基地等，撬动万亿元绿色产业生态。西安高新区依托龙头企业带动引领，不断扩大新能源新材料产业规模，形成了以氢能源、航空航天材料、高端建筑材料、有色金属材料、光电能源材料为特色的引领型新能源新材料产业集群。常州高新区光伏产业构建了相对完整的产业链，集聚20余家光伏产业链规模以上重点企业，涵盖除硅料外的所有生产制造环节，涌现出以天合光能、捷佳创、聚和新材料为代表的一大批龙头企业。

表 5-1　获批建设国家生态工业示范园的国家高新区

常州高新区	江阴高新区	无锡高新区
赣州高新区	昆山高新区	武进高新区
合肥高新区	南昌高新区	西安高新区
天津滨海高新区	南京高新区	萧山高新区

珠海高新区	宁波高新区	徐州高新区
株洲高新区	青岛高新区	长沙高新区
肇庆高新区	上海张江高新区	苏州工业园
沈阳高新区	苏州高新区	

3. 颠覆性技术突破催生未来产业

颠覆性技术（Disruptive Technology）也被译为"破坏性技术"，1995 年由哈佛大学教授克莱顿·克里斯坦森在其著作《创新者的窘境》中首次提出，被定义为以意想不到的方式取代现有主流技术的技术，其蕴含的破坏性、变革性思想最早溯源于经济学家熊彼特（1912 年）的"创造性破坏"。颠覆性技术是"可改变游戏规则"的创新技术，以创新思维为根本，开辟新型技术发展模式，在发展到一定阶段时，将超越原有技术并产生替代，具有另辟蹊径改变技术轨道的演化曲线和颠覆现况的变革性效果。从技术角度看，是以科学技术的新原理、新组合和新应用为基础，开辟全新技术轨道，产生突破性的创新技术；从产业角度看，应与产业紧密结合，通过形成新工艺、新产品或新模式，利用技术创新带动产业升级换代，改变行业主流产品和市场格局，推动相关产业乃至全球经济的革命性、颠覆性进步。

《中华人民共和国国民经济和社会发展第十三个五年规划纲要》中指出，强化科技创新引领作用，推动战略前沿领域创新突破，更加重视原始创新和颠覆性技术创新。党的二十大报告中强调，要深入实施创新驱动发展战略，开辟发展新领域新赛道，不断塑造发展新动能新优势。科技部高度重视颠覆性技术创新工作，积极探索颠覆性技术"发现—遴选—培育"的新机制，并分别于 2021 年、2022 年举办了两届全国颠覆性技术创新大赛。2021 年全国首届颠覆性技术创新大赛中，全国共有 2724 个项目参赛，其中 36 个优质项目获得了总决赛优胜奖，包括"人体器官芯片的构建与精准介观测量""具有超高压电性能的透明铁电单晶的研发及产业化""新一代生物基绿色增塑剂反式乌头酸酯的关键生产技术开发与应用"等。2022年全国颠覆性技术创新大赛中，共有2856个项目参赛，74个项目获得总决赛优胜奖，包括"在量子计算机上完成量子程序编译器软件部署完成行业场景的应用突破""针对成人复发难治性T-ALL/LBL的CAR-T细胞药物的研发与应用""临床级多巴胺能亚型神经细胞治疗帕金森"等项目。优胜奖中江苏省占16席，获奖总数居全国首位。

专栏5-1　全国颠覆性技术创新大赛

全国颠覆性技术创新大赛由科技部主办，科技部火炬中心承办，旨在突出颠覆性技术创新、加强颠覆性技术供给、培育颠覆性创新文化，探索颠覆性技术"发现—遴选—培育"新机制。大赛通过初筛、领域赛和总决赛3个环节，重点挖掘具有战略性、前瞻性的颠覆性技术方向和项目。首届全国颠覆性技术创新大赛于2021年12月举办。

大赛重点聚焦集成电路、人工智能、未来网络与通信、生物技术、新材料、绿色技术、高端装备制造及交叉学科等可能产生重大颠覆性突破的技术领域。第二届大赛增加了新能源技术领域。

评价模式创造性参考了"海尔迈耶（Heilmeier）问题"，通过项目路演答辩的比赛方式识别和遴选颠覆式技术，重点从"是不是""可能性""影响力"等3个方面对参赛项目进行评议，多维度科学和准确地识别颠覆式技术，择优推荐参赛项目进入科技部颠覆性技术备选库。

同时，大赛将协助为优胜企业对接创新资源，建立全生命周期服务体系，开展系统的深度孵化服务，助力成果转移转化，推动形成颠覆性技术产业。

（四）高新区策源出新典型案例

1. 中关村科技园区：抢占未来发展制高点，人工智能产业综合实力居全球前列

中关村是我国第一个国家高新区和第一个国家自主创新示范区，是我国创新发展的一面旗帜。中关村始终牢记自主创新的战略使命，充分发挥科技体制机制创新试验田作用，持续深化先行先试改革，不断优化创新创业生态，加快培育高精尖产业，走出了一条具有中国特色科技创新引领经济高质量发展的新路子。经过十年的发展，中关村已经成为我国原始创新的策源地、自主创新的主阵地和高科技企业的出发地，电子信息产业集群总收入翻了两番，由 2012 年的 8941.5 亿元增加至 2021 年的 4.3 万亿元，是 2012 年的 4.8 倍，人工智能产业综合实力位居全球前列。

在人工智能技术研究领域，中关村科技园聚集了众多最新前沿科技成果。例如，智源研究院发布超大规模智能模型"悟道 2.0"与九鼎智算平台；百度发布生成式 AI 产品全新一代知识增强大语言模型文心一言；森之高科将智能传感技术与人工智能技术相结合，为冬奥会国家队训练提供产品和技术支撑；眼神科技主持或参与制修订国家行业标准 100 余项，涵盖多模态生物识别、人工智能、信息安全等多领域；中科曙光率先在国家算力枢纽节点落地多个智能计算基础设施。

围绕人工智能领域，中关村于 2017 年率先发力，开展人工智能政策先行先试，提出对 AI 领军企业实行"一企一策"政策，鼓励与硅谷等国际机构开展合作。2017 年 9 月，中关村科技园区管理委员会率先发布了北京首个人工智能政策——《中关村国家自主创新示范区人工智能产业培育行动计划（2017—2020 年）》，开展人工智能领域政策先行先试，重点支持 5 类关键核心技术。2018 年 11 月，在科技部和北京市政府的指导和支持下，北京市科学技术委员会发布北京智源行动计划，推动人工智能理论、方法、工具、系

统等方面取得变革性、颠覆性突破，引领人工智能学科前沿和技术创新方向。2023年，北京市政府发布《北京市加快建设具有全球影响力的人工智能创新策源地实施方案（2023—2025年）》，提出全力夯实人工智能底层基础，筑牢产业创新发展底座，引导和鼓励人工智能行业发展，将北京建成具有全球影响力的人工智能创新策源地。

2.合肥高新区：聚焦量子产业前瞻布局，加速"世界量子中心"建设

量子信息技术是信息技术与量子物理相结合的战略性前沿科技，基于独特的量子现象，以经典理论无法实现的方式来获取和处理信息，主要包括量子计算、量子通信、量子精密测量等方向。合肥高新区抢占量子信息技术研发先机，依托中国科学技术大学（简称"中国科大"）和全国首个国家实验室，围绕量子通信、量子计算、量子精密测量等领域，以科研成果熟化转化为核心，以关键核心技术研发为突破点，以产业聚集发展模式为路径，全力打造"量子科学""量子产业"双高地，加速量子科技成果从"落地生根"到"开花结果"，集聚了国盾量子、本源量子、国仪量子等核心企业近20家，量子领域上下游企业41家，量子科技企业总估值近300亿元；核心专利申请量达804件，量子信息技术领域与世界领先水平处于整体并跑、部分领跑阶段，诞生了世界首颗量子通信卫星、世界首条量子保密通信"京沪干线"、世界首台光量子计算机、祖冲之号计算机、悟空号计算机等先进量子产业创新成果。目前，量子企业已广泛服务于电力、能源、通信、金融等多个领域，产业化进程超出社会公众对量子技术应用的认知。

围绕量子产业，合肥高新区重点推进以3个方面工作。一是打通未来产业培育路径。合肥高新区围绕量子产业发展路径，打通了"科学—技术—创新—产业"未来产业培育路径，以中国科大、量子创新院为源头创新核心，打通政府、高校、企业、资本等高效协作通道，探索形成了量子产业孕育发展的空间格局和有效路径，进一步为量子信息未来产业科技园建设试点夯实基础。二是

全新机制推进园区建设。以中国科大和合肥高新区作为共同建设主体，建设量子信息未来产业科技园，依托合肥大学科技园，联合科大讯飞、国盾量子、本源量子、国仪量子等科技领军企业，聚焦量子信息产业方向，整合各方优势资源，全力打造有利于量子信息未来产业培育发展的园区。三是推动垂直领域量子科技应用研究。全面承接中国科大前沿科技成果转化落地，打通"基础研究—技术开发—成果转化与孵化—未来产业"创新路径；开辟关键技术攻关专项，每年单列 5000 万元资金，以"赛马制"加大关键技术攻关力度；开展源头技术"淘金计划"，全面承接中国科大赋权试点项目；制定发布"创九条"政策，对前沿科技、颠覆性技术创业团队，按照"长期培育、动态调整、小额起步、逐步加码"方式给予 3 ~ 5 年长期连续性支持。

3. 石家庄高新区：强化企业科技创新主体地位，打造千亿级生物医药产业集群

石家庄高新区是 1991 年国务院批准设立的首批国家高新区之一，目前石家庄高新区拥有超过 1800 家生物医药企业，涵盖了药物研发生产、医疗器械、健康服务等多个领域，其中全国医药工业百强企业 7 家，行业拥有专利数 9300 余件，在研新药项目有 400 余项。例如，由石药巨石生物生产的 mRNA 新冠疫苗已成功上市，填补了我国新冠病毒 mRNA 疫苗空白；以岭药业曾 6 次获得国家科学技术进步奖一等奖、二等奖，中药研发实力位于全国第二；药明生物是石家庄高新区引入的全球前五、国内最大的生物药 CDMO 企业，其中 450 余家合作伙伴遍布全球。

石家庄高新区借助其临近北京、天津的地域优势，接近研发机构的审评审批优势，拥有丰富的人才、资金等科研资源和较强的基础研究能力，成为京津冀生物医药集群的重要一环。在政策方面，出台了一系列土地资源、人才引进、融资贷款等方面的政策，在鼓励创新药方面，一类新药最高奖励 2.4 亿元，三类医疗器械研发最高奖励 2800 万元，一类生物制品最高奖励 1.2 亿元，

高层次人才引进每人一次性购房补贴 100 万元，支持力度在全国领先。在融资方面，石家庄高新区与多家金融机构合作为企业授信融资总额超过 100 亿元，设立了 4000 万元的风险补偿资金池，通过"政银保评"知识产权质押融资、"科技政策贷"等方式建立了政银共担的风险补偿模式。在营商环境方面，设立项目落地服务中心，开通"书记直通车""企业家早餐会"等一系列举措，着力打造服务企业金牌"店小二"，工业类项目审批最快 6 个工作日"四证齐发"，行政服务"线上办""一窗通办""延时办""周末不打烊"等举措，进一步提升了服务效能，为壮大生物医药千亿级产业集群，建设极具现代感、国际范的专业化生物医药产业聚集地营造了良好的环境氛围。

4. 成都高新区：加快构建数字文创产业体系，打造中国数字文创第一城

成都高新区是成都市数字文创产业的主要聚集区。近年来成都高新区以瞪羚谷·数字文创产业园为主阵地，聚焦游戏开发、游戏运营、电竞赛事等重点环节，加快推进游戏产业高质量发展，聚集腾讯、西山居、乐狗等一批代表企业，签约落地腾讯新文创总部、完美天智游、IGG、青瓷游戏等一批重大项目，诞生《王者荣耀》《万国觉醒》《梦幻新诛仙》等现象级作品。积极对接引进一批"强链补链"重点项目，签约落地了腾讯 CF 穿越火线电竞联盟、哔哩哔哩内容安全中心西南总部、梦竞未来电竞产业基地、灵泽科技游戏研发中心和未知未来出海游戏研发运营中心等一批项目。2022 年，全区规模以上游戏电竞企业实现营业收入 558 亿元。

成都高新区加快推进游戏电竞产业建圈强链。一是支持企业"入圈"。依托腾讯、西山居等链主龙头企业，打造游戏研发、运营发行平台，带动培育一批在细分领域有话语权的腰部企业，四川省游戏创新发展中心成功落地，在游戏创作、出版辅导等方面为企业提供专业服务，加快版号申请流程，助力高新区游戏电竞产业高质量发展。二是推动游戏出海。搭建游戏出海服务平台，有效降低海外市场拓展成本，鼓励本地游戏企业加大出海力度，拓展

成都造游戏产品的全球影响力。三是营造良好产业环境。围绕版号申请、游戏出海、发行结算、电竞赛事等制定专项政策，以最优的产业政策、最好的营商环境、最大的服务诚意，推动开展游戏产业服务工作，鼓励游戏电竞企业做大做强。支持腾讯、完美世界等游戏企业联合四川大学、电子科技大学等高校联合开展游戏电竞人才培养，设立数字文创产业专项基金，破解游戏人才、资本等发展瓶颈。

在构建数字文创产业空间发展格局方面，园区依托成都新经济活力区，聚焦发展影视动漫、数字音乐、数字传媒、电竞游戏等数字文创细分领域，加快构建内容引领、技术驱动、平台支撑的数字文创产业新格局。优化提升瞪羚谷·数字文创产业社区，以天府长岛文创中心高品质科创空间为核心，导入腾讯新文创总部、爱奇艺潮流文化坊、咪咕科创平台等项目，建设录音棚、动作捕捉棚等公共技术平台。依托菁蓉汇创新创业平台，聚集咪咕文化和创空间、优晨泛娱乐加速器、艾格拉斯泛娱乐国际孵化器、新川创新科技园等数字文创产业孵化器，培育高水平数字内容创作和运营团队。依托成都智媒体城，建设智慧媒体融合中心、国际传媒中心、智媒产业协同中心、国际智媒产业融合示范区和文创消费新场景"三中心一区一场景"。

5. 深圳高新区：抢抓发展机遇，构建新能源汽车产业"先发优势"

深圳高新区是科技部建设世界一流高科技园区 10 家试点园区之一，近年来，深圳新能源汽车产业呈现"一超多强"企业格局，年产值千亿元企业 1 家，百亿元以上企业 5 家，10 亿元以上企业超过 20 家，连续多年成为全球新能源汽车注册登记数量最多的城市。2022 年，深圳新能源汽车产量比 2021 年增长 183.4%，龙头企业比亚迪销量突破 185 万辆。新能源汽车产业培育工作呈现两大特点。

加强新能源产业链布局，形成了两大主要的新能源汽车产业聚集区，新能源汽车产业双创基地和坪山新能源汽车产业园区，位于宝安区的华丰国际新能源汽车产业园，其中坪山高新区是国家新能源（汽车）产业基地。新能源整车制造代表企业主要分布在坪山区、南山区和龙岗区。依托比亚迪等龙头企业，集聚了一大批新能源汽车关键零部件和核心材料企业，并且跑出了众多行业"领头羊"，如铁锂龙头德方纳米、负极材料出货量位列全球第一的贝特瑞、全球锂电池隔膜行业领跑者星源材质、全球动力电池一级制造商之一的欣旺达等。

强化新能源汽车产业政策引导。作为全国首批新能源汽车示范推广试点城市和首批私人购买新能源汽车补贴试点城市，深圳市 2012 年颁布实施了《深圳市节能与新能源汽车示范推广实施方案（2009—2012 年）》等一系列政策措施，为深圳市新能源汽车示范推广和产业发展制定了良好的发展计划。2015—2020 年，深圳市每年都制定新能源汽车推广应用财政支持政策，鼓励和支持新能源汽车在各个领域的应用。2023 年 2 月，深圳市出台了《深圳金融支持新能源汽车产业链高质量发展的意见》，提出了 12 条具体举措，助力提升深圳新能源汽车产业链供应链韧性和安全水平，包括支持优势新能源汽车整车企业做强做大、支持动力电池企业扩优势补短板、支持电机电控企业追赶国际先进水平、支持零部件企业与整车企业协同发展、支持新能源汽车应用场景推广示范、支持扩大新能源汽车消费、推动供应链金融数字化转型契合产业数字化需求等。

六、改革立新，提升科技治理能力和体系现代化水平

（一）治理现代化是国家高新区进入新时代的必然要求

国家高新区治理现代化是新时代实现中国式现代化的必然要求和必然趋势。党的十八大以来，我国社会治理体系与治理能力现代化水平不断提升。2013 年 11 月，党的十八届三中全会通过的《中共中央关于全面深化改革若干重大问题的决定》中明确指出，全面深化改革的总目标是完善和发展中国特色社会主义制度，推进国家治理体系和治理能力现代化，首次提出"推进国家治理体系和治理能力现代化"的改革目标。党的十九届四中全会提出"到新中国成立一百年时，全面实现国家治理体系和治理能力现代化，使中国特色社会主义制度更加巩固、优越性充分展现"。习近平总书记在党的二十大报告中明确指出，"完善社会治理体系，健全共建共治共享的社会治理制度，提升社会治理效能"。总体看来，我国国家治理现代化的进展正围绕制度体系的建立健全和治理制度的执行落实加速推进。国家高新区作为我国实施创新驱动发展战略、推动高质量发展的重要载体，承载着加快实现高水平科技自立自强、着力提升经济发展质效的重要使命，要积极推动党的二十大精神在国家高新区落地生根，推动科技创新关键变量转化为高质量发展的最大增量，为实现中国式现代化作出"高新"贡献。

国家高新区治理现代化，基础在于系统性优化重构政府职责体系，核心是实现政府自身科学发展，关键在于精准"确权""赋职""履责"。当前，国家高新区现代化治理的重点在于创新治理、产业治理和社会治理。其中，创新治理是现代化治理改革的必由之路，高新区始终明确科技创新是核心，

坚持推进以科技创新为核心的全面创新，坚定走中国特色自主创新道路的信心和决心，推动我国实现从跟踪为主到跟跑、并跑、领跑"三跑"并存的历史性转变；产业治理则是现代化治理的根基脉络，国家高新区作为培育和发展高新技术企业和产业的重要载体，立足高质量发展目标，顺应数字经济发展方向，强调产业技术韧性，推动产业实现由"做大"到"做强"的跨越式转变；社会治理是社会建设的重大任务，是国家治理的重要内容。

（二）推动简政放权改革是高新区治理现代化的新方向

1. 加大事权下放力度，提升行政治理效率

转变政府职能的关键在于简政放权。回顾国家高新区事权下放历史，国家高新区在设立之初被赋予一定的事务管理权限。1991 年，国家科委和国家体改委发布的《关于深化高新技术产业开发区改革，推进高新技术产业发展的决定》中明确各开发区要因地制宜地建立决策、管理机构，赋予相应的权限，代表当地政府行使行政职权。这种事权主要表现在财政体制及行政审批权限下放两个方面。进入新时代以来，国家高新区发展面临转方式、调结构等转型升级需求，产城融合趋势明显，在国家深化体制机制改革、进一步鼓励事权下放的大背景下，国家高新区事权下放的数量、类型也在不断扩展。

具体来看，国家高新区党工委、管委会作为市委、市政府的派出机构，在高新区管理范围内由市委、市政府及市直相关职能部门依法赋予或授权，行使必要的经济、行政和社会事务管理权，直接对市委、市政府负责。高新区依授权行使市级管理权限后，实行封闭管理，市直有关部门不再对其管理范围内的事项直接行使职权。未授权的部门，如法院、检察院、公安机关和省以上垂直管理部门则在高新区依法设立工作机构或驻派工作人员，他们在高新区的组织协调下开展工作。事权下放力度进一步增强。例如，2020 年，枣庄市人民政府赋予枣庄高新区管委会 1375 项市级管理权限；2021 年，郴州市人民政府采取"直接赋权、服务前移、审批直报"3 种方式向郴州高新区管委

会赋予 162 项市级管理权限。

从事权下放成效来看，目前，178 家国家高新区中多数高新区拥有财政、土地、规划建设等地市级管理权限,部分高新区拥有经济、行政审批、人事编制、机构编制等地市级管理权限。多数国家高新区已形成"市级权限、封闭运行、独立管理、一级财政、一级金库"等具有高度自主性和独立性的管理体制，能够高效决策，快速集聚资源、快速推动园区基础设施建设，社会事务管理服务能力持续提升，行政治理效率大幅提升。

2. 优化权责清单制度，政府市场界限更加明晰

权责清单制度是中国行政体制改革过程中的一项创新性制度安排。它以权力清单为起点，在中央政府的推动下迅速扩散，形成了以权力清单和责任清单为核心、具有一整套制定程序的制度化体系。《中共中央关于制定国民经济和社会发展第十四个五年规划和二〇三五年远景目标的建议》明确提出"全面实行政府权责清单制度"的发展目标。2020 年 7 月，《国务院关于促进国家高新技术产业开发区高质量发展的若干意见》中提出要深化管理体制机制改革，建立授权事项清单制度，赋予国家高新区相应的科技创新、产业促进、人才引进、市场准入、项目审批、财政金融等省级和市级经济管理权限。

国家高新区持续优化权责清单制度,纷纷开展"政府—市场"权责边界探索，进一步规范政府行为，"法无授权不可为，法定职责必须为"为园区企业发展积极打造稳定有序的政策环境。石家庄高新区出台制定的《石家庄高新区全面开展政府部门权责清单编制工作方案》，进一步推动了全区政府部门行政权力清单和责任清单"两单合一"。无锡高新区开展将权责清单管理情况纳入区级机关单位服务高质量发展绩效评价日常督察考核范围，推动部门规范履职尽责。平顶山高新区创新探索负面清单制度，结合省市部署，编制发布《平顶山高新区政务服务中心进驻事项负面清单（2023 年版）》，严禁"体外循环""明进暗不进"的现象发生。

政府权责清单制度是中国特色社会主义行政体制改革的主要内容，也是推进政府治理体系与治理能力现代化的核心要素。全面实行政府权责清单制度必须建立在构建科学合理的实行路径之上，明确实行基础、实行条件、实行规范和实行保障，将党的指导思想融入具体的政府改革实践。通过清单制定，各职能部门、各街道（园区）进一步巩固了开发区体制机制改革成果，理顺了职责关系，明确了职责任务，提升了各工作机构履职尽责水平。

（三）加强国家高新区管理职能是提升治理能力的基础

1．加强党的统一领导，进一步增强思想凝聚力

坚持党的领导是国家高新区快速发展壮大的根基与灵魂。党的二十大报告明确提出要建设中国式现代化，而中国式现代化的本质要求，首要的就是"坚持中国共产党领导"；明确提出中国式现代化必须牢牢把握的重大原则，第一条就是"坚持和加强党的全面领导"。《国务院关于促进国家高新技术产业开发区高质量发展的若干意见》指出要坚持党对国家高新区工作的统一领导。《"十四五"国家高新技术产业开发区发展规划》指出要坚持党的领导，充分发挥党的各级组织在推进国家高新区发展中的领导作用和战斗堡垒作用。坚持中国共产党领导，是中国式现代化最鲜明的特征和最突出的优势，也是推进国家高新区高质量发展必须坚持的最高原则。

高新区党组织是高新区发展的中坚力量，发挥着重要的领导、服务、协调和推动作用，为高新区经济社会的持续发展发挥了不可替代的作用。这种作用主要体现在3个方面：一是领导和管理。高新区党组织是高新区的领导核心，在政治、思想和道德方面都具有先锋模范作用。党组织根据党的方针政策，领导高新区各级党组织和全体党员，协调处理重要的问题和矛盾，保障高新区团结稳定，推动高新区经济社会持续健康发展。二是服务和支持。高新区党组织积极开展各项宣传工作，帮助企业和居民认真贯彻增强创新意识、

提高科技含量明确的发展战略。同时，党组织也为企业和居民提供必要帮助和支持，推动高新区各项工作顺利开展。三是协调和合作。高新区党组织积极协调和引导各界力量，促进高新区内外部协同发展，形成合力。党组织还积极与其他相关部门和组织合作，共同推进高新区工作，优化营商环境，吸引更多的人才、资本和技术创新，提升高新区综合竞争力。

随着 2023 年国务院公布组建中央科技委员会，党中央对国家高新区的领导力量进一步加强。未来中央科技委的主要职责和功能可概括为"一个加强，四个统筹，两个研究"，强调加强党中央对科技工作的集中统一领导，明确中央科技委重点聚焦重大问题和重点资源统筹，作为重大科技发展方向领导部门的作用。中央科技委的成立意味着国家对于科技创新的重视程度进一步提升，其聚焦于统筹、协调、优化科技资源和引导科技创新重点领域发展，将提升我国科技创新效率和水平，不断提升我国的核心竞争力和创新实力，助力我国建设科技强国。

专栏 6-1　中央科技委员会成立背景、构成和职能

2023 年《党和国家机构改革方案》中明确提出要加强党中央对科技工作的集中统一领导，组建中央科技委员会，中央科技委员会办事机构职责由重组后的科学技术部整体承担，剑指科技领域战略性、方向性、全局性重大问题。中央科技委携手"瘦身"后的科技部将全面统筹、优化配置创新资源，大幅提升科技攻关的体系化能力。科技部作为中央科技委员会的办事机构，其决策层级进一步提升，在科技创新方面的顶层设计将会得到有效加强，有利于全面统筹各方力量，推动健全新型举国体制。

2. 创新组织管理机制，提升治理效能和活力

探索组织人事市场化改革。2020 年 7 月，《国务院关于促进国家高新技

术产业开发区高质量发展的若干意见》，对国家高新区深化管理体制机制改革作出顶层设计，要求国家高新区优化内部管理架构，实行扁平化管理，探索岗位管理制度，实行聘用制，建立完善符合实际的分配激励和考核机制，并赋予国家高新区相应的省级和市级经济管理权限。从现有国家高新区管理机制改革来看，改革主要聚焦于组织架构、人事管理、薪酬绩效3个方面。组织架构方面主要推行"大部制"机构职能扁平化改革，推进部门协调机制、决策机制、执行机制、服务机制、监督机制的综合变革。典型的如济南高新区围绕"企业化管理、市场化运作、专业化服务"目标实施机构"大部制"。人事管理方面推行全员聘任制、末位淘汰制，改革干部考评体系，大力引进外部优秀人才，激发高新区发展创造力；又如，天津滨海高新区通过法定机构改革，取消行政编制管理。薪酬绩效方面实行企业化方式管理，将考核结果与绩效薪酬紧密挂钩，体现多劳多得、少劳少得、不劳不得，充分激发人员队伍活力。例如，郑州高新区推动实行全员聘任、绩效考核、薪酬激励，实现了办事处专注于党建和社会管理，市场化机构负责经济发展的双轨运行机制。

优化"管委会+公司"运营机制。国家高新区确立了领导小组、管委会、总公司三位一体的基本管理架构，实行"决策层—管理层—服务层"开放式管理模式。其中，决策层即领导小组，一般由市级主要领导担任领导小组组长，主要负责宏观决策、重大政策制定、用地规划、协调解决高新区开发建设及管理过程中的重大问题等；管理层即管委会，代表当地政府行使政府职权，对园区实行统一领导，负责具体发展规划、建设和管理等职责；服务层即设立园区开发建设公司、创新创业中心等，负责园区基础设施建设、投融资、创业孵化等功能。实践证明，这种以围绕特定发展目标整合政府职能的高新区管委会体制，是高新区成功发展的重要制度基础。新时代以来，上述管理运行模式不断创新，并呈现以下三大变化。一是管委会和公司的关系变化，逐步实行政企分开、政资分开，二者建立起以"管资本"为主的市场化结算关系。二是公司职能向多元化和专业化转变，具体表现为以国有开发公司为基础，解决科技型企业发展的用地问题；以国有企业或事业单位性质的孵化器和创业服务中心为依托，为科技创业企业的初期发展提供功能完善的办公场所和全方位的创业支持服务；以国有创投和担保公司为杠杆，通过担保贷款、信用小额贷款、知识产权（质）抵押贷款等多种方式解决科技型中小企业融资难的问题；以各类专业的事业单位为支撑，为园区企业提供各类创新服务，如企业服务中心、国际合作促进中心、人力资源服务中心、投资服务中心等。三是公司主体更为多元化，积极推行"管委会＋商会""管委会＋协会"模式，广泛吸引社会资本参与高新区建设。

园区运营公司的职能转变趋势如表 6-1 所示。

表 6-1　园区运营公司的职能转变趋势

	主要职能
传统园区运营公司	园区开发建设、孵化器运营、投资融资等
现在园区运营公司	创新战略投资、融资担保、技术评估与交易、产业项目合资合作、技术服务等

探索一区多园管理模式。一区多园是指开发区连同在开发区范围以外规划建设多种类型的产业园区，共同纳入开发区集中统一管理的管理模式，其目的主要是为了破解高新区规模发展中面临的土地资源瓶颈难题。据粗略统计，当前国家高新区中有 52 家已经在一区多园的发展模式上进行探索，典型的如北京中关村、上海张江、武汉东湖、天津、珠海、长春等国家高新区。在管理体制上基本形成了 3 种典型的管理体制类型，如以成都高新区为代表的建设主体型、成都高新区为代表的非建设主体型，以及宁波高新区、上海张江高新区为代表的半建设主体型，3 种模式的管理机构、管理职能及权限划分各有不同。"一区多园"是高新区发挥品牌效应和辐射带动作用的关键模式，

有利于推广高新区创新驱动发展路径和经验，复制高新区高效的管理运营模式，也对园区跨区治理能力提出了更高要求。

（四）建设服务型政府是高新区治理现代化的必经之路

1. 打造服务型政府，推进社会共建共治共享

进入新时代，服务型政府成为国家高新区开展现代化治理的重要路径。2013 年，科技部出台《国家高新技术产业开发区创新驱动战略提升行动实施方案》，提出国家高新区要积极建设服务型政府，形成国家、地方、社会等各方力量联合治理新模式。作为一个以促进创新和高新技术产业发展的功能区，高新区一直以建设服务型政府为目标，强化政府对企业、产业创新的各种公共服务支持。高新区通过有效的职能整合、精细分工、流程再造等改革和创新，不断提升服务的质量和效率。

专栏 6-2　服务型政府

服务型政府是指在公民本位和社会本位理论下，以为公民服务为宗旨，通过灵活多样的服务方式提供高质量、高效率的公共服务并承担服务责任的现代化政府。而市场经济是服务型政府产生的基本社会经济运行形式，政府以市场作为基础性的资源配置方式，政府通过市场发挥经济管理职能，服务于市场并保持市场的高效、统一、公开、公平与公正。

从服务内容看，区别于一般的政府服务，高新区更注重服务于创新活动和创新过程，重点在于弥补创新的市场缺失环节、衔接和疏通创新价值链。主要趋势表现为：从行政服务、公共服务转向创新服务；服务重点放置在打造创新环境，建设创新服务体系；强调对创新发展的全过程服务和持续创新。此外，高新区管委会通过服务购买的形式，聚集更多社会力量参与到公共服务中来，以继续保持高新区精简高效优势，形成以政府引导、各种社会主体

共同参与高新区治理的格局。例如，成都高新区大力推行"业界共治"，引进企业、中介机构等建立业界共治理事会，业界代表占比在 90% 以上。中关村当前已集聚 500 多家社会组织，1000 余家创新创业服务机构，支持社会组织和专业机构开展行业产业政策的研究、标准的创制推广、平台的搭建（表 6-2）。

表 6-2 政府建设创新环境与面向创新的服务

创新环境	服务内容
引领战略方向	战略、规划，顶层设计，部省市共建，重大创新平台，区域品牌等
集聚创新要素	大学、科研机构，公共技术平台、公共服务平台、检验检测平台，科教城等
支持创新创业	孵化器、加速器，大学科技园，留学生创业园，支持申报国家项目，国家重点实验室、国家工程技术中心，知识产权补贴，政府采购等
促进产业创新	战略性新兴产业、创新型产业集群、特色产业基地、产业技术研究院、产业技术路线图、产业联盟等
打造人才高地	人才计划、医疗保障、住房、子女入学、出入境手续
发展科技金融	科技型中小企业基金、创业投资引导基金、产业基金、风险投资、科技保险、企业上市
配套创新环境	人才社区、科技中介、高端生活配套，基建设施

2. 应用新技术，拓展政务服务新场景新模式

国家高新区主动探索推进集成式服务，推动政府服务向数字化、智能化、规范化、便利化建设，降低企业办事成本。在硬件设施集成方面，通过建设"一站式"政务服务大厅等方式，加强政务服务大厅便民服务事项进驻和集中统一办理。例如，青岛高新区将一站式服务大厅"搬进"产业载体，通过"一站式"企业服务微大厅，可为企业提供注册登记业务自助办理、证照等自助打印、全科审批及涉税业务远程视频实时咨询服务、免费帮办代办服务等政务服务"标准清单"。此外，还能根据实际情况定制惠企政策咨询、园区服

务等产业载体服务"特色清单",设置"税企服务站",及时向园区企业宣传最新的税收优惠等政策,打造符合高新区实际、体现高新特色的产业载体"一站式"企业服务新模式。在软件集成方面,通过建设"互联网＋政务服务"、一网通办平台等方式提升政务互联网水平,将金融、产业、政策、生活等服务窗口从线下搬到线上,为园区入驻企业搭建信息资源共享平台,提供更为迅捷的服务。例如,济南高新区在全省率先推出内地营业性演出"一本通认",率先试点商事登记确认制、代位注销试点。

国家高新区积极应用新技术,拓展政务服务新场景新模式。随着大数据、区块链、元宇宙等前沿技术的发展,政务服务的内涵和场景得到进一步深化和拓展。在内涵上,围绕企业特定需求场景,形成相应的"一条龙"服务。例如,苏州高新区形成90个"一件事"套餐清单,全市率先推行"民生小店一件事",推出"创业就业一件事""自然人全生命周期一件事",在10个行业推进"一业一证"改革,建立"一证准营"行业综合许可制度。在场景应用方面,部分国家高新区积极推动建设场景驱动前沿科技创新和技术产业化的路径与模式,全力构建政务服务场景对接渠道。例如,潍坊上线全国首张政府服务"智慧云图",应用人工智能(AI)大数据、云计算、GIS空间地图引擎等信息技术集成政务服务资源,经验做法被《全国优化营商环境简报》《山东政务信息(专报信息)》刊发推广。北京市政务服务管理局在2023全球数字经济大会人工智能高峰论坛上发布了通用人工智能大模型在政务服务场景的新应用,发布了政务咨询、政策服务、接诉即办、政务办事与人工智能结合的新场景、新要求。在场景推进方面,将以政务咨询场景为小切口启动测试训练,通过最新的可公开政务数据,形成高质量可信的政务数据集,持续推进政务服务、接诉即办、政务办事等深度应用,为领导决策、基层治理、城市治理提供更有力支撑。

（五）高新区改革立新典型案例

1. 天津滨海高新区：法定机构改革打破制度障碍

天津滨海高新技术产业开发区 1988 年经天津市委、市政府批准建立，1991 年被国务院批准为首批国家高新技术产业开发区，是京津冀高新技术产业带的重要组成部分。在近十年国家高新区管理体制创新探索的大潮中，天津滨海高新区自上而下推行法定机构改革，形成突破性成果，成效瞩目。

从改革历程来看，天津滨海高新区跟进时代趋势，逐步推进体制改革。2017 年，随着天津市 GDP 增速放缓，天津进入经济转型升级的历史关口。为明确区域定位、加速渡过经济难关、聚焦各开发区经济发展职能以推动经济高质量发展，天津滨海新区对下辖 5 个开发区进行了全面放权赋能，推进各开发区体制机制创新。2019 年 7 月，天津东疆保税港区、天津港保税区、滨海高新区、中新天津生态城、天津经济技术开发区分别召开法定机构改革动员部署会，天津开发区法定机构改革大幕正式拉开。本次法定机构改革由天津市人大常委会通过立法，明确高新区管委会作为履行相应行政管理和公共服务职责的法定机构，并实行企业化管理，破除了主体地位不明、体制僵化、利益固化和动力弱化的体制机制障碍。2019 年，天津滨海高新区与天津市相应市级职能部门签署正式委托下放协议，根据建设发展实际需要承接 185 项市级权力事项，同时天津滨海高新区为区内企业、群众办理市级权力下放事项 4842 件，促进区域企业活力、发展动力和社会创造力的进一步释放。

天津滨海高新区抓住这次滨海新区全面改革的机遇，针对阻碍经济发展的管理体制、运行机制、机构设置、发展理念等深层次的矛盾进行探索，通过争取市级权限下放并做好承接工作、改革未来科技城拓展区片区管理模式等系列举措，破除了招商引资、产业培育、科技创新、对外开放等方面的制度性障碍，激发了体制活力与经济发展活力。

2. 济南高新区：授权下放改革开启探索新篇章

济南高新区是 1991 年 3 月经国务院批准设立的首批国家级高新区。近年来济南高新区在体制建设和管理与运行上加大了创新和探索的力度，有效促进了园区的发展。2019 年山东省发布的《关于推动开发区体制机制改革创新促进高质量发展的意见》就在很大程度借鉴了济南高新区的改革经验。在授权下放方面，济南高新区已探索出一条适合自身发展的道路，在体制机制改革中走在全国前列。

在权力机制管理方面，济南高新区构建强执行力的行政管理体系，推行"大部制"改革。按照职能相近、业务相近的原则，进行机构重组和职能整合、实现流程再造，有效解决职能交叉、条块分割和多头管理问题；强化街道办事处职能，将街道办事处与机关部门列为同一岗位层级管理，加强社会事业和民生管理服务职能；深化济高控股集团的整合改革，将原高新区各级所辖国资企业整合，组建新的济高控股集团，强化积极稳健的投融资开发建设体系。

在市级权限下放方面，根据《中共济南市委济南市人民政府关于印发〈济南高新区（综合保税区）体制机制改革方案〉的通知》（济发〔2016〕18 号）精神，刻制的市有关部门 49 枚 2 号印章已正式启用，2 号印章使用主体为济南高新区管委会，用于济南高新区管委会在其管理区域内行使市有关部门行政权力事项，直接对市委、市政府负责。2017 年国务院办公厅调研国家高新区简政放权、放管结合、优化服务改革向纵深情况，推进督察组赴北京、辽宁、山东、河南、云南等 10 个省市，就落实"放管服"改革政策措施情况开展实地督查，山东济南市 3480 多项市级审批权限中有 3250 项权限全部下放济南高新区，做到了应放尽放、能放必放，获得央视点赞。

3. 郑州高新区：人事管理和薪酬制度改革激励干事创业

郑州高新区 1991 年成为国家高新区，2016 年获批郑洛新国家自主创新示范区郑州片区核心区，是河南省创新发展的综合载体和核心增长极。但受制于省市授权不到位、市场激励不活等瓶颈羁绊，示范区核心区引领作用的发挥严重受制约，因此，2017年郑州高新区启动了管理体制机制改革，重点在岗位管理、绩效考核和薪酬激励方面，其在"国家高新区创新驱动发展战略专题研究班"分享交流改革经验。

内部运营向企业化管理转变。岗位分为行政事业类和市场化类，其中行政事业类是经过聘任继续留在管委会内设机构和各办事处的现有正式行政事业人员，实施"三分离双轨运行"，市场化类是面向市场公开招聘上岗的专业化机构、园区运营中心、内设机构和办事处的专业人员，实行企业化管理。

人员绩效考核全面评价成效。通过整合科技部火炬中心国家高新区考核、科技部国家自创区考核、河南省郑洛新国家自创区考核、郑州市委市政府综合考核的指标体系，构建目标明确、导向清晰、符合规律、量化具体的绩效考核指标体系。优化形成"一套表"，并按"管委会—部门—个人"层层分解，以工作实绩和目标完成作为绩效考核的主要评价依据，实行结果强制公布，挂钩绩效奖金，并作为职务调整、岗位变动及人员续聘、解聘的重要依据。

构建新型分配激励体系。郑州高新区实行薪酬绩效系数制，行政事业类人员采取档案工资＋绩效工资，市场类人员采取岗位工资＋绩效工资，所有人员的绩效工资根据绩效考核结果确定。明确市场化类薪酬比行政事业类高、基层比区直薪酬高的原则，引导人员向基层和市场化类岗位流动，使优秀人才留得住、外部人才引得来。

4. 佛山高新区：一区多园模式以改革促统筹

佛山高新区于1992年12月经国务院批准成立为国家高新区。为破解发展空间和产业协同难题，发挥佛山高新区区位优势、资源优势，2008年2月，经科技部火炬中心批准，佛山高新区对禅城经济开发区、顺德工业园区、南海经济开发区、南海工业园区、高明沧江工业园区和三水工业园区及广东省金融高新技术服务区进行资源整合，实行"一区六园"管理体制。

2011年年底，佛山高新区将南海中部片区（包括南海高新区）与三水乐平园区作为佛山高新区核心园区，同时在三水园、禅城园、顺德园、高明园分别设立分园区管委会，开展一区五园的机制改革工作，高新区大管委会从战略层面统筹"一区五园"数据统计、协调等工作，分园区管委会负责各自园区发展建设。

2019年2月，佛山市委、市政府再次推动高新区管理体制机制改革创新，市级专项成立佛山高新技术产业开发区发展工作领导小组，由市政府主要领导担任组长，明确佛山高新区管委会由市委、市政府直接管理，佛山高新区党工委由市领导兼任书记。高新区管委会负责研究确定产业政策、产业规划、重大产业项目布局、市级资金对重大项目的支持额度，统筹各类数据指标，提升高新区总体形象。在5个园区分别设立分园管理局，作为高新区直属机构，人、财、物委托所在区管理。各园区管理局为高新区发展建设实体，负责落实属地建设发展主体责任。各园区管理局主要负责人兼任高新区管委会党工委委员。

总体来看，佛山高新区管委会拥有核心园区的开发建设等权限，并按照"一区五园、统一规划、分园建设、创新服务"的要求，建立佛山高新区管委会与各园区管委会联动机制，健全佛山高新区改革和发展重大事项的议事和决策制度，有效提升了佛山高新区管委会对"一区五园"的统筹协调和服务能力。多轮改革后，佛山高新区管委会转变为协调统筹机构，各园区开发建设、管理运营均由各园区管理局负责。

5. 上海紫竹高新区：高新区民企开发机制新探索

上海紫竹高新区2011年6月经国务院批复同意升级为国家高新技术产业开发区，成为我国首个以民营企业为开发主体的国家高新区。在园区治理方面，通过"政府来搭台，企业当主角，市场来运作"的方式，自主开发、自主经营、自负盈亏，最大限度地提高社会资源的配置效率，提高价值发挥。

在体制机制设计上，上海紫竹高新区由民营企业——上海紫竹高新区（集团）有限公司与政府控股公司共同投资建设，其中民营企业为投资开发主体，按照市场化方式管理运作，开展园区总体规划、土地征用、开发建设、招商引资、运行服务等各项工作。高新区管委会负责政策制定，而政府控股公司负责执行和落实政策。以民营企业为主导的股权设计，从根本上改变了政府过多干预社会经济和企业内部事务的弊端，使其运营方式更科学合理；成立紫竹商会等社团组织，通过激励体制和市场化方式，最大化地提高了园区建设过程的资源配置效率，真正实现政府引导与市场优化资源配置的有机结合。而政府也从传统意义上的主导开发，转变为以服务和管理社会、调整市场为主要职能，注重规划引导、政策支持和环境营造，为开发主体和园内企业创造了良好发展条件。

在园区运营服务上，上海紫竹高新区本着向股东、向社会、向员工创造价值的原则，相比政府主导园区，紫竹公司自身的生存发展与上海紫竹高新区企业更加紧密绑在一起。所以高新区坚持服务至上，非常注重为园区企业提供优质的铂金产业服务，引进企业、留住企业、助力企业发展壮大。另外，相比政府机关条框约束，上海紫竹高新区运营服务方式更加大胆和灵活。2015年紫竹公司全额出资成立小苗基金，专注于初创与成长期科技企业投资，为提升投资成效，实行投资团队在公司持股任职。

七、开放创新，加快构建开放合作协同发展新格局

作为高质量发展的核心载体和新发展格局的重要支点，十年来，国家高新区聚焦国家战略需求，深入贯彻落实习近平总书记提出的关于深入实施区域协调发展战略、区域重大战略、主体功能区战略、新型城镇化战略等重要指示精神，以全球视野谋划，立足自身技术优势和市场条件，进一步加大开放力度，积极打造区域创新增长极，融入全球创新体系。

（一）积极有力支撑服务国家重大发展战略

国家高新区在加快高新技术产业发展的同时，通过产业、技术和创新联动辐射，在主动服务国家战略、促进区域分工协作一体化、推动创新要素有序流动共享等方面积极参与东西协作、南北互动交流合作和乡村振兴战略，通过探索更多样的合作模式，国家高新区对区域高质量发展的辐射带动作用全面放大，区域创新增长极地位继续提高，成为支撑我国国民经济发展的重要力量。

1. 深度融入重大区域战略，加强"一带一路"倡议协同

实施区域协调发展战略是在中国特色社会主义进入新时代，面向高质量发展提出的重要战略举措，对于促进我国经济社会持续健康发展具有重要而深远的意义。习近平总书记在党的十九大报告中强调要实施区域协调发展战略。国家高新区主动融入、深度融入国家区域协调发展战略，积极探索区域创新的合作路径。充分发挥自身创新链产业链协同发展优势，促进创新要素加速流通，主动服务支撑京津冀协同发展、长江经济带发展、粤港澳大湾区建设、长三角一体化发展、黄河流域生态保护和高质量发展等国家战略，对重大战

略的全方位支撑引领作用进一步增强。

国家高新区通过区域联动，有力支撑各地传统优势产业快速做大做强，战略性新兴产业加快培育，已形成具有特色化、可持续发展的区域产业发展格局。例如，中关村以产业输出、技术创新辐射外地，中关村企业在京外设立分支机构超过 1.4 万家；特别是中关村与雄安新区管委会合作共建雄安新区中关村科技园，极大带动雄安新区在产业载体建设、产业生态培育等方面取得诸多成果。武汉东湖高新区在湖北省建立近 30 个"园外园"，在产业发展、成果转化、机制创新等方面形成辐射带动。上海张江高新区联合武汉东湖高新区、重庆两江新区、南京高新区等组建长江流域园区合作联盟，苏州工业园发起设立长三角 G60 科创走廊产业园区联盟，广州高新区加快建设粤港澳大湾区新兴产业国家技术创新中心、粤港澳青年创新创业基地、粤港澳大湾区协同创新研究院，深圳与哈尔滨共建深哈合作高新技术产业园区，导入深圳先进产业服务模式和管理运营理念等。

国家高新区主动支撑地方发展，打造区域高质量发展引擎。聚焦地区发展实际，推动国家高新区更好支撑国家区域重大战略、区域协调发展战略和乡村振兴战略，充分发挥国家高新区在区域经济发展中的引领示范作用。关注"量"与"质"的同步提升，聚焦资源投入的产出效率，提升区域经济发展质量，178 家国家高新区遍布大江南北，全力打造区域产业高地和经济增长极。截至 2022 年年底，国家高新区以占全国 2.5% 的建设用地，贡献了全国 14.3% 的 GDP 和 13.6% 的税收，园区 GDP 占所在城市 GDP 比重达到 20% 以上的国家高新区超过 65 家，成为各地创新驱动高质量发展的主战场。以数字经济强区闻名的杭州高新区，先行先试出台创新型产业用地这项原创政策，让高新技术企业用地的容积率突破了 2.0 限制，造就了"工业上楼"这一未来城市工业发展新范式。2022 年，杭州高新区规模以上工业亩均增加值达 1851.1 万元，是浙江全省平均水平的 10.5 倍，在全国也遥遥领先。

国家高新区积极融入"一带一路"建设，与沿线国家在科技合作、产能合作、人才交流等方面都取得了显著成效。2016 年，科技部等四部委联合发布的《推进"一带一路"建设科技创新合作专项规划》，其宗旨是要全面发挥科技创新在"一带一路"建设中的引领和支撑作用，为新时期国家高新区如何在"一带一路"大背景下走出去指明了方向。高新区谋划加快打造"一带一路"科技合作示范区及国家技术转移中心核心区，积极参与如"一带一路"科技交流大会、世界区域创新论坛等大型科技的交流活动，支撑打造具有全国影响力的科技交流平台。

2. 积极推动区域协调发展，示范构建新发展格局

国家高新区积极响应国家重大发展战略，持续开展跨区域协作，通过"结对帮扶""兄弟高新区"模式，建设一批"飞地园区""合作特色园区"，探索异地孵化、伙伴园区等多种机制，从打造创新增长极到构建创新增长带，再到形成创新网络，推进高新区之间东西协作、南北互动，形成共享发展和协同创新机制，共同支撑区域高质量发展，成为当前区域发展战略的重要支撑。

扎实推进国家高新区对科技部定点帮扶县的结对帮扶工作，目前已经实现柞水—武进高新区、井冈山—常熟高新区、永新—温州高新区、佳县—盐城高新区和青岛高新区、屏山—嘉兴秀洲高新区"五个全覆盖"，建立了持续稳定的帮扶机制。国家高新区之间也持续开展结对共建和战略合作，如江阴高新区与石河子高新区、苏州工业园区与绵阳高新区签署了战略合作协议；昆山高新区与九江共青城高新区、株洲高新区与石嘴山高新区、广州高新区与海口高新区实现了合作共建。中关村和贵阳合作共建中关村贵阳科技园，助推贵阳建立了以大数据为核心的现代化产业体系。中关村已累计与全国 26 个省（自治区、直辖市）77 个地区（单位）建立战略合作关系，在京外合作共建园区 27 个，2019 年实现企业技术合同成交额 5695.3 亿元，近 80% 辐射到京外地区，中关村企业在京外设立分支机构超过 1.4 万家。上海张江高新区与甘肃省共建甘肃上海张江兰白创新改革试验区，成立上海张江兰白科技创

新改革试验区技术转移中心。深圳与哈尔滨共建深哈合作高新技术产业园区，导入深圳先进产业服务模式和管理运营理念。

3. 响应新型城镇化号召，持续提升产城融合发展水平

国家高新区积极建设"三生"融合的城市新地标，坚持以人的全面发展为核心推动经济、社会、自然与人的和谐发展，坚持"生产、生活、生态"相融合，将产业功能提升、科创功能强化与城市结构优化有机统一，统筹推进产业发展与城市空间布局，通过"硬环境"与"软环境"双重发力，建设宜创宜业宜居的现代化科技新城，在新型城镇化发展中发挥了带动引领作用。所有高新区均加强了教育、住房、医疗、文化、体育等全方位的配套，近六成高新区总绿地率超 40%，绿色低碳循环发展成为国家高新区的普遍形态，能源产出效率高出全国平均水平近一半。

一批国家高新区加快建设公园城市，布局创客小镇、产业社区、口袋公园等新型宜居宜业园区形态，打造万物互联、生活便利、社交活跃、数据共享的城市新空间，进一步提升对高端人才的承载力和凝聚力，已形成产城深度融合的中国式现代化城市发展形态，成为所在城市活力最强、能耗最低、生态最优、环境最美的区域。上海张江围绕人工智能产业，建设上海人工智能岛，按照产业功能和生活需求，建设浦东国际人才港、知识产权国际枢纽港、上海出入境服务中心、高层次海外人才服务中心、高端商贸中心等配套资源，打造国内首个"5G+AI"新地标。成都高新区谋划花园城市，推进人城境业和谐统一，优化城市公园生态景观，将高度复合的功能植入城市建设，导入文化设施，打造多层次的"公园 + 小游园 + 微绿地"的公园体系。济南高新区通过实施《济南高新区新型城镇化规划（2021—2035 年）》《济南高新区国家城乡融合发展试验区实施方案》稳步推进产业融合载体建设，构建具有"高新"特色的城乡产业融合发展格局，聚力打造城乡产业融合发展"高新"示范。

专栏7-1 南昌高新区——最美高新

南昌高新区自2012年启动全省首条示范性样板绿道规划建设，十年来，深入贯彻以人民为中心的发展思想，按照"四精"理念不断提升"最美高新""最潮高新"的"含金量""含新量""含绿量"，无限放大"人水相依、城水相融"的生态格局，城市功能品质大幅跃升。

生态环境颜值高。高标准完成南塘湖人才公园、天子河公园建设，精心打造了全省首条示范性样板绿道——环艾溪湖绿道，布局了一批邮票绿地和口袋公园，园区绿地率达到41.7%，"推窗见绿、出门赏景"的园林城市生态格局基本形成。公共绿地面积达1300万平方米，较2012年增加了近200%。建设1000亩五星白鹤保护小区，既为鸟留水，也为鸟留食，打造了连续、完整、有规模的候鸟越冬栖息地，3000余只白鹤在此顺利过冬，约占全球总数3/4，被誉为全世界离白鹤最近的地方。白鹤小镇也成功入选文化和旅游部"全国乡村旅游精品线路"。

产城融合生活潮。FUN青春市集、华天夜市等时尚新地标和艾溪里、瑶湖里、华勤里、阳门里等美食文化街先后投入运营，人才分馆、兆驰分馆等6家"孺子书房"先后开张，艾溪湖美书馆荣获中央宣传部首届全民阅读大会"年度最美书店"称号，鱼尾洲公园获评AZ Awards2022年度最佳景观设计大奖，成为新晋网红打卡地。围绕绿道开展的文体活动也持续不断，南昌高新区已连续举办多届环鄱阳湖自行车赛和各类城市乐跑赛、马拉松、健步行等活动。生活配套品质优，以"步行15分钟"为半径，精心打造医疗服务、托育服务、养老服务三大便民服务圈，省中西医结合医院、江西中医药大学附属医院、省肿瘤医院3家三甲医院同时落户，新增床位近5000张，让广大人民群众更有"医"靠。建设了江西师大附中等一批名校，引进百名教育名师，中考成绩优秀率提高了3.73个百分点，跃升至南昌市第二。

（二）全面打造具有全球竞争力的开放创新生态

国家高新区站在全球新一轮科技革命和产业革命的大趋势中思考，在世界百年未有之大变局中谋划，在中华民族伟大复兴的大战略中布局，坚持更高水平"引进来"与更大力度"走出去"并重，紧抓外向经济，通过产品国际化、要素国际化和组织国际化并行，搭建国际技术转移服务平台，主动融入全球创新发展体系，积极开拓和利用国际市场，高新区国际贸易拓展能力、全球创新资源集聚能力和企业创新的国际竞争力逐渐增强。

1. 国际人才密度持续提升，科技创新支撑体系增强

国家高新区持续加强科技开放合作和国际科技人才交流，深度融入全球创新链条，参与全球创新体系。鼓励跨国公司设立研发机构，加强外资研发机构的技术溢出，加强创新外籍人才引进机制，吸纳大量海外高层次人才创办、经营企业，不断完善国际化高层次专业人才出入境、停居留制度，建立便捷的海外人才服务体系，吸引和留住全球范围的优秀人才、国际一流研发机构和海外高层次创新人才云集国家高新区。

一些先进园区积极主动将价值链中的研发环节延伸到境外，如中关村在硅谷、以色列，上海张江在波士顿等地均建立了创新中心，深圳高新区也在积极规划建设海外科技创新中心。2021年，国家高新区企业吸引外籍常住人员4.7万人，吸纳留学归国人员21.1万人，分别是2012年的1.02倍和2.8倍。例如，中关村科技园通过人才"白名单"制度、"单位荐才"等渠道为98名外籍人才办理了在华永久居留。大连高新区连续20年举办"中国海创周"，吸引海外留学人员在高新区创办企业495家。国家高新区拥有的外资研发机构数由2013年的1922家，增加到2021年的4568家，设立的境外研发机构超过2200家，较2012年增长4.6倍。中关村设立的海外联络处已达19个，区内上市公司在海外设立研发中心或分支机构逾千家。持续开展国际科研项目、产业化项目合作与招引，中关村支持北京蛋白组研究中心开展"人类蛋白质组计划2.0"

国际大科学计划培育项目，加快凝聚国际共识，巩固并扩展国际合作伙伴；长春高新区成功引进俄罗斯科学院疫苗研发生产项目，中白科技园先后入驻20家企业，中国冰岛产业园加快打造基因工程、新型疫苗等五大发展平台；厦门高新区布局"金砖+"科技加速器项目，与俄罗斯科技园、巴西帕克科技园、巴西达尔文加速器签订合作协议。

2. 国际创新成果竞相涌现，国际竞争力显著增强

国家高新区企业不断加快国际化步伐，"走出去"成为高新区企业抢抓发展机遇的一条重要路径。企业通过加大科技研发与创新，部分科技创新成果已然走在世界前列，同时加快调整和优化企业出口贸易结构，重点发展高附加值的高新技术产品和技术服务出口，将越来越多的高新区特色优质资源输出到国外市场。国家高新区支持企业通过获取境外知识产权、境外收购等方式，培育国际化品牌，帮助企业塑造全球竞争优势，国际创新成果持续涌现。

从国际创新成果取得的成效来看，内资控股企业万人拥有欧美日专利授权数量及境外注册商标数量呈阶梯式上升，由2013年的19.8件，增加到2021年的131.3件，特别是自2018年开始，增速持续加快。企业拥有境外授权专利由2016年的3.7万件，增加到2021年的21.9万件，其中授权境外发明专利18.9万件，境外注册商标14.5万件，超过300家企业参与国际标准的制定。2021年国家高新区企业国内发明专利授权量、PCT国际专利申请量分别占全国的45.3%、50.8%。国家高新区出口结构不断优化，企业技术服务出口占出口总额的比例由2011年的2.5%，上升到2021年的6.5%，2021年国家高新区高新技术产品出口占高新区出口总额的比重达61.8%，该占比超过全国水平（30%）的两倍。中关村示范区依托数据优势和场景优势，在人工智能应用创新上处于世界领先水平，区内企业Pico在交互感知系统等核心链路实现自研，2022年以全球10%、全国66%的市场份额位列全球第二、全国第一；合肥高新区量子钻石原子力显微镜、单自旋量子精密测量谱仪实现世界首例自主创新突破；大连高新区中国科学院大连化学物理研究所开发了当前光电转化效率最高的柔性钙钛矿太阳电池，构建了国际首例基于大尺寸柔性单晶钙钛矿的高性能探测器，融科储能成为全球唯一拥有钒电池储能自主知识产权、全产业链开发和制造能力的服务商，是世界范围内唯一能够批量提供高品质钒电解液的企业。

3. 积极融入国际创新网络，国际深度合作更加频繁

全球化是各国经济深化分工协作、发展壮大的必然结果。国家高新区深入参与国际科技交流合作，强化与"一带一路"沿线、金砖国家、国际组织间的合作与交流，鼓励和引导企业积极开拓国际市场，着力建设主要面向境外高层次项目、高水平技术、高质量人才的引才引智平台和基地，不断加大全球创新链参与度。从调查问卷来看，近80%的国家高新区出台了国际化发展政策，主动出击开启国际化战略布局，如太原高新区的《山西转型综合改革示范区标准化奖励办法（试行）》、长沙高新区的《长沙高新区加强自主创新促进产业高质量发展若干政策》、济南高新区的《济南高新区加快创新创业发展　助力新旧动能转换的若干政策（试行）》、襄阳高新区的《高新区（自贸片区）加快科技创新体系建设推动经济高质量发展的意见》、武汉东湖高新区的《关于促进对外贸易创新发展若干措施的实施细则的通知》等。十年来，国家高新区出口总额占全国货物和服务出口的比重从3.2%增长至24.4%，高新技术产品出口占高新区出口的比重从49.8%增长至62.0%。

目前，国家高新区已与俄罗斯、匈牙利、白俄罗斯、澳大利亚、英国、美国、南非、巴西、韩国、瑞士、芬兰、上合组织、东盟、金砖国家等国家和组织开展了科技创新创业的国际交流与合作。哈尔滨、长春等东北地区高新区面向俄罗斯及东北亚地区加强技术交流合作，广西、云南等地的国家高新区面向东盟国家深度开展国际交流合作。成都高新区以对欧合作为特色，探索出"园区＋平台＋组织＋基金"的国际合作新模式。合肥高新区获批建设国家

中德智能制造国际创新园，打造中德两国科技创新、成果转化、产业发展合作的示范区。"一带一路"合作方面，新疆等西部地区的国家高新区围绕"一带一路"倡议打造创新节点枢纽，西安高新区、烟台高新区分别发起设立的"一带一路"科技园区联盟、"丝绸之路"高科技园区联盟，为"一带一路"沿线国家的高科技园区开展技术双向转移、科技项目合作及人才培养提供了合作机制与平台保障。中关村支持企业家、研究院所及联盟等发起"一带一路"产业促进会，引导企业在"一带一路"沿线国家和地区布局。

（三）国家高新区开放创新典型案例

1. 国际合作：苏州工业园区交出高质量发展新答卷

苏州工业园区是我国改革开放的"探路先锋"，成立 29 年来，先后获批开展开放创新综合试验、建设中国（江苏）自由贸易试验区苏州片区，被列入虹桥国际开放枢纽"北向拓展带"，成为全国开放程度最高、发展质效最好、创新活力最强、营商环境最优的区域之一。作为中国改革开放的前沿阵地和外向型经济的重要组成部分，在外向开放和国际合作方面取得了显著成果。新加坡国际商务合作中心、新加坡苏州商务中心加快项目集聚，星狮集团、城发集团等中国区投资总部落户园区。拓展中新合作优势，与新加坡科研局、知识产权局等深化合作，新加坡科研局在园区设立苏州合作中心，成为在新加坡以外设立的首个分支机构，累计引进落地 20 个新加坡优质项目。引进冷泉港、哈佛大学、牛津大学、麻省理工学院等国际一流科研机构及院校，设立海外离岸创新中心 22 家，开放创新和国际竞争力居全国高新区首位。

苏州工业园区积极吸引外资开拓全球资源渠道网络。园区通过参加国际投资促进活动、举办投资推介会等方式吸引外资企业进驻，并与国际知名企业、科研机构和大学建立合作关系，累计实际利用外资超过 380 亿美元，引进外资项目数超过 5100 个，其中大型项目数近 200 个。园区统筹"引进来"与"走出去"，积极构建和嵌入全球化创新网络，日渐成为我国连接全球供应链、价值链、创新链的重要纽带。园区累计 118 家外资企业被认定为省（自治区、管辖市）各级总部机构，获评全省唯一"省级外资总部经济集聚区"。依托跨境投资平台、园区产业基金等金融领域创新组合，支持信达生物、蜗牛数字科技等科创企业扬帆出海，加快拓展国际市场。

苏州工业园区持续深化中新合作。苏州工业园区作为中新合作的重要平台，国际合作中心在促进中新贸易和投资方面发挥着关键作用，通过举办中新投资贸易洽谈会、经贸交流会等活动，搭建起中新企业交流合作的平台，园区支持第 23 次中新联合协调理事会召开，同时园区聚集新加坡国际商务合作中心、新加坡苏州商务中心等项目 61 个。拓展中新合作优势，通过与园区内企业的合作，推动了新加坡企业在园区的投资和创新创业项目的落地，进一步促进了中新贸易与投资的发展。园区吸引了大量新加坡企业在园区设立实际运营企业，累计实际使用新加坡外资超过 114.2 亿美元。这些企业在园区投资的成功案例，成为中新贸易与投资的典范，吸引了更多中新企业的参与和投资。

2.服务业扩大开放试点：中关村科技园区打开发展新格局

服务业扩大开放综合试点是我国就实行高水平对外开放作出的重要部署，至今已开展了 7 年的持续创新探索。为了深化服务业扩大开放，中关村在国务院的指导下通过先行先试的方式进行了一系列综合试点，并取得了显著成效，成为全国服务业开放的引领者。中关村国家自主创新示范区依托丰富的科研资源和高水平的科研机构，吸引了大量科技人才和高新技术企业的集聚。国家实验室、研发中心和创新孵化基地等重大基础研究平台的落地，为科技创新提供了强有力的支撑。以中关村国家自主创新示范区为依托的创业投资集聚区、数字贸易发展引领区格局正在形成。目前，服务业扩大开放试点经验已推广至全国，服务业扩大开放的网越织越密，覆盖面越来越广，已经形成北京、天津、上海、海南、重庆等省市"1+4"示范试点格局，向全国推广了 7 批 35 项经验案例，为全国的服务业开放积累了经验、探索了路径。

中关村服务业开放试点依托北京市政府的支持和国家政策的倾斜，享受到了一系列制度优势。中关村在知识产权保护、市场准入、贸易便利化等方面实施了一系列创新的制度安排，为服务业的开放和发展提供了良好的环境。促进投资贸易自由化便利化，建设京津冀通关物流数据共享平台，实现三地跨境贸易数据"上链"。完善财税支持政策，对在京从事集成电路、人工智能、生物医药等领域的规模以上企业认定高企时实行"报备即批准"试点。探索建立公允的知识产权评估机制，完善知识产权质押登记制度、知识产权质押融资风险分担机制及质物处置机制。此外，中关村还推动技术转让所得税优惠政策、科研人员职务科技成果所有权或长期使用权等制度创新，激励了科技创新和人才引进。通过开放和创新，中关村成功培育了一批国际一流的服务业产业集群，涵盖了信息技术服务、数字内容服务、离岸服务外包等领域。中关村服务业的开放和发展也推动了科技创新和人才引进，促进了国内外高新技术企业的集聚和合作。这些红利为中关村及整个北京市的经济增长和创新能力提升作出了重要贡献。

中关村以"一园一区"为基础，根据重点园区产业基础和特色，推动服务业扩大开放在重点园区示范开展。立足中关村软件园，推动数字证书、电子签名等的国际互认，试点数据跨境流动，建设国际信息产业和数字贸易港，探索建立以软件实名认证、数据产地标签识别为基础的监管体系，作为国家数字服务出口基地，中关村软件园在信息技术服务、数字内容服务和离岸服务外包等方面形成了全国领先的特色产业集群。以未来科学城、怀柔科学城等为依托，积极落实支持科技创新、重大技术装备进口税收政策，推动科技成果转化服务创新发展。建设一批国际合作产业园区，支持外商在北京中德国际合作产业园、北京中日国际合作产业园投资通用航空领域，符合规定条件的可以开展急救转运服务。以中关村国家自主创新示范区海淀园为承载，打造云应用及开源软件生态集聚区。取消信息服务业务（仅限应用商店）外资股比限制，鼓励外资依法依规参与提供软件服务。鼓励国际知名开源软件代码库和开发工具服务商在京落地，支持开源社区交流平台、代码托管平台和应用服务平台的建设。

中关村服务业开放试点通过优化服务业开放发展的要素供给，成功构建了一批国际一流的创新创业生态环境和产业集群。推进资金跨境流动便利，在全区范围开展资本项目收入支付便利化试点，探索开展本外币合一跨境资金池试点，对跨境资金流动实行双向宏观审慎管理。支持符合条件的外贸综合服务企业为跨境电商提供货物贸易外汇综合服务。允许出口商在境外电商平台销售款项以人民币跨境结算。给予在京中资机构海外员工薪酬结汇便利化政策。规范数据跨境安全有序流动，探索建立数据保护能力认证等数据安全管理机制，推动数据出境安全管理和评估试点。提供国际人才工作生活便利，便利境外高端人才在便利化额度外结汇缴纳随行子女在境内就读国际学校学费。优化外国人工作许可、居留许可证件审批流程，逐步实现外籍人才工作许可、工作类居留许可"一窗受理、同时取证"。允许外籍人员使用外国人永久居留身份证开办和参股内资公司。此外，中关村加快建设国际人才全流程服务体系、推动国际人才社区建设、开展创新要素跨境便利流动试点、支持离岸创新创业，支持外籍科学家领衔承担政府支持科技项目。

3. 区域协同：长三角国家高新区打造世界级集成电路产业联盟

2021 年 4 月 29 日，无锡高新区、上海张江高新区、南京高新区、杭州高新区、合肥高新区、苏州工业园区等 6 家国家高新区在无锡发起成立长三角集成电路产业国家高新区创新发展联盟，并发布了无锡宣言，倡导要认真落实长三角一体化发展战略，促进长三角国家高新区扩大开放合作，推动重大科研设施、基础研究平台等创新资源开放共享，加强产业链上下游企业对接，构建更加完善的产业生态体系，打造我国集成电路产业发展的重要创新引擎，协同推进我国集成电路产业实现高质量发展。联盟成员的 6 家国家高新区集聚了我国集成电路产业从材料到设计、制造，再到封装、测试的全产业链上的优势资源，2020年6家高新区集成电路产业产值超过3500亿元，占到我国集成电路产业总产值的近40%。

创新资源开放共享提升国际竞争力。在倡导认真落实长三角一体化发展战略的同时，长三角国家高新区也积极推动扩大开放合作。作为全国科技创新资源和载体最为密集的区域之一，长三角拥有集成电路产业重点研发公共服务平台49个、集成电路相关"双创"基地30个、国家级及省级产业园区36个，覆盖了新一代信息技术、高端装备、新能源、新材料等产业发展的主要领域。同时拥有8所国家示范性微电子学院、5个国家集成电路人才培养基地、2个国家集成电路产教融合创新平台，在集成电路领域的基础研究、应用基础研究、产业技术创新及高技能专业人才培养等方面的优势较为突出。长三角地区在集成电路产业的3个重要细分领域，即设计、制造和封测，占据全国的比例分别达到57%、51%和78%，超过了半壁江山。全球十大晶圆代工企业中的3家、全球十大封装代工企业中的2家、国内6家初具规模的IDM企业中的5家总部位于长三角，全球代工龙头台积电在国内设立的2座代工厂均位于长三角，全球封装排名前二的企业日月光（ASE）和安靠（Amkor）在国内设立的工厂也均坐落于长三角，国内设计业前十强有3家总部也位于此。

产业协同加速推动区域发展。作为我国集成电路产业的重要地区，长三角三省一市在产业发展方面各具特色，彼此优势互补。联盟加快实施一体化发展战略，取得了初步的区域布局效益。上海在集成电路设计与制造方面具有明显的综合竞争优势，以芯片制造和设计为主导，设备原材料和封装协同发展。江苏集成电路产业链完备，配套能力强，芯片设计与制造能力快速提升，封测产业的产值占全国的一半。浙江新兴的集成电路设计企业加速集聚，在硅材料生产、特种工艺芯片制造和行业应用等领域具有明显的优势。安徽发展新型显示、存储芯片、驱动芯片、家电芯片等特色产业较快，具备较强的成本优势。联盟充分利用各自的优势，通过加强区域内产业协同和协作，推动集成电路产业的跨区域发展，进一步提升全球竞争力。例如，华虹半导体在上海外扩建设 12 英寸晶圆制造线；中芯国际向西进军，在浙江宁波和绍兴布局两条 8 英寸特色工艺生产线；长电科技在上海设立区域总部和创新中心，超硅半导体在合肥建立大硅片生产基地。

4. 对口帮扶：国家高新区对口帮扶促进乡村振兴发展

一直以来，国家高新区认真贯彻落实党中央关于巩固拓展脱贫攻坚成果推进乡村振兴战略决策部署，坚持把实施乡村振兴战略作为新时代"三农"工作的总抓手，始终心怀"国之大者"，全面推进乡村振兴各项工作不断取得新进展新成效。国家高新区扎实开展结对帮扶工作，积极与定点帮扶县在公益项目、产业项目、民生福祉、人才发展等领域开展一对一结对帮扶工作。紧紧围绕构建"产业互补、人员互动、观念互通、发展共赢"的对口帮扶工作新格局，为社会主义现代化建设贡献力量。

公益项目帮扶助发展。国家高新区深化健全完善全域结对帮扶机制，通过开展公益资源对接、支持项目实施等活动，搭建社会力量参与乡村振兴的互联网平台，为助力巩固拓展脱贫攻坚成果同乡村振兴有效衔接提供支持。例如，成都高新区 30 家单位与甘孜州德格县 36 家单位建立全域结对帮扶关系。其中，机关、街道、社区两年捐资捐物计 231 万元，集中解决了部分制约当地经济社会发展的基础条件问题；杭州高新区（滨江）对口帮扶景宁畲族自治县，通过"寻味家乡·直播助农"活动、丁香园基层医生赋能计划、"纠正双姿近视防控"教师公益培训项目、"用一支笔，撬动梦想"公益送课项目等公益项目聚焦"助农、助医、助学"，积极引导公益组织、互联网企业参与"双百村结对行动"，打造公益帮扶助力民族乡村振兴的"滨江样本"。武汉东湖高新区拿出 200 万元资金对口帮扶恩施建设，聚焦恩施市板桥镇中药材产业发展，拿出 30 万元进行相关补贴，大力支持恩施市主播培育工作，共同谋划全市 2022 年乡村振兴带头人。

产业项目帮扶强赋能。国家高新区运用"项目赋能"帮扶振兴模式，坚持需求导向和赋能导向，把帮扶落实到当地振兴发展需要的项目上，通过抓好基础、补齐短板、优化环境、链接资源，逐步形成推进帮扶地区产业高质量发展的强大合力，助力帮扶地区全面构建现代特色优势产业体系，激发乡村振兴内生动力。例如，成都高新区对口援建甘孜德格十余载，立足德格的资源禀赋，援建拥有牧俗风情体验园区的独木岭村、成功举办首届德格县民间文创交易盛会的康巴文化中心博览园等特色文化旅游项目，为当地文旅产业发展注入新动能。成都高新区协助德格新建数字牦牛产业管理信息平台，助力德格县从养殖大县向产业强县转变。珠海高新区与化州市合江镇紧紧围绕"高新企业＋合江资源""高新总部＋合江基地""高新研发＋合江制造"模式展开系列产业合作，以科技助农，共同推动合江镇现代化农业产业高质量发展，共同谱写乡村振兴、共同富裕的美好篇章。组织海峡两岸农业科技股份有限公司赴对口帮扶的化州市合江镇下乡试点测土配方施肥，用实际行动助力合江镇农业产业高质量发展、提质增效，全力推进乡村全面振兴。武汉东湖高新区（光谷）充分发挥光谷光电子、生物医疗、科技创新优势，搭建产业协作交流平台，引导企业赴恩施市投资兴业，推进优势特色种养殖业领域企业深度合作，协助恩施做大做强生态文化旅游、硒食品精深加工、生物医药、清洁能源等四大产业集群，以产业振兴带动组织、文化、人才、生态全面振兴。

民生项目帮扶增福祉。国家高新区聚焦教育、医疗、基础设施等领域，将民生帮扶与满足群众幸福生活需要紧密结合，用一项项"有温度"的举措、一件件"暖民心"的行动，不断增进民生福祉。针对帮扶地区干部人才发展的"瓶颈"问题，国家高新区实施"干部人才队伍建设工程"，"1+1"结对帮扶，传授业务知识、工作技巧；分类分层举办培训班，加大本地干部人才的培养力度。例如，成都高新区通过开展一系列专题研培会和示范公开课，帮助德格新入职的253名教师快速完成角色转换，更好、更快地适应工作岗位；

医疗系统建立跨区域医联体"对口帮扶"工作，多名有副高级职称的专家实地参与医疗援建，助推德格医疗卫生事业发展。2021年以来，已带动就业近3000人，上万名群众的医疗条件实现改善提升。支持当地改造建成了德格县藏医技能职业培训学校，聘请知名藏医授课，与专业化高等院校和科研机构合作，为德格定向培养更高层次的藏医药人才。武汉东湖高新区携手恩施共同培养党政人才、专技人才、创业致富人才"三支队伍"，将光谷的先进理念、创业精神、成熟机制逐步融合到对口帮扶地区的发展之中，打造一批"带不走的人才队伍"，为恩施市乡村振兴奠定本土人才基础。

5. 南北互动：深哈产业园打造科技赋能东北振兴示范样板区

2018年9月，习近平总书记在深入推进东北振兴座谈会上强调了推动东北振兴与京津冀协同发展、长江经济带发展、粤港澳大湾区建设等国家重大战略的对接和交流合作，并提出以东北地区与东部地区对口合作为基础，促进南北互动。深哈产业园是广东省和黑龙江省深入贯彻习近平总书记重要讲话和指示精神的重要项目。4年来，深哈产业园积极探索南北互动发展的有效途径，其"政府推动、企业主体、市场运作、合作共赢"的南北合作方式，为推进东北振兴提供了重要助力。截至2023年上半年，园区累计注册企业超550家，注册资本超200亿元；签约入驻比例达80%以上。深哈产业园被国家发展改革委列为对口合作典型经验向全国推广、被科技部确立为赋能东北振兴试点示范区。

双方共同开发运营打造对口合作硬核标杆。作为深哈合作的首个"飞地经济"项目，深圳市属国企深圳市特区建设发展集团有限公司与哈尔滨水务投资集团有限公司合作，共同出资组建深圳（哈尔滨）产业园投资开发有限公司，并由双方派驻的管理团队共同运作，成为深哈产业园的实际"操盘手"。深哈产业园还致力于复制深圳的成功经验，将深圳在行政审批、城市建设、招投标改革和人才政策等方面的优秀做法复制到哈尔滨，进一步提升了营商环境的质量。同时，深哈产业园通过实施"七个帮"工作，全方位支持企业的发展需求，提供市场、资金、手续、人才、成本、供应和展会等方面的支持服务，确保服务周到、及时和有效。成功建成和启动了科创总部项目，华为鲲鹏、华付科技等一批新兴产业项目成功入驻，深哈合作已经开启了全面融合发展的新篇章。

产学研合作推动科技成果异地转化。深哈产业园致力于构建产学研合作机制，与哈尔滨大学等高等院校建立紧密的合作关系，促进科研机构与企业之间的合作，加速科技成果的转化和应用。积极搭建科技成果转化平台，提出了"哈尔滨大学大所 + 深哈产业园 + 深圳科技企业"的"1+1+1"产学研深度融合的合作机制，将深圳市场资源与哈尔滨的科研资源和市场化资源有效连接起来，为科技成果的落地和转化提供平台载体。另外，深哈产业园拓展合作资源，积极梳理深圳龙头企业的科技需求，并与当地的科技成果进行匹配。通过推动园区天使基金和产业基金的市场化运作，为科技成果的转化提供资金支持和投融资渠道。同时举办科技项目路演和赛事活动，提供展示和对接的平台，如深哈论坛和国家科技计划成果路演等旨在促进资源的整合，吸引更多的投资和合作机会，进一步推动科技成果的转化。其次，加快建设省科技成果交易中心，推动高新区科技成果的收储、评估、转化和交易市场化和专业化。此外，深哈产业园还深入贯彻省级"新一轮科技型企业三年行动计划"和市级的"雏鹰计划"，引进高端科技创新要素资源，推动区域创新中心的建设。

政策支持合作开放平台发展。深哈产业园重点加强政策和资金对开放合作平台及总部企业的倾斜力度，符合园区产业准入目录的企事业单位（包括500强企业、上市企业和总部企业等12类企事业单位）可享受最高3年的免租政策。此外，为吸引高端人才加入，深哈产业园还推出了人才住房免租政策，为入园企业的专家和人才提供最高3年的公寓免租优惠。在政策加持下，国际人才工作站、深圳国际仲裁院等机构投入运营。另外，通过采取"揭榜挂帅""赛马"等方式，组织实施重大科技专项，在数字技术、生物技术、智能装备、现代农业、生命健康、新能源、新材料等领域加快攻克一批关键核心技术，确保科技创新成为振兴发展的"最大增量"和"关键变量"。同时，全面落实支持深哈产业园打造科技赋能东北振兴示范园区的工作任务，未来计划实现将1家科技领军企业引进片区，带动千人就业落户。借助深哈合作契机，以深哈产业园区为依托，开创深哈数字经济合作新局面，在深哈产业园辟建数字经济核心产业带，瞄准引入数字经济头部企业，构建数字经济垂直领域专业集聚区。

6. 东西合作：张江—兰白高新区携手打造东西部合作科创共同体

自2014年年底科技部批准设立兰白科技创新改革试验区以来，上海张江国家自主创新示范区充分发挥自身辐射带动作用优势，对口支援建设支持，打通"一带一路"由东部向西部技术与产业转移的主干道，并以此进行成果转化、人才交流、创新创业。兰白两区内集聚了全省48.6%的高新技术企业、30%的科技型中小企业、29%的战略性新兴骨干企业、41%的上市企业。科技成果转化捷报频传，华隆芯光刻胶配套材料技术填补国内空白，白银图微新型绿色高性能材料聚合硫酸酯（PSE）打破了国外技术垄断。

顶层谋划，高效畅通合作机制。通过双轮驱动、协力抓建、联动推进，甘肃兰白—上海张江科技合作走出了东西部科技合作的新路子。近年来，甘肃兰白——上海张江密切联系，深入合作，部、省、市、区共绘同心圆，专门成立由省政府主要领导任组长，科技部、上海张江高新区为副组长单位，省有关部门和兰州、白银两市政府为成员单位的工作推进领导小组，兰州、白银两市分别建立以党政主要领导为组长的组织领导机制，部署重大任务，形成上下联动、共同推进的决策协调机制。积极互派干部挂职，在上海举办兰白创新创业培训班。顶层会晤联系紧密，始终把深化与上海张江战略协作作为推动兰白两区高质量发展的最强外力。围绕十大绿色生态产业，促成多家上海高科技企业与两区内企业达成合作意向。

平台＋服务促进科技与经济发展共舞。兰白地区构建了技术转移转化平台和信息共享平台，建立完善了政策咨询、知识产权保护、技术交易、科技金融等技术转移配套服务体系，把握区域创新发展的新需求、新趋势。甘沪围绕新能源、生物医药、科技金融、大数据等领域共建兰白·张江生物医药科技园和白银银西生物医药产业园，全力促成两区与中国科学院上海药物研究所、上海中医药大学，上海长三角科创企业服务中心、上海超级计算中心、《中国企业报》中企视讯等开展关联项目合作共建，形成"1+8"合作内容，聚力打造张江·兰白·上中医中药经典名方研究院、张江·兰白先进能源技术创新平台和张江·兰白科创企业服务中心三大平台。在平台＋服务的驱动下，张江、兰白科技创新改革试验区技术转移中心、国家技术转移东部中心兰白科技创新改革试验区分中心先后成立。兰白区内集聚了全省 62.5% 的新型研发机构、60% 的创新联合体，动物 P3 实验室建成运营，"兰飞医疗器械心脏瓣膜外科创新技术""中农威特口蹄疫流行毒株高效疫苗研制与应用"荣获国家科学技进步奖二等奖，口蹄疫疫苗占全国 60% 市场份额，兰州生物制品研究所肉毒毒素国内市场占有率达到 77%，产品出口 20 多个国家和地区。

活动＋金融赋能区域合作再扩版图。按照"携手上海张江、聚焦科技前沿、共谋创新发展"的合作理念，甘肃和上海联合共办 5 届兰州科技博览会和兰白两区企业张江行、张江兰白服务企业直通车暨两区专场线上推介会等活动，通过"两地联动＋领域互动""线下组织＋线上展示"等形式常态化活动，积极发掘带动兰白两区产业发展与提升的企业（项目），促成甘沪企业开展联合科研攻关和科技成果转化，丝绸之路国际知识产权港有限责任公司和上海新诤信知识产权服务股份有限公司共同签订相关合作协议等，促成兰州和盛堂制药公司与上海张江高新区内汉圃新材料科技有限公司等企业开展联合科研攻关；上海联影、河马动画和网仕科技等企业通过参展与当地相关单位建立了业务关系，创新基地建设、创新合作圈层不断深化。2016 年，兰州高新区依托上海久有股权投资基金管理有限公司建立张江·兰州科技金融创新平台，通过多种方式配资，设立总规模 6 亿元的兰白张江基金，兰州高新久有投资基金总规模 10.1 亿元。"基地 + 基金"模式成功引进上海炫踪网络、米大科技等企业落地区内。2021 年兰白两区地区生产总值（GDP）首次突破千亿元，增幅 18.5%。兰州、白银两个高新区在国家高新区排名均上升 12 位，兰州经开区在全国经开区排名上升 18 位，兰州新区地区生产总值增速连续 5 年领跑国家级新区。

八、城市更新，打造宜居宜业宜创高品质生态标杆

新时代十年，国家高新区坚决贯彻"绿水青山就是金山银山"的发展理念，坚持以人为本，全面书写"以绿为底色"的现代经济画卷，成为引领我国经济、科技、社会、生态全面高质量发展的标杆。

（一）绿色低碳集约水平持续提升

1. 积极构建现代环境治理体系，绿色集约发展成效突出

国家高新区坚持走创新、协调、绿色发展的新型工业化道路，通过完善环境管理体系认证，创新环境保护和绿色发展政策，积极推动构建现代环境治理体系，生态环境质量改善取得积极成效，一批国家高新区已经成为所在城市能耗最低、生态最优、环境最美的区域。高新区把生态文明和绿色发展放在园区建设的突出位置，169家高新区中超过91.1%的园区出台了环境保护和绿色发展政策，超过50%的园区获得国际或国内认证机构评定认可的ISO14000环境体系认证。高新区平均绿化覆盖率达到41.3%，森林覆盖率平均为29.1%，高新区PM2.5低于50的天数平均为256.7天，空气质量排名前20位的国家高新区PM2.5低于50的天数均在350天以上。西安高新区掀起"建设美丽西安、打造绿色之城、花园之城"行动的新高潮，着力打造"绿色高新、花园高新、生态高新"；绵阳高新区以改善环境质量为核心，实行最严格的环境保护制度，大力实施蓝天、碧水、绿地"三大行动"，加快推进生态环境治理体系和治理能力现代化。

2.绿色低碳技术研发和产业加速发展，助力实现碳达峰碳中和

加快形成绿色发展方式和生活方式，发展绿色低碳产业、加快低碳技术研发、推动传统产业绿色转型，助力实现碳达峰碳中和是国家高新区新时代十年经济社会发展的新课题。2021年1月，科技部组织实施"国家高新区绿色发展专项行动"，并印发《国家高新区绿色发展专项行动实施方案》。同年6月8日，科技部火炬中心联合西安高新区、武汉东湖高新区、成都高新区、苏州工业园区、合肥高新区等12家国家高新区共同发起《国家高新区"碳达峰碳中和"行动宣言》，吹响了国家高新区"双碳"发展的号角。2021年，高新区工业企业万元增加值综合能耗为0.403吨标准煤，优于国家生态工业示范园区标准相关指标值和全国平均水平，土地利用效率、亩均产出均处于全国先进水平。在工业和信息化部公布的多批次国家级绿色制造名单中，贵阳高新区、南昌高新区、厦门火炬高新区、湘潭高新区等国家高新区先后被评为国家级绿色园区，一大批绿色工厂也出自国家高新区。

（二）产业发展与城市功能深度融合

1.城市设施与形态不断完善，推动构建产城融合科技新城

国家高新区持续践行产城融合发展理念，不断完善城市功能，探索城市更新，加快建设公园城市，布局创客小镇、产业社区、口袋公园等新型宜居、宜业、宜创园区形态，打造万物互联、生活便利、社交活跃、数据共享的城市新空间，成为实践产城融合理念的前沿阵地。成都高新区推进"人城境业"和谐统一，将高度复合的功能植入城市建设，导入文化设施，设置公共文化区、高端商务办公区、活力办公区、核心商业商务区、领事馆配套酒店商务区、高品质住宅区等，满足人各方面需求的科技新城；宁波高新区推动新型工业化和城镇化良好互动，以高新科研平台的打造带动北区新城发展，以小城镇环境综合整治带动北区老城区发展，在宁波市率先打造科产城融合高质量发展的品质新城。

2. 公共服务水平持续提升，增强园区吸引力和凝聚力

国家高新区不断完善基础设施配套和商务、休闲、居住等城市功能配套，推动教育、医疗、养老、托育、商务、文化、娱乐、体育等公共服务设施发展，不断满足人民群众对美好生活的向往，进一步提升对高端人才的承载力和凝聚力。西安高新区以阅读为切入点，加大力度、创新模式，建设了一批各具特色、深受市民喜爱的阅读吧、街头朗读亭、小书屋等。合肥高新区加大民生项目建设力度，引入建设了合肥七中、中加国际学校、创新实验小学、安徽医科大学第一附属医院高新院区等一大批优质学校和医院项目，银泰百货高新店等高端商业配套，谋划建设了合肥国际人才城等国际化公共服务设施。

（三）数字赋能提升园区治理水平

1. 基础设施向数字化智能化发展，不断强化创新场景应用

"十三五"以来，我国大力推动"互联网+"、工业互联网发展，国家高新区作为高新技术产业发展的主战场、创新驱动发展的前沿、地方经济的核心增长极，抢抓发展先机。上海张江、杭州等高新区以建设智慧园区为目标，加大新基建投入，不断完善云、网、端、数据中心等信息化基础设施，促进虚拟空间与实体区域的有机融合，促进创新创业与城市生活深度互融。面向低时延、高可靠、广覆盖的网络需求，众多高新区加大工业互联网内外网改造力度，大力建设5G基站，为积极探索研发设计、视觉检测、视频监控、智慧物流、巡检运维等重点工业场景的创新应用奠定基础；同时加快城市大数据中心等算力基础设施，以及人工智能超算中心、人工智能开源平台等人工智能算力基础设施建设。"5G+云+AI"作为新型基础设施，被越来越多的高新区应用于各种场景，加速向智能制造的升级。

2. 园区治理向数字化精细化转变，积极拓展数字城市新空间

国家高新区作为数字化技术集中的区域，数字化管理从早期以电子政务为代表的信息化阶段，逐步向园区全面的数字化阶段、智能化阶段转变，通过人工智能、区块链等新一代信息技术与园区业务需求融合，信息技术应用与业务重构开始走向"立体化"和"全方位"。中关村、上海张江、杭州等一流园区推动信息技术广泛渗透到经济社会各个领域，初步形成万物互联、智能感知、社交活跃、数据共享的城市新空间。武汉东湖、合肥、淄博等高新区根据多维度数据对企业进行画像，使得需求端从"千人一面"向"千人千面"转变，企业可以通过统一的平台享受一站式服务，不用再线下"来回跑"、各部门"串门跑"。基于多维大数据的智能化分析与判断，高新区实现经济调节、市场监督、环境保护、社会治理等领域的精准感知、精准分析、精准监督与精准反馈，帮助园区作出智能、科学的决策。

（四）高品质生态园区案例

1. 苏州工业园区：高颜值园区典范

苏州工业园区自规划设计起，就秉承适度超前原则，先规划、后建设，先建地下、后建地上。在充分借鉴新加坡和国际先进城市规划建设经验的基础上，不仅编制了独具特色的园区总体发展规划，还先后出台了 300 余项刚性约束极强的专业规划，形成了严密完善的规划体系。园区始终坚持一张蓝图绘到底，1994 年编制的园区总体规划手绘图与现在园区实景图相似度高达 90%。科学合理的城市规划和空间布局，塑造了园区宜居、宜业、宜人的城市风貌。园区的地标建筑设计面向国际征求方案，坐卧金鸡湖畔的文化艺术中心与江南水乡园林氛围相结合，打造出金鸡湖畔极具苏州风格的璀璨明珠。引进新加坡新型社区服务理念，邻里中心为居民提供一站式的生活配套服务。星罗棋布的绿色开放空间和风景如画的湖泊及河道交相辉映，为城市居民提供了

优质的生活环境。

2. 安康高新区：产城绿融合发展新路径

安康高新区作为陕南地区唯一的国家高新区，肩负着既要严格保护生态环境又要引领区域创新发展的双重政治使命。近年来，安康高新区探索走出了一条"生态立区、产业强区、城建兴区、开放活区"的产城绿融合发展新路径，推动高质量发展不断取得新成效。近年来，安康高新区抢抓中心城市重心北移机遇，打造宜居、宜业、宜旅的现代城市新中心，先后建成市政道路130公里，新增商业100万平方米，引进入驻大连万达、上海复星、上海均和等大型集团和红星美凯龙、奥特莱斯等多个高端品牌项目，自主培育高新中学、高新医院等一批名校名医。秉持"公园城市"理念，大力实施"森林高新"建设，建成开放8大主题公园和银杏、红枫、垂柳、樱花、青松等5条绿化景观长廊，特别是以桃花为主要元素、占地数百亩的"桃花源"日均游客达2万人，辖区绿地率达40%以上，成为秦巴地区首个4A级全域旅游城市。

3. 杭州高新区：建设智慧园区

自提出"数字滨江"建设目标以来，杭州高新区联合阿里巴巴、海康威视、紫光集团等一批数字经济领军企业，构建杭州城市大脑滨江平台，打造"区级系统平台横向融合，特色应用纵向齐放"的智慧园区。智慧园区架构上，采取"一张蓝图、一个平台、一个目标、一个界面"的建设思路。一张蓝图指以信息共享、互联互通为重点，强调统一顶层规划、统一架构，充分整合基础设施资源、公共信息资源和终端资源，切实避免"烟囱式建设"；一个平台指通过数据中枢的建设汇聚全区数据，破除数字孤岛问题；一个目标指在建设世界一流科技园区的目标下引领供给创新，满足政府、企业和公众等多方面的需求，提升群众获得感和满意度；一个界面指在一个界面上实现跨部门的业务协同，推动政府管理逻辑和管理关系的重新梳理与定位。

4. 武汉东湖高新区：探索绿色技术应用

武汉东湖高新区聚焦高质量绿色发展，在大气污染防治、水污染监控与治理、固体废弃物处理、节能环保等领域关键核心技术持续取得突破，省级以上创新平台绿色领域占30%左右，并正在打造全球碳中和工程科技创新中心。依托优势产业跨界融合加大先进适用技术研发和应用推广。其中，"数字＋绿色"领域已涌现40余家优质企业，包括日新科技、回收哥、象辑知源等，回收哥的"互联网＋分类回收"模式被国家发展改革委收录为全国"互联网＋行动"百佳案例。"北斗＋绿色"领域涌现出依迅北斗、梦芯科技、荣创科技、珞珈科技等多家企业，推动北斗导航技术应用于生态修复、城市环卫等多个领域，依迅北斗试点实现了碳排放监测、分析及交易的全链条技术打通。"光电子＋绿色"领域涌现出帝尔激光、中能天华等优质企业，将芯片技术、激光技术广泛应用于绿色领域，帝尔激光应用精密激光技术实现光伏电池转换效率提升，约提升6%。

5. 无锡高新区：建设零碳科技产业园

无锡高新区以太湖湾科创城为承载地，建设江苏省内首个以"零碳"为主题的科技产业园，设立了全国首支零碳风险投资基金、红杉低碳科技产业孵化中心、远景零碳数字创新中心、"双碳大脑"方舟碳管理平台，强化资本赋能、技术赋能、市场赋能、生态赋能、政策赋能，推动低碳科技企业、创新平台和研发机构在无锡高新区集聚发展。围绕减碳、零碳和负碳核心技术，无锡高新区形成以新能源、储能、微电网、新材料为支撑的绿色产业体系，集聚低碳领域企业300多家。节能环保产业领域集聚规上企业90余家，拥有威孚环保、华光锅炉、小天鹅、东元电机、科特拉汽车环保等一批骨干企业，规模大、技术水平高、市场竞争力强。新能源产业领域集聚规上企业20余家，拥有尚德、隆基硅材料、隆玛科技等一批头部企业。

九、国家自创区先行先试，以科技现代化支撑中国式现代化

（一）国家自创区在应对国际金融危机中显身手

1. "危中求机"，国家自创区建设实现"三步走"

国家自创区是在全球金融危机和提振我国宏观经济的大背景下产生的，是以自主创新为核心内涵，以体制机制改革和政策先行先试为主要特征的特殊功能区。随着我国从"自主创新"走向"科技自立自强"，自我国首家国家自主创新示范区——中关村自创区挂牌成立以来，自创区的国家政策导向从酝酿到起步，再到后来的规模拓展，大致经历了3个不同的发展阶段。在不同的政策导向下，自创区的数量和规模也在不断发展壮大，截至2022年年底，依托66家国家高新区，已建立23家国家自创区，国家自创区探索推动创新改革和政策先行先试，日渐成为深化科技体制与创新发展的试验田。

（1）酝酿期（2009年3月前）

2006年1月，中共中央、国务院召开全国科学技术大会，作出了《关于实施科技规划纲要增强自主创新能力的决定》，确定了"自主创新、重点跨越、支撑发展、引领未来"的指导方针，提出了建设创新型国家的总体目标，标志着我国特色自主创新道路正式开启，高新区进入以增强自主创新能力为重点的二次创业阶段。2006年，时任国务院总理温家宝指出国家高新区"四位

一体"的功能定位 [①]，提出以增强自主创新能力为核心的"二次创业"发展战略目标要求 [②]。在这一阶段，不少国家高新区开始聚集科技要素，加大科技成果转化和技术创新，内生增长动力不断增强，已经具备"科技工业园"的特征。2008 年金融危机带来全球经济衰退，此时恰逢我国经济处于下行期，我国宏观经济政策调整为"保持经济平稳较快发展"。2008 年，54 个国家高新区营业收入突破 6.6 万亿元，较 2007 年增长 20.0%，在国际金融危机中发挥了经济稳定器的作用，但是仍面临科技创新体制不灵活、科技成果转化效率不高、政策支持方式单一、土地空间发展有限等更深层次问题，亟须在更高层次提升改革和探索空间，以加快我国自主创新的进程。

2009 年，国务院作出了"支持中关村科技园区建设国家自主创新示范区的决定"，自创区正式迈入我国历史舞台。可以说，自创区是我国改革开放以来，第一次体系化应对金融危机的重大举措。这种特殊的历史背景和政策需求，使得自创区从挂牌成立之初，就与国家高新区有着千丝万缕的联系。站在历史回顾的角度，两者具有很多共性特点，如都把实现高水平自主创新作为重要目标，都要追求推进自主创新、政策试点和机制体制改革等方面的先行先试，有些自创区甚至直接由高新区管委会代管，"两块牌子、一套人马"。但两者又有区别，这种区别最充分地体现在两者功能目标上。作为高新区的升级版，自创区对体制机制创新和政策先行先试的功能要求更高，国家部委给予探索的空间和支持力度更大。

（2）起步期（2009 年 3 月至 2012 年 11 月）

这一时期，在科技部推动和国家高新区地方的强烈要求下，国家率先批复

---

① 即高新区应建设成为促进技术进步和增强自主创新能力的重要载体，成为带动区域经济结构调整和经济增长方式转变的强大引擎，成为高新技术企业"走出去"参与国际竞争的服务平台，成为抢占世界高新技术产业制高点的前沿阵地。

② 根据 2006 年 1 月 9 日温家宝在全国科学技术大会上的讲话整理。

了2家自创区，即中关村自创区（2009年3月批复）和武汉东湖自创区（2009年12月批复），形成一南一北对望格局，开启了以自主创新为主题的体制机制改革和先行先试探索。

伴随着改革和政策的实施，2家自创区在自主创新方面取得显著成效。2家自创区先行先试地探索了自主创新体制机制改革，在培育大批高新技术企业，催生大量高水平科技成果的同时，激发了科技创新活力，为经济增长新动力的产生和壮大带来了引领示范，其路径探索为后来我国自创区的规模化建设提供了依据和样板，为我国后续深化科技体制机制改革提供了宝贵的经验参考。

自创区前期在自主创新的改革探索和取得的成效得到党中央、国务院高度肯定和重视，2012年9月，中共中央、国务院印发了《关于深化科技体制改革加快国家创新体系建设的意见》，指出要逐步推广中关村等自创区试点经验和相关政策，完善自创区区域创新发展机制，充分发挥其在区域创新中的辐射带动作用。

（3）拓展期（2012年11月至今）

自党的十八大以来，习近平总书记提出要深入实施创新驱动发展战略、加快建设科技强国，国家自创区成为我国实现自主创新发展的重要战略和重要抓手。2016年8月，国务院印发的《"十三五"国家科技创新规划》指出，要拓展创新发展新空间，紧密结合国家重大战略，按照"东转西进"的原则优化布局，依托国家高新区再建设一批国家自主创新示范区。支持国家自主创新示范区先行先试，全面深化科技体制改革和政策创新，结合功能提升和改革示范的需求建设创新特区。

习近平总书记多次指出，"当今世界正经历百年未有之大变局"，我国已转向高质量发展阶段，新一轮科技革命和产业变革深入发展，科技竞争愈加激烈，国际力量对比深刻调整，国际环境日趋复杂。2020年10月，党的十九届五中全会会议审议通过了《中共中央关于制定国民经济和社会发展第十四个五年规划和二〇三五年远景目标的建议》，提出要深入实施区域重大战略，"强化国家自主创新示范区、高新技术产业开发区、经济技术开发区等创新功能"。2021 年 9 月，习近平总书记在中关村论坛发表重要视频致辞指出，中国支持中关村开展新一轮先行先试改革，加快建设世界领先的科技园区。2022 年 3 月，中关村新一轮的先试工作正式启动，这次改革更具有系统性，是试图从体制机制方面出台一揽子政策去构建支持自主创新的新体系，标志着以中关村为代表的自创区建设进入了一个新的历史发展阶段。

在推进科技体制改革和科技创新、加快建设创新型国家和科技强国、增设自创区及"东转西进"的政策背景下，国务院又批复了上海张江、深圳、珠三角等 21 家国家自创区，达到国家自创区大规模建设的顶峰。这一期间，区域经济较为发达及国家高新区基础较好的省份积极参与自创区建设，一方面全面贯彻落实先行先试政策；另一方面也开展了极具地方特色的创新探索，一时间百花齐放。这一阶段，我国自创区建设工作稳步推进，形成了系统布局、多点辐射、全面带动、引领发展的良好态势，已经成为支撑引领区域发展的创新高地、培育壮大新产业新动能的重要引擎、汇聚高端创新资源和要素的重要载体、开展国际科技竞争与创新合作的前沿阵地。

2. 近五成自创区聚集东部地区，城市群趋势特征显著

截至 2022 年年底，国务院已先后发文批复同意建设了 23 家国家自主创新示范区，覆盖了 21 个省（自治区、直辖市），涉及全国 60 个城市，涉及 66 家国家高新区。其中，广东省和浙江省分别拥有 2 家自创区。

从自创区所属的区域来看，基本呈现从沿海到内陆，从东部到其他区域扩展的趋势。截至 2022 年年底，东部地区自创区分布最为集中，数量达到 10 家，其次是中部地区；西部地区从 2015 年起批复数量快速增长，自创区数量目前和中部地区持平，均为 5 家；东北地区自 2016 年以来共批复 3 家（图 9-1）。

从自创区在城市分布特点来看，呈现从单个城市主体建设向以城市群为基本建设单元转变的趋势。截至 2022 年年底，共有 10 家自创区以单个城市为基本建设主体，有 13 家自创区以城市群为基本建设主体（表 9-1）。其中，自创区城市覆盖居前 4 位的分别是珠三角、鄱阳湖、山东半岛、江苏苏南城市群，覆盖的城市均在 5 个以上。

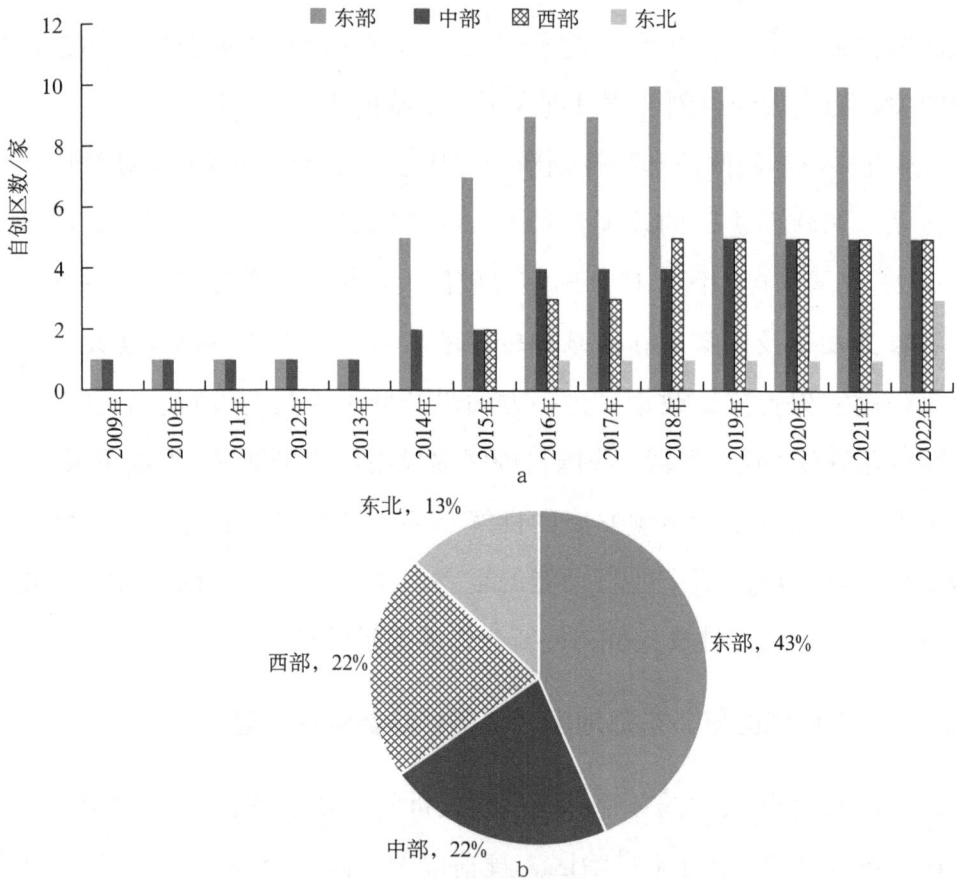

图 9-1　2022 年年底我国自创区区域分布示意

表 9-1　自创区建设主体分布特点

	单个城市	城市群
分布 情况	中关村 武汉东湖 上海 深圳 天津 成都 西安 杭州 重庆 长春	苏南（覆盖城市 5 个） 珠三角（覆盖城市 8 个） 长株潭（覆盖城市 3 个） 宁波温州（覆盖城市 2 个） 山东半岛（覆盖城市 6 个） 沈大（覆盖城市 2 个） 郑洛新（覆盖城市 3 个） 福厦泉（覆盖城市 3 个） 合芜蚌（覆盖城市 3 个） 兰白（覆盖城市 2 个） 乌昌石（覆盖城市 3 个） 鄱阳湖（覆盖城市 7 个） 哈大齐（覆盖城市 3 个）

3. 创新示范效果日趋突显，有力支撑我国科技创新

从自创区空间范围来看，根据国务院对自创区批复文件，各自创区主要依托高新技术产业开发区建设，区域范围为"国务院有关部门公布的开发区审核公告确定的四至范围"。但在实际发展过程中，各自创区区域管辖范围已突破国务院批复的四至范围。截至 2020 年年底，自创区实际管辖面积达到 14 695.5 平方公里[①]，管辖范围已突破 1 万平方公里（表 9-2）。

通过对 23 家国家自创区在国民经济特别是在创新发展中的指标表现进行汇总分析，经过十多年的发展，国家自创区经济建设取得良好成效，成为创新驱动发展的"排头兵"，有力地支撑了我国科技创新。以下具体分析国家自创区在经济规模、企业主体、创新资源、创新成果、高技术产业等方面的数据表现。

---

① 基于科技部火炬中心对于 66 家国家高新区的最新统计数据汇总。

表 9-2　国家自创区实际管辖面积

序号	国家自创区	实际管辖面积/平方公里
1	中关村国家自主创新示范区	488.0
2	武汉东湖国家自主创新示范区	518.0
3	上海张江国家自主创新示范区	531.0
4	苏南国家自主创新示范区	2419.5
5	天津国家自主创新示范区	81.6
6	长株潭国家自主创新示范区	339.6
7	成都国家自主创新示范区	189.9
8	西安国家自主创新示范区	312.0
9	杭州国家自主创新示范区	361.2
10	深圳国家自主创新示范区	159.5
11	珠三角国家自主创新示范区	1806.9
12	山东半岛国家自主创新示范区	1278.7
13	沈大国家自主创新示范区	322.5
14	郑洛新国家自主创新示范区	309.5
15	合芜蚌国家自主创新示范区	457.4
16	福厦泉国家自主创新示范区	405.7
17	重庆国家自主创新示范区	1094.8
18	兰白国家自主创新示范区	483.3
19	宁波、温州国家自主创新示范区	215.0
20	乌昌石国家自主创新示范区	806.0
21	鄱阳湖国家自主创新示范区	932.0
22	哈大齐国家自主创新示范区	536.5
23	长春国家自主创新示范区	646.9
合计		14 695.5

经济规模主要指标表现。截至 2021 年，国家自创区实现 GDP 11.1 万亿元、工业增加值 4.5 万亿元、进出口总额 7.8 万亿元、实际利用外资 0.59 万亿元，

分别占全国同期①的 9.7%、10.0%、20.0%、51.4%。

企业创新主体主要指标表现。截至 2021 年，国家自创区拥有高新技术企业 9.4 万家、科技型中小企业 8.8 万家、上市企业总数达 1967 家，引入境外世界 500 强投资企业 1917 家。

创新资源主要指标表现。截至 2021 年，国家自创区聚集国家重点实验室 366 个，占全国的 68.7%；国家企业技术中心 744 个，占全国的 45.5%；国家工程实验室 101 个，占全国的 52.9%；国家级科技企业孵化器 604 个，占全国的 46.9%；国家备案众创空间 919 个，占全国的 36.0%；国家大学科技园 84 个。年末从业人员 17 849.2 万人，占全国就业人员的 2.5%，从业人员中具有研究生以上学历人员 164.2 万人、留学归国人员 22.7 万人、外籍常驻人员 6.0 万人、引进外籍专家 1.3 万人。

创新成果主要指标表现。截至 2021 年，国家自创区入统企业拥有 R&D 人员全时当量为 183.9 万人年，占全国同期的 32.2%；R&D 经费内部支出 8757.2 亿元，相当于全国 R&D 经费的 40.7%；实现当年授权专利 62.9 万件，占全国的 13.7%；申请 PCT 专利 3.3 万件，占全国的 45.6%；年末拥有有效专利 311.7 万件，占全国的 20.2%。产生了长寿命超导量子比特芯片、全球首款 96 核区块链专用加速芯片、细胞焦亡抗肿瘤免疫功能重大发现等一批具有世界影响力的重大技术创新成果。

高技术产业主要指标表现。截至 2021 年，国家自创区高技术产品出口总额达到 2.85 万亿元，技术服务出口总额达到 0.33 万亿元，自创区高技术产业营收占总营业收入比重达到 41.7%。

---

① 全国数据来源于《中华人民共和国 2021 年国民经济和社会发展统计公报》。

（二）以更大的格局、更大的魄力推进国家政策协同

1. 战略定位各具特色，有力支撑区域战略发展

在国家自创区获得批复之时，国务院下发的批复函中明确了国家自创区的发展定位，在国家自创区开展建设工作后，各国家自创区所在省（自治区、直辖市）政府也发布了关于加快国家自创区建设发展的实施意见，开展规划文件的研究制定工作。通过规划加强顶层设计，各国家自创区进一步确定了战略定位、发展目标。

从国务院对单个国家自创区建设的批复文件来看，均提到要全面实施创新驱动发展战略，积极开展创新政策先行先试，激发创新主体活力，培育良好创新创业环境，推进大众创业万众创新，全面提升区域创新体系整体效能；同意在享受国家自创区相关政策的同时，结合自身特点，开展科技体制改革和机制创新。从发展定位上看，各国家自创区按照国务院下发批复函的战略定位开展相关建设工作，发展定位多是围绕科技创新示范、体制机制改革、高科技产业培育、开放创新引领、军民融合示范、协同创新示范等方面展开；同时，不同的示范区结合当地特点，提出资源节约型和环境友好型社会建设、"一带一路"创新之都、西部创新中心等特色定位。总体来看，各国家自创区发展定位清晰、特色鲜明（表9-3）。

表 9-3　国家自创区的发展定位

序号	国家自创区	批复发展定位
1	中关村国家自主创新示范区	成为具有全球影响力的科技创新中心
2	武汉东湖国家自主创新示范区	成为推动资源节约型和环境友好型社会建设、依靠创新驱动发展的典范
3	上海张江国家自主创新示范区	成为培育战略性新兴产业的核心载体和实现创新驱动、科学发展的示范区域

续表

序号	国家自创区	批复发展定位
4	深圳国家自主创新示范区	建设成为创新驱动发展示范区、科技体制改革先行区、战略性新兴产业聚集区、开放创新引领区和创新创业生态区
5	苏南国家自主创新示范区	建设成为创新驱动发展引领区、深化科技体制改革试验区、区域创新一体化先行区和具有国际竞争力的创新型经济发展高地
6	天津国家自主创新示范区	建设成为创新主体集聚区、产业发展先导区、转型升级引领区、开放创新示范区
7	长株潭国家自主创新示范区	打造成为创新驱动发展引领区、科技体制改革先行区、军民融合创新示范区、中西部地区发展新的增长极
8	成都国家自主创新示范区	建设成为创新驱动发展引领区、高端产业集聚区、开放创新示范区和西部地区发展新的增长极
9	西安国家自主创新示范区	打造"一带一路"创新之都，建设成为创新驱动发展引领区、大众创新创业生态区、军民融合创新示范区、对外开放合作先行区
10	杭州国家自主创新示范区	建设具有全球影响力的"互联网+"创新创业中心，打造创新驱动转型升级示范区、互联网创新创业示范区、科技体制改革先行区、全球电子商务引领区、信息经济国际竞争先导区
11	珠三角国家自主创新示范区	建设成为我国开放创新先行区、转型升级引领区、协同创新示范区、创新创业生态区，打造成为国际一流的创新创业中心
12	山东半岛国家自主创新示范区	打造具有全球影响力的海洋科技创新中心，努力把山东半岛国家高新区建设成为转型升级引领区、创新创业生态区、体制机制创新试验区、开放创新先导区
13	沈大国家自主创新示范区	打造东北亚科技创新创业中心，努力把沈大国家高新区建设成为东北老工业基地高端装备研发制造集聚区、转型升级引领区、创新创业生态区、开放创新先导区
14	郑洛新国家自主创新示范区	打造具有国际竞争力的中原创新创业中心，努力把郑洛新国家高新区建设成为开放创新先导区、技术转移集聚区、转型升级引领区、创新创业生态区
15	福厦泉国家自主创新示范区	打造连接海峡两岸、具有较强产业竞争力和国际影响力的科技创新中心，努力把福厦泉国家高新区建设成为科技体制改革和创新政策先行区、海上丝绸之路技术转移核心区、海峡两岸协同创新和产业转型升级示范区

续表

序号	国家自创区	批复发展定位
16	合芜蚌国家自主创新示范区	打造具有重要影响力的产业创新中心，努力把合芜蚌国家高新区建设成为科技体制改革和创新政策先行区、科技成果转化示范区、产业创新升级引领区、大众创新创业生态区
17	重庆国家自主创新示范区	打造具有重要影响力的西部创新中心，努力把重庆高新技术产业开发区建设成为创新驱动引领区、军民融合示范区、科技体制改革试验区、内陆开放先导区
18	宁波、温州国家自主创新示范区	打造民营经济创新创业新高地，努力把宁波温州高新区建设成为科技体制改革试验区、创新创业生态优化示范区、对外开放合作先导区、城市群协同创新样板区、产业创新升级引领区
19	兰白国家自主创新示范区	建设成为科技体制改革试验区、产业品质跃升支撑区、人才资源集聚区、东西合作发展先行区、生态文明建设引领区
20	乌昌石国家自主创新示范区	打造丝绸之路经济带创新创业新高地，科技体制改革和创新政策试验区、创新创业生态优化示范区、科技成果转化示范区、新兴产业集聚示范区、转型升级引领区、科技创新国际合作先导区
21	鄱阳湖国家自主创新示范区	建设成为产业技术创新示范区、绿色发展引领区、开放协调发展先行区、创新政策和体制机制改革试验区，打造长江经济带经济与生态联动发展的创新高地
22	长春国家自主创新示范区	吉林全面振兴全方位振兴创新引擎区、体制机制改革先行区、东北亚开放创新枢纽区、创新创业生态样板区、"数字吉林"建设引领区
23	哈大齐国家自主创新示范区	建设成为体制机制改革创新试验区、老工业基地和创新型城市转型示范区、创新创业生态标杆区、对俄及东北亚协同开放先导区

注：以上是将国务院同意支持各国家自创区建设的批复函进行整理而得。

自 2012 年以来，国家共谋划京津冀协同发展、长三角一体化发展、长江经济带发展、粤港澳大湾区建设、黄河流域生态保护和高质量发展等区域重大发展战略。五大区域重大发展战略共覆盖全国 26 个省（自治区、直辖市），包括 18 家国家自创区，即中关村国家自主创新示范区，天津国家自主创新示范区，上海张江国家自主创新示范区，苏南国家自主创新示范区，杭州国家自主创新示范区，宁波、温州国家自主创新示范区，成都国家自主创新示范区，深圳国家自主创新示范区，珠三角国家自主创新示范区，重庆国家自主创新示范区，合芜蚌国家自主创新示范区，鄱阳湖国家自主创新示范区，武汉东湖国家自主创新示范区，长株潭国家自主创新示范区，郑洛新国家自主创新示范区，山东半岛国家自主创新示范区，西安国家自主创新示范区和兰白国家自主创新示范区。此外，乌昌石国家自主创新示范区、福厦泉国家自主创新示范区、沈大国家自主创新示范区、长春国家自主创新示范区、哈大齐国家自主创新示范区也在区域发展中发挥着重要作用。

国家自创区以"一带一路"建设和五大区域重大发展战略等区域重大战略为引领，以西部、东北、中部、东部四大板块为基础，促进区域间相互融通补充，有力支撑区域战略发展。国家自创区充分发挥区位优势，落实核心平台作用，着力建设跨区域平台载体。例如，中关村、天津国家自主创新示范区加快推进京津合作示范区、武清京津产业新城等重点产业承接载体建设；上海张江国家自主创新示范区与江苏、安徽的创新要素跨区域流动；珠三角、深圳国家自主创新示范区明确提出要构建以广、深、港、珠、澳科技创新走廊为主轴，其他城市协同支撑的两岸三级多节点的创新格局。在"一带一路"方面，重庆国家自主创新示范区谋划加快打造"一带一路"科技合作示范区及国家技术转移中心核心区，举办"一带一路"科技交流大会、世界区域创新论坛等大型科技的交流活动，支撑打造具有全国影响力的科技交流的平台。

2. 加强试点协同，推进国家各类试点深度融合

国家自创区与其他试点改革、试点探索融合互动发展。在 2009 年首家国家自创区设立后，我国又在 2013 年开展自由贸易试验区试点、在 2020 年开展深圳中国特色社会主义先行示范区综合改革试点、在 2021 年提出深入推进全面创新改革试验等重大改革举措，试点探索工作如火如荼，改革试点的经验不断得到全国复制推广。有条件的国家自创区发挥国家战略的叠加优势，积极探索，如上海张江、天津等国家自主创新示范区，也同时被纳入自贸区

试点范围，已经开始探索如何将国家自创区的创新优势与其他试点的体制机制或政策优势融合；深圳国家自主创新示范区同时为综合改革试点，积极探索与粤港澳创新资源协同配置的相关机制；重庆、杭州等国家自主创新示范区作为全面创新改革试验区，在科技金融创新、科技管理体制创新、知识产权保护、人才培养和激励等方面进行改革探索等。

在十多年的试点探索中，国家自创区更多的是与自贸区联动发展，"双自联动"成为推动创新和开放的新引擎。国家自创区和自贸区分别是我国在自主创新和对外开放两个维度的最高层次的国家战略，二者在空间范围上的重叠和在功能定位上的互补互促，使"双自联动"成为相关区域的重要发展路径。在全球化背景下，促进国家自创区与自贸区的"双自联动"建设，实现两者优势互补、相得益彰，是实现经济高质量发展的重要途径。"双自联动"的建设，有助于扩大开放，用好国内、国际两种资源；有助于优势互补，形成"1+1＞2"的叠加效应；有助于发挥示范效应，打造经济发展新引擎。但当前在全国层面，国家自创区与其他试点的衔接仍缺乏相应的顶层设计，各个国家自创区的先行先试探索相对独立，无法通过合适的组织管理方式实现向其他国家自创区或全国范围内的经验推广，影响力不足，未来需进一步推进"双自联动"及其他各类试点的深度融合。

（三）以科技创新为核心全面建设更具活力的体制机制

1. 深化科技体制改革，探索建立高效科技创新体系

2013 年 9 月 30 日，习近平总书记在十八届中共中央政治局第九次集体学习中强调："实施创新驱动发展战略是一项系统工程，涉及方方面面的工作，需要做的事很多。最为紧迫的是要进一步解放思想，加快科技体制改革步伐，破除一切束缚创新驱动发展的观念和体制机制障碍。"科技体制深化改革的大幕，就此正式拉开。此后，以习近平同志为核心的党中央对科技体制改革作出一系列重要战略部署，强化创新驱动的顶层设计，搭建科技体制改革的"四

梁八柱"，建设中国特色国家创新体系。

国家层面系统性深层次的改革力度在国家自创区深化落实。国家自创区不断深化"放管服"和科研放权赋能改革，在科技人才激励、科研经费使用、产教融合试点、科技成果转化、科技计划管理改革和科研诚信建设等多个方面进行改革；同时，自创区积极构建新型科技管理体制，以数字化推进科技管理服务变革，深化科技管理业务流程再造，探索实施关键核心技术攻坚"择优委托、揭榜挂帅"等新型制度，科技体制改革助推科技创新取得显著成效。

党的十八大以来，以习近平同志为核心的党中央对全面依法治国和法治中国建设作出顶层设计和重大部署。为完善科技创新制度体系，国家自创区贯彻全面依法治国战略部署，积极推动创新法治建设，通过开展立法进一步引领、支撑和保障自创区建设工作，为自创区深化改革、先行先试、资源保障等提供有力的法律依据。自2015年起，武汉东湖、深圳、郑洛新、天津、兰白、长株潭等多家国家自主创新示范区围绕管理体制、技术创新、产业创新、成果转化、科技金融等方面，出台自创区条例，强化创新驱动发展法治保障，着力推进国家自创区建设。

专栏9-1　合芜蚌国家自主创新示范区"大科技成果转化"推动

"创新花"结出"产业果"

合芜蚌国家自主创新示范区合肥片区探索科技成果转化体制机制创新，构建全链条闭环的"大科技成果转化"模式。"成果发现"环节，建立可转化科技成果库，多渠道、全方位梳理摸排科技成果。"成果评价"环节，制定可转化科技成果分类评价办法和评价机制，通过常态化路演推进市场化的成果评价。"成果转化"环节，与科研院所共建高水平新型研发机构，通过分类分级评价予以"一院一策"支持。"成果应用"环节，建立"场景创新促进中心"，做到周周有对接、天天有推介。"成果产业化"环节，通过"科创＋产业"模式，催生"芯屏汽合"（芯片、新型显示、新能源汽车、集成电路）、"急终生智"（安全应急、智能终端、生命健康、人工智能）为代表的战略性新兴产业。

2. 推进管理体制机制改革，提升园区组织管理效率

党的十八大以来，以习近平同志为核心的党中央对加快转变政府职能提出了明确要求。新一届政府把"放管服"改革作为政府职能转变的"先手棋"和"当头炮"，在"放"上下大气力，努力做好简政放权的"减法"；在"管"和"服"上不断创新，努力做好监管的"加法"和服务的"乘法"。2017年，党的十九大会议专门就深化机构和行政体制改革作出重要决策部署，提出深化机构和行政体制改革，统筹考虑各类机构设置，科学配置党政部门及内设机构权力、明确职责统筹使用各类编制资源，形成科学合理的管理体制。国家自创区深入贯彻党的十九大精神，深化"放管服"改革，推动体制机制创新，不断完善国家自创区管理体制，简化程序，提高行政效率。

按发展程度不同，当前国家自创区管理体制模式主要分为3种。第一种是以中关村、武汉东湖等国家自创区为代表的标准模式，在国家自创区部际协调小组领导下，国家自创区领导小组统筹规划纲要具体实施，负责自创区的建设发展；具体规划建设工作由自创区或者下辖高新区管委会负责落地执行。第二种模式以深圳，宁波、温州等国家自创区为代表，这类自创区无国家自创区部际协调小组参与，一般由所在省（市）政府成立国家自创区建设工作领导小组，领导小组办公室设在省（市）科技厅，负责自创区的统筹规划、整体推进和组织领导；自创区管委会或者下辖片区管委会负责落地执行自创区规划建设工作。第三种模式是以成都、重庆国家自创区为代表的"单一管理机构"模式，自创区管理机构由高新区管委会或者自创区工作领导小组单独组成，负责统筹谋划推进自创区建设各项工作，行使政府赋予的规划、教育、科技、财政、土地、生态环境等经济和社会管理权限。

专栏 9-2　苏南国家自主创新示范区构建跨行政区域的一体化创新
发展组织机制

　　苏南国家自主创新示范区作为全国首个以城市群为基本单元的国家自创区，构建了"理事会＋专家咨询委员会＋管理服务中心"的一体化组织体系。成立由副省长为理事长，五市分管领导、省有关部门负责人为成员的理事会研究决定自创区发展重大事项。成立专家咨询委员会，研究提出高质量咨询建议。设立管理服务中心，组织开展绩效考核，承担专业化科技服务工作。成立一体化发展联盟，制定年度重点工作任务、重要改革举措、重大科技平台和重大科技项目"四重清单"，编制苏南一体化发展指数报告，全方位推动多级联动、全域协同，形成五城九区多园的一体化发展格局。

（四）围绕深层次优化营商环境继续开展政策先行先试

1. 区域政策环境不断优化，人才建设成为关注焦点

　　优化营商环境是市场经济健康发展的需要，也是我国深化体制改革的必然趋势。党的十八大以来，习近平总书记高度重视优化营商环境，作出一系列重要指示，强调"营商环境没有最好，只有更好"。在党的二十大报告中，习近平总书记更是提出了"完善产权保护、市场准入、公平竞争、社会信用等市场经济基础制度，优化营商环境"的明确要求。近年来，在"放管服"改革推动下，我国营商环境持续优化，营商便利度大幅提高，有力助推市场主体规范经营和经济高质量发展。但是，当前营商环境仍然存在不少值得关注的堵点和难点问题。优化营商环境是一项需要长期不断推进的系统性、基础性工程。当前，我国经济迈入高质量发展阶段，着力优化营商环境，是更大激发市场主体活力的关键，也是应对严峻复杂形势、促进经济稳定恢复的重要举措，是构建新发展格局的必由之路。

　　国家自创区围绕营商环境优化出台了一系列政策，区域政策环境得到持续改善。本书收集并整理了2009—2021年国家自创区的政策文本。为保证政策文本的权威性，政策文本均来源于各自创区自评估报告，各省（市）及高新区、自创区的政府网站和北大法宝等权威数据库；另有极少数政策文本来源于相关法律法规网站、新闻中心网站等，用于补充前述网站和数据库缺失的政策文本。

　　从发文形式来看，国家自创区出台的政策发文形式主要有9种：办法、意见、方案、通知、措施、规划、条例、纲要、细则。地方人民政府、地方科技主管部门及高新区管委会是主要发文主体，其中纲要、规划类的政策由中央科技主管部门和园区管委会颁布；条例则由地方人大及其常委会颁布；措施、方案、意见、办法、通知等政策主要由地方科技主管部门、地方人民政府及园区管委会等颁布。目前相关政策的效力等级较低，法律法规层面的政策数量较少。从发文主体来看，政策的制定主体大多数以单一主体为主，如各级人民政府、各级科技主管部门等。

　　从政策内容来看，国家自创区出台的政策主要围绕科技成果转化、技术创新能力、创新创业环境、人才建设、国际开放格局、绿色发展、科技金融和创业绿卡8个方面。通过梳理统计[①]，国家自创区政策关注重点分布如图9-2所示，其中在人才建设、创新创业环境、科技成果转化和科技金融方面出台政策的自创区数量较多，均在10个以上。国家自创区政策的主要类型及内容如表9-4所示。

---

① 　根据截至2021年年底政策文本进行梳理统计。

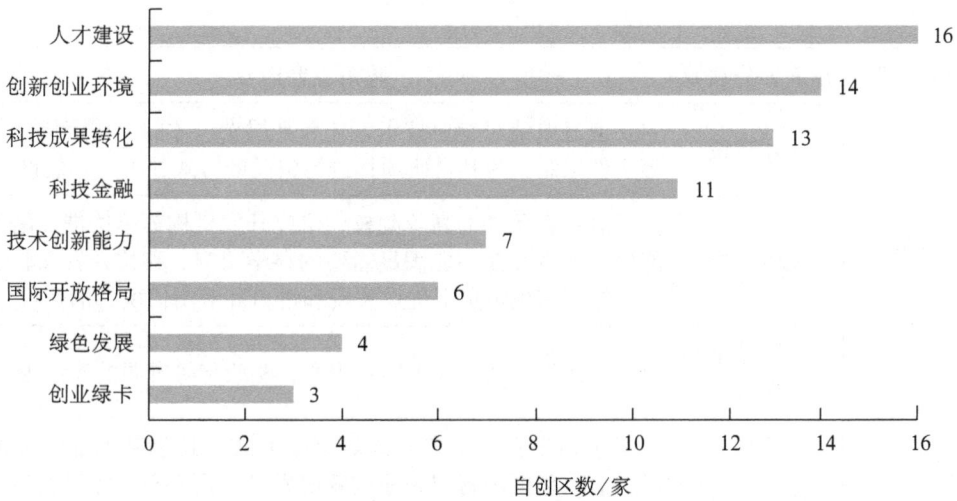

图 9-2　国家自创区政策关注重点分布

表 9-4　国家自创区政策主要类型及内容

政策领域	政策细分领域	政策主要内容
科技成果转化	权属改革	以提高科技成果转化收益比例，扩大科技成果使用权、处置权、收益权和所有权改革为主
	资金投入	以设立科技成果转化引导基金的扶持基金和开展"揭榜挂帅"科技攻关的专项资金为主
	人才建设	通过设置科技成果转化岗位、建设技术经理人培养基地、提供项目支持等办法加强对科技成果转化人才的引进和培养，鼓励企业、组织和个人积极参与科技成果转化
	科技资源平台	主要包括实验室资源在内的科技资源开放，搭建国际科技成果转化平台和综合服务平台，创办科技中介服务机构等
	金融支持	包括知识产权和股权质押、科技信贷、风险补偿等
	税收优惠	主要包括对科技成果转化相关方基于补助，对技术转让相关企业减免税收等
技术创新能力	资金投入	以资金投入方式支持颠覆性技术、核心技术、重点项目等的研发和建设、及对现有研发、创新平台的支持为主
	科技基础设施建设	主要为布局重大科技设施和科学普及基础设施建设
	研发项目	主要是攻克产业重大关键技术难关和实施重大科技创新工程

续表

政策领域	政策细分领域	政策主要内容
技术创新能力	人才建设	主要通过取消对专业技术人才和高层次人才的工作资历、年限等条件限制，为其科研项目进行资助的方式加强人才建设
	税收支持	主要对符合条件的高等院校、研究开发机构等单位进口国内不能生产或者性能不能满足需要的科学研究、科技开发和教学用品，按国家规定免征进口关税和进口环节增值税、消费税
	科技资源平台建设	以支持研发机构、成果转化中心、实验室等资源的建设为主
创新创业环境	资金投入	主要包括设立专项资金或者奖励方式支持创新创业载体的建设；对自创区内特定企业按照研发设备投入和实际研发经费给予补助，开展研发费用加计扣除等税收支持，设立股权激励代持专项资金支持；对创新创业人才及团队给予奖励等
	科技基础设施建设	以建设实验室、大型科学仪器等服务平台为主
创新创业环境	知识产权保护	主要包括完善知识产权保护制度、建立知识产权运营机构和公共服务平台、知识产权服务机构以参股入股形式直接参与创新创业等
	政府采购	以政府向科技型中小微企业采购产品和服务为主
人才建设	资金投入	主要包括给予创新创业人才、高科技人才奖励、资金资助等
	引才育才	主要包括通过创业扶持、项目资助、产业化推广、建设人才平台、股权和分红激励等激励政策吸引国内外高层次人才，通过提供培训、建设人才培养机构等方式培养人才
	公共服务	以提供住房保障、子女教育、医疗服务、老人赡养、配偶就业等公共配套服务为主
	职称制度改革	主要包括给予示范区内高校、科研院所、医院、大型企业等自主开展职称评审的权限，尤其是高级职称评审
国际开放格局	人才环境	主要为国际人才流动提供合作平台、职业便利等服务
	国际平台建设	主要包括搭建国际化创新发展平台，在境外设立或者合作设立研发机构、技术转移机构，共建联合实验室等具有国际水平和标准的国际平台等
	国际合作	加强与国际高科技园区、境外高校、研发机构等交流合作，在境内外合作共建科技园区

政策领域	政策细分领域	政策主要内容
国际开放格局	国际市场环境	主要包括通过推进科技服务、知识产权等领域扩大开放，支持企业参加境外活动和宣传，加强国际标准制定等
绿色发展	资金投入	为绿色项目、关键技术等的研发建设提供专项资金投入、奖励等
	人才建设	结合现有引才工程、支持能源、环境等学科建设等方式引进和培育一批绿色低碳技术方面的专业人才和团队
	基础设施建设	建设一批重点实验室、研发中心、技术创新平台等一系列支持绿色发展的基础设施
	技术创新	以实施零碳、低碳、负碳的技术攻关和创新为主
	生态修护	淘汰落后产能，保护生物多样性，通过实施环境污染治理等方式加快生态修复和保护
	科技合作	主要是绿色技术协同创新，加强与先进国家和地区在可再生、氢能、储能等领域的合作
科技金融	资金投入	主要包括政府以设置专项资金或基金、奖励等形式，对金融机构、中介服务机构等给予支持，对小微企业首贷贴息等
	人才建设	健全科技金融创新人才吸引、培养、使用和流动机制，通过提供实训教育等方式，培养科技金融创新人才
	金融服务	设立科技金融专营机构，开展知识产权质押和股权质押等信贷业务、设立信用担保和再担保机构扩大科技创新信用担保业务规模等；搭建为金融机构提供信息交流和咨询服务的科技金融平台；鼓励保险公司设立为科技企业服务的科技保险专营机构，创新科技保险产品和服务；设立知识产权质押融资风险补偿基金，建立科技型中小企业融资担保风险补偿机制和贷款风险补偿机制等
	科技信贷	在自创区内设立科技支行，开展投贷联动、投保联动、投贷保联动，建立科技信贷风险补偿机制等
	信用体系	主要包括建设科技企业信用信息数据库、建立完善的企业信用评价体系
创业绿卡	出入境便利	针对中国籍高层次人才的外籍配偶及未成年子女、外籍知名专家、来当地探亲及处理私人事情的外籍华人、具有创新创业意愿的留学生等分别发放不同的居留许可

续表

政策领域	政策细分领域	政策主要内容
创业绿卡	人才保障	对持有外国人永久居留身份证的外籍人员享受国民待遇、为其提供住房、子女教育、参加社保等系列保障措施
	优化审批服务	通过优化人力资源服务机构的审批流程、降低中介服务机构的准入门槛等方式，简化审批程序

专栏 9-3　重庆国家自主创新示范区实施人才"免评入库""免申即享"

重庆国家自主创新示范区大力推进人才工作机制改革，坚持"人才政策跟着平台、项目走"原则，创新人才政策实施机制。制定并动态更新 36 类"金凤凰"人才目录，推动各类人才"免评入库"，设立金凤凰人才管家，提供专人对接、全程代办、一次办结的"绿色通道"，主动上门为 1200 多家单位提供"金凤凰"人才入库服务和指导。首推"金凤凰人才码"服务系统，集成人才身份、人才信息和人才政策，提供出入境、配偶（子女）就业、办理税费等"68+N"项服务，实现人才政策"免申即享"、人才服务"一码集成"、人才办事"一网通办"。

2. 先行先试政策加快落实和推广，示范引领作用明显

国家自创区从挂牌成立之初，就被赋予政策先行先试的使命。中关村作为我国第一家国家自创区，在国务院印发的《关于同意支持中关村科技园区建设国家自主创新示范区的批复》文件中，明确了中关村自创区的建设目标是通过建设国家自创区来探索先行先试各种政策手段，推动我国创新型国家建设。在后续国务院对单个国家自创区建设的批复文件中，均有提到要全面实施创新驱动发展战略，积极开展创新政策先行先试。

2015 年，国务院印发的《关于在部分区域系统推进全面创新改革试验的总体方案》指出，由中央授权地方，选择一些有条件的区域，在坚守底线、防范风险的基础上大胆开展先行先试，从而实现重点突破，发挥引领和示范作用。2021年，国家发展改革委、科技部发布《国家发展改革委 科技部关于深入推进全面创新改革工作的通知》，提出及时跟踪改革进展，帮助先行先试创新主体协调解决改革过程中出现的问题，不断总结凝练可复制推广的改革成果，为全国深化科技创新体制机制改革做示范。在2021年中关村论坛上，习近平总书记提出中国支持中关村开展新一轮先行先试改革，加快建设世界领先的科技园区，为促进全球科技创新交流合作作出新的贡献。2022年3月18日，中关村新一轮的先试工作正式启动，引领国家自创区建设进入新一轮的先行先试改革热潮。

国家自创区围绕"自主创新"积极开展先行先试政策探索，为我国释放科技创新活力、培育高技术产业贡献了大批先进经验，并陆续在其他非自创区区域中得到推广学习，示范引领作用明显。从试点推广范围来看，一方面，自创区加强"共性"政策试点推广，试点经验推广至全国。例如，中关村国家自主创新示范区重点在科技成果处置和收益权改革、科技成果转化、企业税收优惠、创新资金支持方式等方面发力，约有30余项先行先试创新政策得到国务院肯定并向全国推广应用。上海国家张江自主创新示范区推出的外籍人才出入境便利化政策措施，已推广到江苏、浙江、福建等全国其他省（自治区、直辖市）；试点的药品上市许可持有人制度、医疗器械注册人制度已向全国推广。成都国家自主创新示范区推动职务科技成果权属改革，"高校和科研院所职务科技成果单列管理试点"和"以先投后股方式支持科技成果转化"两个项目纳入国家发展改革委、科技部《2021年度全面创新改革任务揭榜清单》。宁波、温州国家自主创新示范区率先实施技术产权试点，技术产权证券化获国家发展改革委复制推广。

另一方面，国家自创区探索本区域适用性更强的"个性"政策，主要在省内推广。例如，杭州市联动推进国家自创区和全面创新改革试验区建设，推出《杭州市全面创新改革试验实施方案》，出台了一系列新政策、新举措，推进信息经济、电子商务、科技创新税收激励等改革试点。武汉东湖国家自主创新示范区出台的股权激励政策、创新推出的人才因素返投新模式，在全省复制推广。福厦泉国家自主创新示范区福州片区创新人才公寓配建模式，允许在经营性房地产用地出让中按照"限地价、竞配建"的模式配建人才公寓，已在全省复制推广。

（五）国家自创区推进科技现代化典型案例

1. 中关村国家自主创新示范区：发挥改革"试验田"作用，全面深化先行先试改革

中关村作为我国第一家国家自创区，其先行先试改革的政策试点着眼于破除束缚创新驱动发展的观念和体制机制障碍，推动全面深化改革，为全面创新改革积累了宝贵经验，发挥了示范引领作用。自批复建设以来，中关村国家自主创新示范区先后开展了股权和分红激励、科技成果处置权和收益权、支持创新创业的税收优惠等多项先行先试政策，在政策探索上，依托丰富顶尖的高校院所资源，重点在科技成果处置和收益权改革、科技成果转化、企业税收优惠、创新资金支持方式等方面发力，约有30余项先行先试创新政策得到国务院肯定并向全国推广应用，这其中包括著名的"1+6"系列人才政策、"新四条"政策、"京校十条"、"京科九条"等一系列政策，成为我国国家自创区自主创新政策探索走在最前沿的创新示范区。为推动自创区内各项试点工作的有序进行，中关村国家自主创新示范区还成立了"中关村创新平台"，负责组织及落实各项试点政策。

积极探索开展科技成果转化管理改革试点，助力打通科技成果转化堵点。2011年，财政部支持中关村国家自主创新示范区率先启动了中央级事业单位科技成果处置权和收益权管理改革试点。2015年8月，修订出台的《中华人民共和国促进科技成果转化法》将中关村国家自主创新示范区试点的大部分内容纳入其中，实现了高校、科研院所等事业单位科技成果转化中成果使用权、处置权、收益权改革在全国范围的重大突破。2020 年 12 月，财政部等多部门联合印发《财政部　税务总局　科技部　知识产权局关于中关村国家自主创新示范区特定区域技术转让企业所得税试点政策的通知》，明确在中关村示范区特定区域开展技术转让所得税优惠政策试点。截至 2021 年，已有 30 户辖区内企业享受了中关村国家自主创新示范区技术转让试点优惠政策，减免税额 1.6 亿元。

持续推动科技与金融深度融合发展，加快推进科技金融供给侧结构性改革。设立中国人民银行中关村国家自主创新示范区中心支行和北京中关村银行，率先开展投贷联动、外债宏观审慎管理外汇改革等试点。出台《中关村国家自主创新示范区促进科技金融深度融合创新发展支持资金管理办法》，建立适合中关村国家自主创新示范区企业全生命周期发展的综合金融服务体系，推动普惠金融和绿色金融发展。会同科技部资配司积极推动颠覆性技术创新基金相关工作开展，制定基金管理方案等制度文件，推动基金会加快社会募资。制定《关于建立实施中关村知识产权质押融资成本分担和风险补偿机制的若干措施》，在中关村示范区率先开展试点，加大对知识产权质押融资业务的支持力度。

深化人才体制机制改革，聚焦人才发现、激励、使用、服务等环节，推行系列先行先试政策。印发实施《关于北京市面向战略科技人才及其团队放权改革的若干措施》《"十四五"北京国际科技创新中心建设人才支撑保障行动计划》等政策，支持外籍人员使用外国人永久居留身份证在科技服务、数字经济等服务业重点领域创办企业。在全国率先开展外籍高层次人才绿卡直通车试点，探索建立外籍人才永久居留积分评估体系。在全国范围内首创实施"朱雀人才—科技项目经理人"计划，开创了科研机构和科技项目管理新模式，已引进多名科技项目经理人及科技人力资源经理。

通过出台政策、成立中关村知识产权保护中心等举措，深入推进知识产权试点工作。中关村国家自主创新示范区在全国知识产权投融资服务、知识产权评议、专利保险等多方面开展试点，被国家知识产权局列为首批国家知识产权服务业集聚发展试验区、国家专利导航产业发展实验区。以培育具有国际影响力的知识产权优势企业为目标，联合市知识产权局实施了"中关村知识产权领军企业培育计划"，截至2021年，中关村已涌现出京东方、小米等数家专利年申请量超千件的知识产权领军企业。出台《中关村国家自主创新示范区知识产权行动方案（2019—2021）》，着重强化知识产权"严保护"、完善知识产权"大保护"、推进知识产权"快保护"。为全面加强知识产权保护，成立中关村知识产权保护中心，形成行政、司法、调解组织、行业协会等知识产权协同保护体系。

出台中关村国家自主创新示范区"1+4"资金支持政策，率先开展股权奖励个人所得税等政策试点。中关村新版"1+4"资金支持政策提出重大项目支持、创业孵化培育、人才聚集培养、科技信贷创新、金融支撑体系、国际交流合作、新兴产业培育、创新环境营造、一区多园协同等十大支持领域，以及企业改制挂牌、企业制定技术标准、生态智慧园区建设、拓展金融科技应用场景等48个支持方向。政策自发布以来，在引导产业提升、助力企业发展、改善营商环境方面发挥了重要作用。此外，在鼓励创新创业税收方面，中关村国家自主创新示范区率先开展股权奖励个人所得税、有限合伙制创业投资企业法人合伙人企业所得税、技术转让企业所得税及企业转增股本个人所得税等试点政策。

2. 苏南国家自主创新示范区：完善体制机制，提升创新一体化水平

苏南国家自主创新示范区（简称"苏南自创区"）于2014年10月获得国务院批复，是我国首个以城市群为基本单元的自创区。截至2020年年底，苏南自创区高新技术企业数超过2.8万家，占全省高新技术企业总数的74%，聚集了全省19家独角兽企业；实施或完成全省70%以上的研发投入、80%的国家重大科技项目和 90% 的国家科学技术奖励；累计入选国家重大人才工程 867 人，其中创业类占全国的 27%；拥有 11 个国家创新型产业集群、2 个国家级战略性新兴产业集群试点，创新一体化取得显著成效。为提升区域创新一体化水平，苏南自创区主要从以下 3 方面来推进体制机制建设。

①实施法治建设。苏南自创区于 2017 年颁布实施《苏南国家自主创新示范区条例》（以下简称《条例》），围绕规划与建设、创新创业、产业技术研究开发机构等方面出台 65 条具体规定，着力在新型产业技术研发机构、创新核心区、区域创新一体化发展等方面率先突破，为快速把自创区建设成为创新高地提供了法律保障。《条例》实施以来，省地围绕落实《条例》总共出台了 20 余项配套政策，形成了具有苏南特色的科技创新政策体系。

②建设日常组织管理体制机制。在组织领导方面，成立了苏南自创区建设工作领导小组，省政府主要领导任组长，研究部署示范区建设重大问题，完善沟通协调和工作联动机制，更好地凝聚各部门和苏南五市的力量，合力推动示范区建设；在工作推进方面，在全国跨区域的 14 个自创区中率先建立"理事会 + 专家咨询委员会 + 管理服务中心"一体化工作推进体系，省地合力共建重大创新平台、实施重大科技项目、落实重点工作任务，形成"任务部署—常态推进—督查激励"的工作闭环；在日常考核方面，淡化对 GDP 的考核，强化以创新绩效为主的考核导向，制定高新区创新驱动发展综合评价办法。

③实施创新一体化体制机制改革。苏南自创区优化重大科技任务组织机制，率先实施"揭榜挂帅"组织机制，探索形成了"任务定榜、挂帅揭榜""前沿引榜、团队揭榜""企业出榜、全球揭榜""需求张榜、在线揭榜"等经验做法。探索科技成果转化新机制，加快建设苏南国家科技成果转移转化示范区，布局建设南京未来网络等 17 家科技成果产业化基地，并与相关区域共建"长三角国家科技成果转移转化示范区联盟"；持续深化"一所两制""团队控股""三位一体"等改革措施，"先投后股方式支持科技成果转化"等改革举措入选《2021 年度全面创新改革任务揭榜清单》；推动南京工业大学

等 4 家苏南高校院所开展首批"赋予科研人员职务科技成果所有权或长期使用权"试点。完善多元化科技投入机制，设立苏南自创区建设专项资金，支持园区全面提升自主创新能力；率先健全"首投、首贷、首保"科技投融资体系，发挥苏南科技金融路演中心、上交所苏南基地等服务载体功能，创新科技风险分担机制；出台推动苏南自创区研发投入高质量增长实施方案，探索开展自创区企业基础研究投入奖补，推动企业资本、社会资本投入科技创新，加快构建多元化、多层次、多渠道的科技投入体系。

3. 天津国家自主创新示范区：成立联动创新区，提升"双自联动"创新水平

2014 年 12 月，国务院批复同意天津滨海高新技术产业开发区建设天津国家自主创新示范区。2015 年 4 月，天津自贸试验区正式运行，是经国务院批准设立的中国北方第一个自贸试验区，全部位于滨海新区辖区范围内，下辖 3 个"综合保税区"。为深入贯彻国家战略，推进天津自创区和天津自贸区联动发展，2021 年 8 月，中国（天津）自由贸易试验区滨海高新区联动创新区挂牌成立。几年来，天津滨海高新区充分发挥"双自联动"叠加优势，构建"双自联动"发展新格局，通过科技创新和制度创新"双轮驱动"的发展模式，推动国家自创区和自贸试验区实现政策互动、优势叠加、联动发展、双向溢出，为加快打造我国自主创新的重要源头和原始创新的主要策源地注入强劲动能。

完善"双自联动"工作机制。2021—2023 年，作为国家自创区，滨海高新区不断完善自贸联动工作机制，先后印发《高新区落实〈中国（天津）自由贸易试验区滨海高新区联动创新区总体方案〉工作方案》，成立联动创新区建设工作领导小组及自贸联动创新局，并与自贸区建立协同创新机制，稳步推进"双自联动"各项工作。同时，滨海高新区管委会内部也制定出联动创新区指标考核工作方案及考核体系，明确分工，逐项定责、定分，按季度监测指标完成情况。此外，滨海高新区还积极汇总上报联动创新示范基地建

设等联动创新区改革试点经验，建立自贸试验区制度创新需求清单、问题清单两张"工作清单"报送制度，以需求为导向，及时上报自贸联动政策需求，有力地支撑了自贸试验区开展政策创新；并且逐项梳理自贸试验区制度创新成果，逐步形成了《关于梳理可借鉴天津自贸试验区创新措施清单情况的专报》。

推动自贸区政策赋能产业创新。为了让自贸政策更加贴近产业，进而赋能滨海高新区科技创新、产业创新再升级，几年来，滨海高新区主动出击，多维度提升服务成效，依托线上线下培训、走访调研、落实企业服务专员制度等多种形式，积极为企业宣传解读 RCEP 优惠政策、经贸规则，切实有效地提升了企业对于经贸规则的运用水平。同时，针对"守信红名单"企业，滨海高新区把 AEO 高级认证辅导服务给企业"送上门"，组织专家进行一对一全程指导，为企业实现通过认证保驾护航。针对不同产业的实际需求，滨海高新区还积极探索"保税＋"产业发展新模式，先后编制完成《推进生物医药产业保税研发工作路径探索专题研究报告》《综保区赋能"细胞谷"生物医药产业专报》；并依托"芯火"双创基地（平台），探索开展集成电路"保税＋检测"新业态；联合赛象科技公司、歌美飒公司探索高端装备制造维修物品＋保税政策集成创新路径。目前，"生物医药供应链管理新模式"已获得自贸区创新发展项目立项，基因与细胞治疗自由贸易试验区联动创新示范基地获批建设，滨海高新区企业中源协和已正式开启细胞治疗临床研究的全闭环试点。

4. 郑洛新国家自主创新示范区：强化统筹，推动协同创新发展

2016 年 3 月，国务院批复同意建设郑洛新国家自主创新示范区（简称郑洛新自创区）。同年，河南省委、省政府出台《郑洛新国家自主创新示范区建设实施方案》和《关于加快推进郑洛新国家自主创新示范区建设的若干意见》。郑州、洛阳、新乡 3 个片区结合自身特点，也分别出台了各片区的自

创区发展规划纲要，同时有关部门陆续出台了一批各具地方特色的政策措施，推动本地片区发展。

为加强协同创新，郑洛新自创区强化统筹、健全机制，高标准做好顶层设计。作为以城市群为基本单元的自创区，郑洛新自创区采取"一区多园"的管理方式，郑州、洛阳、新乡3个片区借鉴中关村、上海张江等做法，在3个创新区之外设立特色专业园区，如郑州航空港区科技园、郑东新区科技园等，拓展自创区辐射空间，采取行政管辖权与经济发展权相分离的双重管理体制；建立了以政府部门为主体，企业、科研院所、中介机构及有关专家参与的自创区议事协调机构，参与自创区的有关决策，组织、推进政策措施的落实；为了推进政策的加快落实，建立长效的调查监督机制，持续监督政策的执行情况，督导部门定期对有关督查情况予以通报，提高政策的执行力。

在具体执行上，一是加快军民融合发展，郑州片区探索建立军民融合协同创新研究院，搭建国防科技工业成果信息与推广转化平台，研究设立军民融合协同创新投资基金，完善军民创新规划、项目、成果转化对接机制，打通军民科技成果双向转移转化渠道；洛阳片区利用科研优势，积极与军工企业合作，创建国家军民融合创新示范区。二是建设协同创新平台，郑洛新自创区建立"产学研用"协同创新平台，对区域内的知识、技术、人才、信息、资金等资源协同共享，推动"产学研用"深度合作；加快了郑州大学联合科研院所组建河南省大科学中心，构建重大科技基础研究平台。三是完善科技成果转化机制。针对科技创新成果转化效率偏低的问题，郑洛新自创区采取多种措施有效连接科技创新成果的供给与需求，切实提高科技成果的转化速度和总体效益，使科技创新成果在区域创新驱动发展中发挥主导作用。

5. 珠三角国家自主创新示范区：构建粤港澳科技合作机制

珠三角国家自主创新示范区（简称"珠三角自创区"）于2015年9月获得国务院批复建设，在批复文件的战略定位中提到，要联合香港、澳门建立协同高效、资源共享、功能齐全的创新集群，成为我国协同创新示范区。为推动粤港澳大湾区建设，珠三角自创区主要从体制机制改革、打造双创平台两个方面来推动粤港澳三地创新资源开放协同。

推进体制机制改革。珠三角自创区以推动跨境创新规则衔接为先行示范，开展"钱过境、人往来、税平衡"等改革创新，营造大湾区最优的政策环境。珠三角推动港澳高校科研机构参与广东省科技计划，支持由港澳牵头或参与的重点领域研发计划项目，2019 年，广州市通过南方海洋科学与工程省实验室向香港科技大学拨付香港分部 2019 年建设经费和港澳科研开放基金，首次实现广东省财政科技资金过境港澳，各级科研资金过境拨付港澳项目承担单位总额累计超 2.7 亿元；允许持人才优粤卡 A 卡的港澳和外籍高层次人才申办港澳出入内地商务车辆牌证；率先落实港澳人才享受广东企业职工基本养老保险延缴政策；贯彻落实粤港澳大湾区个人所得税优惠政策，对在大湾区工作的境外高端人才和紧缺人才，其在珠三角九市缴纳的个人所得税实际税负超过 15% 的部分给予财政补贴，该补贴免征个人所得税。

打造双创平台。珠三角自创区在珠三角东西两岸分别建设"广深港""广珠澳"科技创新走廊，协同港澳发挥"两点两廊"辐射带动作用，重点建设和打造 20 余个创新平台，深化粤港澳创新合作。东莞散裂中子源等已建成重大科技基础设施实现向港澳开放，推动省实验室等创新主体的大型科研仪器设备开放共享；实施粤港澳联合资助计划，建设 20 家粤港澳联合实验室；拥有前海深港青年梦工场、横琴·澳门青年创业谷等面向港澳青年的科技企业孵化载体超 70 家，在孵港澳创业团队和企业近 1100 个，为超 2000 名港澳青年提供孵化服务；推进香港科技大学（广州）、香港理工大学（佛山）、香港城市大学（东莞）和香港公开大学（肇庆）等建设。

6. 福厦泉国家自主创新示范区：深化与福建自贸区联动发展

2015 年，福建自贸区挂牌成立。2016 年 6 月，福厦泉国家自主创新示范区（简称"福夏泉自创区"）获批成立。为发挥福厦泉自创区和福建自贸区等多区叠加优势，福厦泉自创区深化与福建自贸区联动发展，推出了多项"双自联动"创新举措，并在全省进行复制推广，有效释放了"双自联动"叠加效应。

福建省建立自创区和自贸区联动发展联席会议制度，将"双自联动"内容列入自创区年度建设工作要点重点推动，遴选出的改革出入境特殊物品审批制度、构建重点产业全链条公共技术服务平台体系等两批 12 项"双自联动"创新举措，并在全省进行复制推广，有效释放了"双自联动"叠加效应。此外，各片区积极探索实践，深化联动发展，如福州在自创区片区和自贸试验区片区内的创业创新园区试点设立税收服务站，提供自助办税等服务。

十、国家高新区未来发展展望

（一）全球科技园区建设趋势

1.世界科技园区发展历程

20世纪五六十年代，科技园区初始萌芽阶段是以美国硅谷和英国剑桥科学园为代表的高科技产业园开始出现。1951年，美国斯坦福大学在其校园内创办了斯坦福研究院，随后发展成为闻名世界的"硅谷"。随后，马萨诸塞州沿波士顿128公路两侧也出现了高技术企业密集的现象。继斯坦福研究院之后，从20世纪50年代末至60年代初开始，许多国家和地区开始兴办各种类型的科技园区。日本从20世纪60年代后期开始从"贸易立国"转向"技术立国"，并于1968年着手实施筑波科学城计划。在西欧，英国、法国是建立科技园区较早的国家。1969年，法国开始建设索菲亚科学城。1972年，英国在赫利奥瓦特大学建立了第一个科技园；1975年，建立了著名的剑桥科技园，此后又相继建立了众多科技园。

20世纪80年代后，世界各国经济逐渐回升，科研经费也逐年增加。这一时期，科技园区不仅在美国获得蓬勃发展，而且在世界范围内形成热潮。美国继续在设立科技园区方面领先于世界各国，到1989年年底，美国已设立了141个科技园区，遍布全国，居世界之首。加拿大也在几个主要省兴建了9个科技园区。日本也先后选定18个地方兴建技术城市。同期，西欧一些国家科技园区发展比较迅猛。20世纪70年代初西欧工业生产开始主要向微电子、宇航、原子能等知识和技术密集部门转移，到80年代，发展步伐加快。这些科技园区如雨后春笋，蓬勃兴起。自1984年，法国又在波尔多、马赛、斯特拉斯堡、里昂、图卢兹等地建立科技园区。德国虽然起步较晚，1983 年才创建第一个科技园——西柏林革新与创业中心，但是发展很快，到 1990 年建立 70 多个科技园。此外，意大利、西班牙、荷兰、比利时、爱尔兰、瑞典、加拿大、澳大利亚等国也建立了各种不同形式的科技园区。同时，欧美国家的一些城市开始从传统服务业向现代服务业的第三次转型，科技园区分布向发展中国家发展与扩散。2010 年至今，科技园区步入全面发展时期，欧美发达国家的城市进入后工业化社会，发展科技园区已成为全球现象。

2. 世界科技园区发展趋势

面向新一轮科技革命和产业变革的挑战，对标国际一流、建设世界领先科技园区成为我国主要科技园区的努力方向。我国的部分国家高新区经过 30 多年持续改革探索和创新实践，已经具备建设世界领先科技园区的基础条件，可以形成具有全球影响力的开放创新合作生态，能够成为产业高度集聚、开放创新活跃、机制高效有力、基础设施完善、营商环境良好的世界领先科技园区。习近平总书记在 2021 中关村论坛上发表重要视频致辞，宣布支持中关村开展新一轮先行先试改革，加快建设世界领先的科技园区。作为我国第一个国家级高新区、第一个国家级自主创新示范区，中关村科技园区已经成为我国创新发展的一面旗帜。未来，应以中关村科技园区为代表，引导经济活跃、开放程度高、创新能力强、高校院所集中等发展条件比较好的科技园区建设世界领先科技园区。

总的来看，世界领先科技园区呈现以下六大发展趋势。

一是原始创新与领军人才成为园区发展的核心动力。国外知名科技园区大多是全球高端人才的集聚地，建有世界顶尖的研发机构，周边云集知名高校和研究院所，源源不断提供原始创新成果。例如，美国硅谷云集斯坦福等 40 所高校、超过 60 名诺贝尔奖获得者及 100 多位科学家；英国剑桥科技园依托剑桥大学，产生了许多世界级的发明和创造，为科技园提供源源不断的前沿科技创新支撑和极具市场潜力的科研成果；日本筑波科学城拥有筑波大学、高能加速器研究机构、国家材料科学研究所、日本宇宙航空研究开发机构等科研机构，汇集了 6 名诺贝尔奖获得者；美国北卡三角园区汇聚了包括著名的杜克大学在内的 8 所高校，拥有 3 名诺贝尔奖获得者和百位院士，博士密度居全美第一。

二是领军企业和高端产业成为园区发展的显著标志。国外知名科技园区，离不开世界领先的企业和全球领先的高端产业。例如，荷兰埃因霍温科技园入驻飞利浦、阿斯麦、恩智浦、佳能、IBM 等跨国公司，其中阿斯麦发源于飞利浦 Natlab 实验室，是全球最大的光刻机生产供应商，极紫外光刻机市场占有率 100%；美国硅谷集聚谷歌、苹果、特斯拉等一批领军企业。2022 年，苹果成为全球首个达到 3 万亿美元市值的公司，相当于全球第五大经济体的GDP 体量，仅次于美国、中国、日本及德国；韩国大德研发特区相继布局信息、生物、纳米、辐射技术等产业集群带，共有包括三星、LG、SK、现代等龙头企业在内的 1900 家企业；美国波士顿积极布局生命科学、人工智能、网络安全和大数据等，推动基因组、蛋白质组学产业快速发展，生物技术产业发展逐渐兴起壮大。

三是转化孵化"无缝"融合成为园区发展的强力引擎。国外知名科技园区大多建立了成果转化的通畅渠道，形成了市场化、专业化的创业孵化体系，推动科研成果从"实验室"无缝走向"应用场"。例如，德国阿德勒斯霍夫科技园内的高校及科研机构在企业生产车间都设有实验室，园区拥有 9个技术中心和孵化器；英国剑桥科技园形成了以高校、新兴公司、大型跨国公司密切协作的产业网络，利用剑桥大学的科技和人才优势，对生物技术、电子信息等科技成果进行转化和孵化；美国硅谷诞生了著名的创业孵化器Y Combinator，已经投资了超过 2000 家初创公司，包括 Dropbox、Airbnb、Reddit 和 Coinbase 等一系列成功企业；美国波士顿的 MIT 开展"打造创业孵化空间"改造计划并成立了剑桥创新中心（CIC），孵化企业 800 余家，推动波士顿肯德尔广场发展成生物科技的创新高地。

四是高附加值的创业服务成为园区发展的关键因素。国外知名科技园区大多有高度活跃的风险投资机构和发达的科技中介机构，在园区建设与管理、技术转移、财税与金融政策等方面构建了完整的法律法规和政策体系。例如，美国硅谷沙丘路汇聚了上百家全球知名风投机构，聚集了占美国风投总量 1/3 的资金，投出了 Apple、Google、Amazon、Facebook 等 70% 以上美国顶尖的科技企业；英国剑桥科技园引进巴克莱银行、3i 等风险投资机构，允许风险投资公司将养老基金和银行自有资金的 5% 筹为风险资金；法国索菲亚科技园建立索菲亚基金会，设立园区科技投资基金；集聚各类行业协会、机构组织，建立多个协会和俱乐部；韩国大德研发特区由政府主导设立了大量中介组织，提供最新的市场动态及科研成果和风险投资对接的机会。

五是整合全球创新资源成为园区发展的重要途径。国外知名科技园区大多打造多元交融的国际化氛围，形成与世界接轨的开放环境，构建引领时代前沿的开放创新生态。例如，美国硅谷 2022 年 39% 的人口来自国外，多元化指数为 70%；英国剑桥科技园良好的产业生态，吸引了大批国际科技企业入驻，园区内 60% 企业为跨国企业；日本筑波科学城每年举办国际科技博览会、成果展示会和科学技术周等国际型大赛活动；印度班加罗尔科技园设立联络处推动印度软件企业与美国硅谷科技公司多样化合作；美国波士顿生物技术周诞生于 2016 年，现已成为全美生物技术产业链决策人聚集度最高的地方。

六是创新文化和"科产城"融合成为园区发展的基础保障。国外知名科技园区大多拥有具备科技感、未来感的空间载体，配备了完善的教育医疗、休闲娱乐和居住生活等公共服务配套，为人才创造良好的工作生活环境。例如，荷兰埃因霍温高科技园每年 10 月都会举办荷兰设计周，设计周以前卫、创新、实验闻名。城市中有三块楔形绿地，无论住在城市何处，都能方便到达；新加坡裕廊工业园区沿裕廊河两岸规划兴建了学校、科学馆、商场、体育馆、银行、娱乐等设施，使裕廊工业园成为生产和生活融合的综合体；印度班加罗尔科技园建有大面积购物中心、体育场和五星级酒店等休闲娱乐设施，同时地方政府还以优惠价格提供厂房、办公楼、水、电、气和通信等基础设施；德国阿德勒斯霍夫科技园有着完善的商业和生活配套设施，包括430家商业企业、商家、宾馆、饭店和面积为66公顷的自然景观公园。

（二）全力打造国家高新区高质量发展升级版

进入新发展阶段，科技创新被摆在更加突出的位置，赋予国家高新区新的历史使命。国家高新区应牢记"发展高科技、实现产业化"初心，努力建设创新驱动发展示范区、高质量发展先行区、科技自立自强引领区、中国式现代化样板区，自觉承担实现高水平科技自立自强的历史重任，率先实现中国式现代化，承载建设世界科技强国的重要使命，为建设社会主义现代化国家贡献高新力量、作出高新示范。

1. 国家高新区高质量发展升级版的战略定位

要坚持使命引领，拔尖筑峰。坚持面向世界科技前沿、面向经济主战场、面向国家重大需求、面向人民生命健康，提高国家高新区战略位势，率先建设世界一流的现代化园区，打造区域高质量发展核心增长极。

要坚持创新驱动，内生发展。坚持科技是第一生产力、人才是第一资源、创新是第一动力，强化企业科技创新主体地位，以科技创新带动全面创新，开辟发展新领域新赛道，不断塑造发展新动能新优势。

要坚持深化改革，激发活力。深入推进国家高新区体制机制改革，加强政策先行先试，提升治理服务能力，营造市场化、法治化、国际化的一流营商环境，充分激发各类主体创新活力，更好发挥示范引领和辐射带动作用。

要坚持生态赋能，四链融合。围绕创新链、产业链、资金链、人才链深度融合，发挥市场决定性作用，优化创新资源配置，推动高水平科技创新创业，推进大中小企业融通发展，打造具有全球竞争力的创新生态。

要坚持协调布局，开放合作。深度融入区域协调发展战略、区域重大战略、主体功能区战略、新型城镇化战略，优化国家高新区布局，强化区域创新协同，积极拓展合作空间，构筑制度型开放发展环境。

2. 国家高新区高质量发展升级版的主要任务

国家高新区要通过实施创新策源提升、科技企业提升、科技产业提升、协调发展提升、园区品质提升、开放合作提升、改革创新提升等七大行动，全面提升国家高新区发展位势，在践行创新驱动发展、引领高质量发展中发挥更大作用。

一是实施创新策源提升行动，打造科技自立自强新阵地。要推进教育科技人才融合。支持国家高新区主动融入国家战略科技力量布局，布局建立多层次的科技创新平台，引进培养造就一批科技领军人才。鼓励国家高新区探索双重聘用、阶段性任职、"旋转门"等灵活引才用才制度，支持园区企业与高校院所联合培养专业型、技能型高素质青年科技人才。支持国家高新区探索联合资助、捐赠等多元化方式，引导社会资本参与基础研究。要加快关键核心技术攻关和产业化。支持国家高新区面向国家重大需求和经济社会发展需要，加强企业主导的产学研深度融合，深入推进揭榜挂帅、"赛马制"、定向委托、研发众包等新型创新组织方式，组织突破一批关键核心技术。加快推进国家高新区科学城建设，支持园区企业承担国家和地方科技计划项目，推动重大创新成果落地国家高新区。建设一批市场导向的新型研发机构，促进科技创新成果转化和产业化。要抢占前沿变革性技术制高点。支持有条件的国家高新区瞄准未来技术演进趋势与方向，建立颠覆性和非共识性研究的发现和支持机制，加强前沿性技术多路径探索、交叉融合和颠覆性技术供给。鼓励国家高新区联合社会资本设立颠覆性创新基金，推动颠覆性技术的深度孵化。

二是实施科技企业提升行动，加快培育高质量发展新动能。要培育科技领军企业。支持国家高新区瞄准产业链关键环节，引进和培育一批具有世界影响力的领军企业。依托有条件的国家高新区企业建设国家技术创新中心，鼓励园区企业牵头组建创新联合体，参与国家重大科技项目研发和创新平台建设。引导国家高新区内企业开放创新资源、供应链资源和市场渠道，通过技术集成、资源整合和资本运作等方式实现平台化转型。要完善科技企业孵化培育机制。以激发内生动力为核心，加快壮大科技型中小微企业队伍，提升高新技术企业发展质量。探索龙头企业内部孵化、"投资＋孵化"等新型孵化模式，提升创新创业载体专业化服务能力。完善国家高新区企业挖掘和筛选机制，加强对瞪羚企业、独角兽企业的精准化政策支持，引导高成长企业以技术突破实现自身跨越式发展。要推动科技和金融深度融合。强化科技金融政策供给与机制创新，鼓励国家高新区深化与银行、创投机构、资本市场的合作，推动科技金融产品和服务创新，建立完善符合企业成长全生命周期融资需求的科技金融服务体系。推广企业创新积分制，继续开展中国创新创业大赛，鼓励有条件的高新区设立天使投资、创业投资、产业并购投资基金等，引导"投早，投小，投硬科技"。抢抓全面注册制改革机遇，加强对高新区内技术含量高、成长性好的科技企业的培育和辅导，支持企业上市融资。

三是实施科技产业提升行动，塑造现代化产业体系新优势。要前瞻布局未来产业。围绕量子信息、脑科学、生命健康、未来网络、绿色能源开发等前沿科技和产业变革领域，一体化部署推进基础研究、技术创新和产业化，探索培育未来产业的新机制、新路径、新模式。国家高新区要深化与国内外一流高校院所合作，开展未来技术研究和跟踪预测，加强知识产权保护和运营，培育高价值专利。要加快推动新兴产业发展。围绕新一代信息技术、人工智能、生物技术、新能源、新材料、高端装备、绿色环保等领域，强化新技术示范和重大项目牵引，优化完善产业配套设施，推动国家高新区战略性新兴产业快速发展。鼓励国家高新区在具备"换道超车"潜力细分领域，探索实行"零门槛准入"的项目招引机制和"沙箱"监管模式，构建创新友好、包容审慎的新兴产业治理体系。要巩固优势产业领先地位。支持国家高新区深耕优势产业，加强资源配置和统筹布局，建设世界级产业集群。以龙头企业为牵引，集成中小企业、研发机构、服务机构等，带动关联产业协同发展。加快补齐产业链安全短板，提升战略性资源供应保障能力。推动数字经济和实体经济深度融合，强化人工智能、大数据、云计算等技术的融合应用和产业赋能，促进产业智能化、高端化、绿色化发展。

四是实施协调发展提升行动，建设区域高质量发展新高地。要加快建设世界领先科技园区。将国家高新区作为建设国际科技创新中心和国家科学中心的主阵地，布局大科学装置、重大科技创新平台等高效能创新载体，形成面向全球的知识发现和基础研究设施集群。培育世界级企业群，率先形成具有国际比较优势的未来产业集群，成为全球主要新兴产业发源地。强化国际创新资源配置能力，完善外国顶尖人才引进和发展机制，打造国际创新创业高地。要推动国家高新区差异化发展。支持先进园区进一步扩大开放，提升产业发展能级，建设有全球影响力和竞争力的世界一流科技园区。依托创新资源相对富集的创新型科技园区建设区域创新中心，产出、转化一批重大创新成果，构筑引领区域高质量发展的核心支撑。支持主导产业和发展模式突出的创新型特色园区引导企业提升技术创新能力，加快向价值链高端攀升，提高全要素生产率。推动新升级高新区发展模式转换，大力集聚高端创新资源，培育创新驱动发展的内生动力。要促进区域协调发展。强化国家高新区在城市群和区域一体化发展中的动力引擎作用，支撑服务京津冀协同发展、长江经济带发展、粤港澳大湾区建设、长三角一体化发展、黄河流域生态保护和高质量发展、成渝双城经济圈建设等国家重大区域发展战略。建立国家高新区跨区域结对合作机制，开展东西合作和南北互动，通过异地孵化、伙伴园区、飞地经济等方式，促进创新资源流动和产业融通发展。鼓励以双向挂职、跟班学习等方式开展园区间干部人才交流，推动经验交流共享。

五是实施园区品质提升行动，打造中国式现代化园区新样板。要推动园区数字化变革。建设国家高新区信息服务平台，支持国家高新区围绕经济运行、产业发展、空间管理等工作需要，综合应用人工智能、大数据、物联网、虚拟现实等新技术工具，推进园区治理智能化发展。优化通信网络、算力中心、数据中心等新型基础设施布局，汇聚数字创新资源，推动传统产业数字化改造，加快培育数字经济和数字产业。要加快园区绿色低碳转型。深入贯彻落实国家高新区绿色发展专项行动实施方案，积极推动绿色低碳园区建设。支持国家高新区构建绿色低碳技术创新体系，开展绿色低碳应用场景示范建设，实施绿色制造试点示范，培育绿色低碳创新型产业集群，完善碳排放和交易管理机制，树立绿色低碳园区新标杆。要建设现代化品质园区。支持国家高新区在园区管理和公共服务等领域，凝练并面向社会开放一批应用场景，进一步提升园区管理水平。做好园区的医疗、教育、住房、文化、娱乐等公共配套服务，建设适合高端人才生活发展的品质社区。布局建设创新街区，支持国家高新区积极融入新型城镇化发展战略和城市更新改造计划，建设宜居宜业宜创的现代化品质园区。

六是实施开放合作提升行动，开辟高水平对外开放新窗口。要建设创新开放合作平台。支持国家高新区通过共建海外创新中心、海外创业基地和国际合作园区等方式，推动联合研发、离岸孵化和跨境技术转移。鼓励外资企业在国家高新区设立研发中心，推动海外创新成果在国内转化。支持园区企业设立海外创新中心或分支机构，积极拓展海外创新网络。搭建面向港澳的创新创业载体，助力港澳青年投身创新创业。要深度融入全球创新体系。鼓励国家高新区开展多种形式的国际创新合作和产业协作，支持高校院所和企业牵头组织开放性研讨活动、举办全球会议论坛等，营造开放的学术研究和产业合作氛围。鼓励园区企业开展知识产权全球布局，参与国际标准和规则制定，拓展新兴市场，深度融入全球产业链创新链分工，打造国际化品牌。要加强"一带一路"园区合作。鼓励国家高新区内科研机构、高等学校和企业等积极与"一带一路"沿线国家产业园区和相关机构合作，共建联合实验室、技术转移中心和产业化平台，加强科技人文交流，推进政策、规则和标准联通。支持国家高新区设立开放创新基金，重点支持面向"一带一路"沿线国家的跨国并购、产业整合等，引导社会资本参与国际创新合作。

七是实施改革创新提升行动，取得治理能力现代化新突破。要进一步深化体制机制改革。支持国家高新区因地因时地探索适合自身发展条件和水平的管理体制，开展大部制改革，实行扁平化管理，形成精简高效的管理体系。鼓励有条件的国家高新区探索聘用制，建立完善、符合实际的分配激励和考核机制。鼓励国家高新区争取更多国家级、省级层面改革试点，不断提升政务服务能力。健全共建共治共享的社会治理制度，推动多元化主体参与园区共治。要营造一流营商环境。进一步深化"放管服"改革和商事制度改革，加快推进全国统一大市场建设，稳步扩大规则、规制、管理、标准等制度型开放，完善外资、民营企业权益保护机制和市场主体退出机制，在审批许可、政府采购、招标投标等方面营造公平竞争环境。实施"非禁即入"的负面清单制度，探索"监管沙箱"模式，设置"观察期"，开展差异化动态监管。要优化创新政策环境。鼓励国家高新区结合地域特色与资源禀赋，在要素市场化配置、新经济准入、外资利用和国际人才引进等方面加强政策先行先试，形成一批可复制可推广的改革经验。充分用好中关村新一轮先行先试改革经验，构建"先行先试—逐步推广—再行再试"螺旋式上升的政策优化机制。支持国家高新区强化与国家自主创新示范区、中国自由贸易试验区联动发展，发挥政策叠加效应，充分释放创新活力。重视园区创新文化建设，营造鼓励大胆创新、包容试错的良好氛围。

附　录

附录一

178 家国家高新区名单

为方便明晰文中所表达的国家高新区分类，按不同的分类标准将截至 2023 年 6 月共 178 家国家高新区分成不同类别（参见附表 1-1 和附件后注释）。

附表 1-1　国家高新区群体划分情况

区域	省份	高新区	类型	升级年份
东北地区（16 家高新区）	辽宁（8 家）	沈阳	其他园区	1991
		大连	创新型特色园区	1991
		鞍山	其他园区	1992
		本溪	其他园区	2012
		锦州	其他园区	2015
		营口	其他园区	2010
		阜新	其他园区	2013
		辽阳	其他园区	2010
	吉林（5 家）	长春	创新型科技园区	1991
		长春净月	其他园区	2012
		吉林	其他园区	1992
		通化	其他园区	2013
		延吉	其他园区	2010
	黑龙江（3 家）	哈尔滨	其他园区	1991
		齐齐哈尔	其他园区	2010
		大庆	创新型科技园区	1992

续表

区域	省份	高新区	类型	升级年份
东部地区（70家高新区）	北京（1家）	中关村	世界一流高科技园区	1988
	天津（1家）	天津滨海	创新型科技园区	1991
	河北（5家）	石家庄	创新型特色园区	1991
		唐山	其他园区	2010
		保定	创新型特色园区	1992
		承德	其他园区	2012
		燕郊	其他园区	2010
	上海（2家）	上海张江	世界一流高科技园区	1991
		上海紫竹	其他园区	2011
	江苏（18家）	南京	创新型特色园区	1991
		无锡	创新型科技园区	1992
		江阴	创新型特色园区	2011
		徐州	其他园区	2012
		常州	创新型科技园区	1992
		武进	创新型特色园区	2012
		苏州	创新型科技园区	1992
		昆山	创新型特色园区	2010
		苏州工业园	世界一流高科技园区	2006
		常熟	创新型特色园区	2015
		南通	其他园区	2013
		连云港	其他园区	2015
		淮安	其他园区	2017
		盐城	其他园区	2015
		扬州	其他园区	2015
		镇江	其他园区	2014
		泰州	创新型特色园区	2009
		宿迁	其他园区	2017

区域	省份	高新区	类型	升级年份
东部地区（70家高新区）	浙江（8家）	杭州	世界一流高科技园区	1991
		萧山	其他园区	2015
		宁波	创新型科技园区	2007
		温州	其他园区	2012
		嘉兴	其他园区	2015
		湖州莫干山	其他园区	2015
		绍兴	其他园区	2010
		衢州	其他园区	2013
	福建（7家）	福州	其他园区	1991
		厦门	创新型科技园区	1991
		莆田	其他园区	2012
		三明	其他园区	2015
		泉州	其他园区	2010
		漳州	其他园区	2013
		龙岩	其他园区	2015
	山东（13家）	济南	创新型科技园区	1991
		青岛	创新型科技园区	1992
		淄博	创新型科技园区	1992
		枣庄	其他园区	2015
		黄河三角洲	其他园区	2015
		烟台	创新型特色园区	2010
		潍坊	创新型科技园区	1992
		济宁	其他园区	2010
		泰安	其他园区	2012
		威海	创新型科技园区	1991
		莱芜	其他园区	2015

续表

区域	省份	高新区	类型	升级年份
东部地区（70家高新区）	山东（13家）	临沂	其他园区	2011
		德州	其他园区	2015
	广东（14家）	广州	世界一流高科技园区	1991
		深圳	世界一流高科技园区	1991
		珠海	其他园区	1992
		汕头	其他园区	2017
		佛山	创新型特色园区	1992
		江门	创新型特色园区	2010
		湛江	其他园区	2018
		茂名	其他园区	2018
		肇庆	其他园区	2010
		惠州	创新型特色园区	1992
		源城	其他园区	2015
		清远	其他园区	2015
		东莞	其他园区	2010
		中山	创新型科技园区	1991
	海南（1家）	海口	其他园区	1991
西部地区（43家高新区）	内蒙古（3家）	呼和浩特	其他园区	2013
		包头	创新型特色园区	1992
		鄂尔多斯	其他园区	2017
	广西（4家）	南宁	创新型特色园区	1992
		柳州	创新型特色园区	2010
		桂林	创新型特色园区	1991
		北海	其他园区	2015

区域	省份	高新区	类型	升级年份
西部地区（43家高新区）	重庆（4家）	重庆	其他园区	1991
		璧山	其他园区	2015
		荣昌	其他园区	2018
		永川	其他园区	2018
	四川（8家）	成都	世界一流高科技园区	1991
		自贡	其他园区	2011
		攀枝花	其他园区	2015
		泸州	创新型特色园区	2015
		德阳	其他园区	2015
		绵阳	其他园区	1992
		内江	其他园区	2017
		乐山	其他园区	2012
	贵州（3家）	贵阳	其他园区	1992
		安顺	其他园区	2017
		遵义	其他园区	2022
	云南（3家）	昆明	创新型特色园区	1992
		玉溪	其他园区	2012
		楚雄	其他园区	2018
	陕西（7家）	西安	世界一流高科技园区	1991
		宝鸡	创新型科技园区	1992
		杨凌	其他园区	1997
		咸阳	其他园区	2012
		渭南	其他园区	2010
		榆林	其他园区	2012
		安康	创新型特色园区	2015
	甘肃（2家）	兰州	其他园区	1991
		白银	其他园区	2010

续表

区域	省份	高新区	类型	升级年份
西部地区（43家高新区）	青海（1家）	青海	其他园区	2010
	宁夏（2家）	银川	其他园区	2010
		石嘴山	其他园区	2013
	新疆（5家）	乌鲁木齐	创新型特色园区	1992
		昌吉	其他园区	2010
		石河子	其他园区	2013
		克拉玛依	其他园区	2022
		阿克苏阿拉尔	其他园区	2023
	西藏（1家）	拉萨	其他园区	2022
中部地区（49家高新区）	山西（2家）	太原	其他园区	1992
		长治	其他园区	2015
	安徽（8家）	合肥	世界一流高科技园区	1991
		芜湖	其他园区	2010
		蚌埠	创新型特色园区	2010
		淮南	其他园区	2018
		马鞍山	其他园区	2012
		铜陵狮子山	其他园区	2017
		滁州	其他园区	2022
		安庆	其他园区	2022
	江西（9家）	南昌	其他园区	1992
		景德镇	其他园区	2010
		九江共青城	其他园区	2018
		新余	其他园区	2010
		鹰潭	其他园区	2012
		赣州	其他园区	2015
		吉安	其他园区	2015

区域	省份	高新区	类型	升级年份
中部地区（49家高新区）	江西（9家）	宜春丰城	其他园区	2018
		抚州	其他园区	2015
	河南（9家）	郑州	创新型科技园区	1991
		洛阳	创新型科技园区	1992
		平顶山	其他园区	2015
		安阳	创新型特色园区	2010
		新乡	其他园区	2012
		焦作	其他园区	2015
		南阳	其他园区	2010
		信阳	其他园区	2022
		许昌	其他园区	2022
	湖北（12家）	武汉	世界一流高科技园区	1991
		黄石大冶湖	其他园区	2018
		宜昌	创新型特色园区	2010
		襄阳	创新型特色园区	1992
		荆门	创新型特色园区	2013
		孝感	其他园区	2012
		荆州	其他园区	2018
		黄冈	其他园区	2017
		咸宁	其他园区	2017
		随州	其他园区	2015
		仙桃	其他园区	2015
		潜江	其他园区	2018
	湖南（9家）	长沙	创新型科技园区	1991
		株洲	创新型特色园区	1992
		湘潭	创新型特色园区	2009

续表

区域	省份	高新区	类型	升级年份
中部地区（49家高新区）	湖南（9家）	衡阳	其他园区	2012
		常德	其他园区	2017
		益阳	其他园区	2011
		郴州	其他园区	2015
		怀化	其他园区	2018
		宁乡	其他园区	2022

注：为方便读者查阅及对表格中内容进行补充解释，此处对附表中涉及的各类别、各区域国家高新区群体的划分做统一说明。

1. 三类园区和非三类园区（其他园区）

三类园区是指科技部分类指导的世界一流高科技园区、创新型科技园区和创新型特色园区：世界一流高科技园区（10家），包括：中关村、成都、上海张江、深圳、武汉、西安、合肥、广州、杭州、苏州工业园；创新型科技园区（18家），包括：宝鸡、常州、大庆、济南、洛阳、宁波、青岛、厦门、苏州、天津、威海、潍坊、无锡、长春、长沙、郑州、中山、淄博；创新型特色园区（29家），包括：石家庄、保定、包头、大连、南京江宁（位于南京高新区之内）、江阴、无锡宜兴环保园[①]（位于无锡高新区之内）、武进、蚌埠、烟台、安阳、襄阳、宜昌、株洲、湘潭、惠州、江门、南宁、桂林、柳州、昆明、乌鲁木齐、荆门、泸州、佛山、昆山、常熟、泰州、安康。

非三类园区（其他园区）：是指除了以上三类园区以外的其他国家高新区。

2. 稳定期高新区和新升级高新区

稳定期高新区是指 1988—2006 年期间升级为国家高新区的园区，共计 54

---

① 无锡宜兴环保园未在附表 1-1 中体现，表中将无锡高新区作为创新型科技园区予以体现。

家，包括：最早批准设立的中关村，1991年、1992年批复设立的51家高新区，在1997年批复设立的杨凌高新区，2006年纳入高新区管理序列的苏州工业园。

新升级高新区是指2007年及之后升级为国家高新区的园区，共计124家。

3. 国家自主创新示范区园区和非国家自主创新示范区园区

国家自主创新示范区的园区（简称"自创区园区"）：是指国家自主创新示范区（23家）涵盖国家高新区（66家）；包括：中关村、天津、沈阳、大连、上海张江、南京、无锡、江阴、常州、武进、苏州、昆山、镇江、杭州、萧山、合肥、芜湖、蚌埠、福州、厦门、泉州、济南、青岛、淄博、烟台、潍坊、威海、郑州、洛阳、新乡、武汉、长沙、株洲、湘潭、广州、深圳、珠海、佛山、江门、肇庆、惠州、东莞、中山、重庆、成都、西安、苏州工业园、宁波、温州、兰州、白银、乌鲁木齐、昌吉、石河子、南昌、景德镇、新余、鹰潭、赣州、吉安、抚州、哈尔滨、大庆、齐齐哈尔、长春、长春净月。

非国家自主创新示范区园区（简称"非自创区园区"）：是指纳入国家自主创新示范区之外的国家高新区，共计112家。

4. 四大地区国家高新区

东北地区（16家）：沈阳、大连、鞍山、营口、辽阳、本溪、阜新、长春、吉林、延吉、长春净月、通化、哈尔滨、大庆、齐齐哈尔、锦州。

东部地区（70家）：中关村、天津、石家庄、保定、唐山、燕郊、承德、上海张江、上海紫竹、南京、常州、无锡、苏州、苏州工业园、泰州、昆山、江阴、武进、徐州、南通、镇江、杭州、宁波、绍兴、温州、衢州、福州、厦门、泉州、莆田、漳州、济南、青岛、淄博、潍坊、威海、济宁、烟台、临沂、泰安、广州、深圳、珠海、惠州、中山、佛山、肇庆、江门、东莞、海口、盐城、萧山、龙岩、三明、枣庄、源城、连云港、清远、嘉兴、常熟、莱芜、扬州、湖州莫干山、德州、黄河三角洲、淮安、宿迁、汕头、湛江、茂名。

西部地区（43家）：包头、呼和浩特、南宁、桂林、柳州、重庆、成都、绵阳、自贡、乐山、贵阳、昆明、玉溪、西安、宝鸡、杨凌、渭南、咸阳、榆林、兰州、白银、青海、银川、石嘴山、乌鲁木齐、昌吉、石河子、北海、泸州、德阳、安康、璧山、攀枝花、鄂尔多斯、内江、安顺、荣昌、永川、楚雄、克拉玛依、遵义、拉萨、阿克苏阿拉尔。

中部地区（49家）：武汉、襄阳、宜昌、孝感、荆门、长沙、株洲、湘潭、益阳、衡阳、合肥、蚌埠、芜湖、马鞍山、郑州、洛阳、安阳、南阳、新乡、南昌、景德镇、新余、鹰潭、太原、抚州、平顶山、郴州、吉安、赣州、仙桃、随州、焦作、长治、铜陵狮子山、黄冈、咸宁、常德、淮南、九江共青城、宜春丰城、黄石大冶湖、荆州、潜江、怀化、滁州、信阳、安庆、许昌、宁乡。

附录二

国务院关于促进国家高新技术产业开发区
高质量发展的若干意见

国发〔2020〕7号

各省、自治区、直辖市人民政府，国务院各部委、各直属机构：

国家高新技术产业开发区（以下简称"国家高新区"）经过30多年发展，已经成为我国实施创新驱动发展战略的重要载体，在转变发展方式、优化产业结构、增强国际竞争力等方面发挥了重要作用，走出了一条具有中国特色的高新技术产业化道路。为进一步促进国家高新区高质量发展，发挥好示范引领和辐射带动作用，现提出以下意见。

一、总体要求

（一）指导思想。

以习近平新时代中国特色社会主义思想为指导，贯彻落实党的十九大和十九届二中、三中、四中全会精神，牢固树立新发展理念，继续坚持"发展高科技、实现产业化"方向，以深化体制机制改革和营造良好创新创业生态为抓手，以培育发展具有国际竞争力的企业和产业为重点，以科技创新为核心着力提升自主创新能力，围绕产业链部署创新链，围绕创新链布局产业链，培育发展新动能，提升产业发展现代化水平，将国家高新区建设成为创新驱动发展示范区和高质量发展先行区。

（二）基本原则。

坚持创新驱动，引领发展。以创新驱动发展为根本路径，优化创新生态，集聚创新资源，提升自主创新能力，引领高质量发展。

坚持高新定位，打造高地。牢牢把握"高"和"新"发展定位，抢占未来科技和产业发展制高点，构建开放创新、高端产业集聚、宜创宜业宜居的增长极。

坚持深化改革，激发活力。以转型升级为目标，完善竞争机制，加强制度创新，营造公开、公正、透明和有利于促进优胜劣汰的发展环境，充分释放各类创新主体活力。

坚持合理布局，示范带动。加强顶层设计，优化整体布局，强化示范带动作用，推动区域协调可持续发展。

坚持突出特色，分类指导。根据地区资源禀赋与发展水平，探索各具特色的高质量发展模式，建立分类评价机制，实行动态管理。

（三）发展目标。

到 2025 年，国家高新区布局更加优化，自主创新能力明显增强，体制机制持续创新，创新创业环境明显改善，高新技术产业体系基本形成，建立高新技术成果产出、转化和产业化机制，攻克一批支撑产业和区域发展的关键核心技术，形成一批自主可控、国际领先的产品，涌现一批具有国际竞争力的创新型企业和产业集群，建成若干具有世界影响力的高科技园区和一批创新型特色园区。到 2035 年，建成一大批具有全球影响力的高科技园区，主要产业进入全球价值链中高端，实现园区治理体系和治理能力现代化。

二、着力提升自主创新能力

（四）大力集聚高端创新资源。国家高新区要面向国家战略和产业发展需求，通过支持设立分支机构、联合共建等方式，积极引入境内外高等学校、科研院所等创新资源。支持国家高新区以骨干企业为主体，联合高等学校、科研院所建设市场化运行的高水平实验设施、创新基地。积极培育新型研发机构等产业技术创新组织。对符合条件纳入国家重点实验室、国家技术创新中心的，给予优先支持。

（五）吸引培育一流创新人才。支持国家高新区面向全球招才引智。支持园区内骨干企业等与高等学校共建共管现代产业学院，培养高端人才。在国家高新区内企业工作的境外高端人才，经市级以上人民政府科技行政部门（外国人来华工作管理部门）批准，申请工作许可的年龄可放宽至 65 岁。国家高新区内企业邀请的外籍高层次管理和专业技术人才，可按规定申办多年多次的相应签证；在园区内企业工作的外国人才，可按规定申办 5 年以内的居留许可。对在国内重点高等学校获得本科以上学历的优秀留学生以及国际知名高校毕业的外国学生，在国家高新区从事创新创业活动的，提供办理居留许可便利。

（六）加强关键核心技术创新和成果转移转化。国家高新区要加大基础和应用研究投入，加强关键共性技术、前沿引领技术、现代工程技术、颠覆性技术联合攻关和产业化应用，推动技术创新、标准化、知识产权和产业化深度融合。支持国家高新区内相关单位承担国家和地方科技计划项目，支持重大创新成果在园区落地转化并实现产品化、产业化。支持在国家高新区内建设科技成果中试工程化服务平台，并探索风险分担机制。探索职务科技成果所有权改革。加强专业化技术转移机构和技术成果交易平台建设，培育科技咨询师、技术经纪人等专业人才。

三、进一步激发企业创新发展活力

（七）支持高新技术企业发展壮大。引导国家高新区内企业进一步加大研发投入，建立健全研发和知识产权管理体系，加强商标品牌建设，提升创新能力。建立健全政策协调联动机制，落实好研发费用加计扣除、高新技术企业所得税减免、小微企业普惠性税收减免等政策。持续扩大高新技术企业数量，培育一批具有国际竞争力的创新型企业。进一步发挥高新区的发展潜力，培育一批独角兽企业。

（八）积极培育科技型中小企业。支持科技人员携带科技成果在国家高新区内创新创业，通过众创、众包、众扶、众筹等途径，孵化和培育科技型创业团队和初创企业。扩大首购、订购等非招标方式的应用，加大对科技型中小企业重大创新技术、产品和服务采购力度。将科技型中小企业培育孵化情况列入国家高新区高质量发展评价指标体系。

（九）加强对科技创新创业的服务支持。强化科技资源开放和共享，鼓励园区内各类主体加强开放式创新，围绕优势专业领域建设专业化众创空间和科技企业孵化器。发展研究开发、技术转移、检验检测认证、创业孵化、知识产权、科技咨询等科技服务机构，提升专业化服务能力。继续支持国家高新区打造科技资源支撑型、高端人才引领型等创新创业特色载体，完善园区创新创业基础设施。

四、推进产业迈向中高端

（十）大力培育发展新兴产业。加强战略前沿领域部署，实施一批引领型重大项目和新技术应用示范工程，构建多元化应用场景，发展新技术、新产品、新业态、新模式。推动数字经济、平台经济、智能经济和分享经济持续壮大发展，引领新旧动能转换。引导企业广泛应用新技术、新工艺、新材料、新设备，推进互联网、大数据、人工智能同实体经济深度融合，促进产业向智能化、高端化、绿色化发展。探索实行包容审慎的新兴产业市场准入和行业监管模式。

（十一）做大做强特色主导产业。国家高新区要立足区域资源禀赋和本地基础条件，发挥比较优势，因地制宜、因园施策，聚焦特色主导产业，加强区域内创新资源配置和产业发展统筹，优先布局相关重大产业项目，推动形成集聚效应和品牌优势，做大做强特色主导产业，避免趋同化。发挥主导产业战略引领作用，带动关联产业协同发展，形成各具特色的产业生态。支持以领军企业为龙头，以产业链关键产品、创新链关键技术为核心，推动建立专利导航产业发展工作机制，集成大中小企业、研发和服务机构等，加强资源高效配置，培育若干世界级创新型产业集群。

五、加大开放创新力度

（十二）推动区域协同发展。支持国家高新区发挥区域创新的重要节点作用，更好地服务于京津冀协同发展、长江经济带发展、粤港澳大湾区建设、长三角一体化发展、黄河流域生态保护和高质量发展等国家重大区域发展战略实施。鼓励东部国家高新区按照市场导向原则，加强与中西部国家高新区对口合作和交流。探索异地孵化、飞地经济、伙伴园区等多种合作机制。

（十三）打造区域创新增长极。鼓励以国家高新区为主体整合或托管区位相邻、产业互补的省级高新区或各类工业园区等，打造更多集中连片、协同互补、联合发展的创新共同体。支持符合条件的地区依托国家高新区按相关规定程序申请设立综合保税区。支持国家高新区跨区域配置创新要素，提升周边区域市场主体活力，深化区域经济和科技一体化发展。鼓励有条件的地方整合国家高新区资源，打造国家自主创新示范区，在更高层次探索创新驱动发展新路径。

（十四）融入全球创新体系。面向未来发展和国际市场竞争，在符合国际规则和通行惯例的前提下，支持国家高新区通过共建海外创新中心、海外创业基地和国际合作园区等方式，加强与国际创新产业高地联动发展，加快引进集聚国际高端创新资源，深度融合国际产业链、供应链、价值链。服务园区内企业"走出去"，参与国际标准和规则制定，拓展新兴市场。鼓励国家高新区开展多种形式的国际园区合作，支持国家高新区与"一带一路"沿线国家开展人才交流、技术交流和跨境协作。

六、营造高质量发展环境

（十五）深化管理体制机制改革。建立授权事项清单制度，赋予国家高新区相应的科技创新、产业促进、人才引进、市场准入、项目审批、财政金融等省级和市级经济管理权限。建立国家高新区与省级有关部门直通车制度。优化内部管理架构，实行扁平化管理，整合归并内设机构，实行大部门制，合理配置内设机构职能。鼓励有条件的国家高新区探索岗位管理制度，实行聘用制，并建立完善符合实际的分配激励和考核机制。支持国家高新区探索新型治理模式。

（十六）优化营商环境。进一步深化"放管服"改革，加快国家高新区投资项目审批改革，实行企业投资项目承诺制、容缺受理制，减少不必要的行政干预和审批备案事项。进一步深化商事制度改革，放宽市场准入，简化审批程序，加快推进企业简易注销登记改革。在国家高新区复制推广自由贸易试验区、国家自主创新示范区等相关改革试点政策，加强创新政策先行先试。

（十七）加强金融服务。鼓励商业银行在国家高新区设立科技支行。支持金融机构在国家高新区开展知识产权投融资服务，支持开展知识产权质押融资，开发完善知识产权保险，落实首台（套）重大技术装备保险等相关政策。大力发展市场化股权投资基金。引导创业投资、私募股权、并购基金等社会资本支持高成长企业发展。鼓励金融机构创新投贷联动模式，积极探索开展多样化的科技金融服务。创新国有资本创投管理机制，允许园区内符合条件的国有创投企业建立跟投机制。支持国家高新区内高成长企业利用科创板等多层次资本市场挂牌上市。支持符合条件的国家高新区开发建设主体上市融资。

（十八）优化土地资源配置。强化国家高新区建设用地开发利用强度、投资强度、人均用地指标整体控制，提高平均容积率，促进园区紧凑发展。符合条件的国家高新区可以申请扩大区域范围和面积。省级人民政府在安排土地利用年度计划时，应统筹考虑国家高新区用地需求，优先安排创新创业平台建设用地。鼓励支持国家高新区加快消化批而未供土地，处置闲置土地。鼓励地方人民政府在国家高新区推行支持新产业、新业态发展用地政策，依法依规利用集体经营性建设用地，建设创新创业等产业载体。

（十九）建设绿色生态园区。支持国家高新区创建国家生态工业示范园区，严格控制高污染、高耗能、高排放企业入驻。加大国家高新区绿色发展的指标权重。加快产城融合发展，鼓励各类社会主体在国家高新区投资建设信息化等基础设施，加强与市政建设接轨，完善科研、教育、医疗、文化等公共服务设施，推进安全、绿色、智慧科技园区建设。

七、加强分类指导和组织管理

（二十）加强组织领导。坚持党对国家高新区工作的统一领导。国务院科技行政部门要会同有关部门，做好国家高新区规划引导、布局优化和政策支持等相关工作。省级人民政府要将国家高新区作为实施创新驱动发展战略的重要载体，加强对省内国家高新区规划建设、产业发展和创新资源配置的统筹。所在地市级人民政府要切实承担国家高新区建设的主体责任，加强国家高新区领导班子配备和干部队伍建设，并给予国家高新区充分的财政、土地等政策保障。加强分类指导，坚持高质量发展标准，根据不同地区、不同阶段、不同发展基础和创新资源等情况，对符合条件、有优势、有特色的省级高新区加快"以升促建"。

（二十一）强化动态管理。制定国家高新区高质量发展评价指标体系，突出研发经费投入、成果转移转化、创新创业质量、科技型企业培育发展、经济运行效率、产业竞争能力、单位产出能耗等内容。加强国家高新区数据统计、运行监测和绩效评价。建立国家高新区动态管理机制，对评价考核结果好的国家高新区予以通报表扬，统筹各类资金、政策等加大支持力度；对评价考核结果较差的通过约谈、通报等方式予以警告；对整改不力的予以撤销，退出国家高新区序列。

国务院

2020 年 7 月 13 日

附录三

科技部关于印发
《"十四五"国家高新技术产业开发区发展规划》的通知

国科发区〔2022〕264 号

各省、自治区、直辖市及计划单列市科技厅(委、局),新疆生产建设兵团科技局,各国家高新技术产业开发区管委会:

为贯彻落实《中华人民共和国国民经济和社会发展第十四个五年规划和2035年远景目标纲要》和《国务院关于促进国家高新技术产业开发区高质量发展的若干意见》,推动高新区高质量发展,科技部编制了《"十四五"国家高新技术产业开发区发展规划》。现印发给你们,请结合实际,认真贯彻实施。

科技部

2022 年 9 月 21 日

"十四五"国家高新技术产业开发区发展规划

为贯彻习近平总书记关于国家高新技术产业开发区(以下简称"国家高新区")发展的重要指示精神,进一步明确"十四五"国家高新区的发展思路和重点任务,根据《中华人民共和国国民经济和社会发展第十四个五年规划和2035年远景目标纲要》《国务院关于促进国家高新技术产业开发区高质量发展的若干意见》等文件,制定本规划。

一、形势需求

（一）发展基础。

国家高新区经过 30 多年发展，走出了一条具有中国特色的高新技术产业化道路，成为支撑引领高质量发展的重要力量。截至 2020 年底，国家高新区总数达 169 家，其中东部 70 家、中部 44 家、西部 39 家、东北 16 家，建设了 21 家国家自主创新示范区（以下简称"国家自创区"），成为实施创新驱动发展战略的重要载体。"十三五"期间，国家高新区在创新体制机制、转变发展方式、优化产业结构、增强国际竞争力等方面取得显著成效，为推动高质量发展发挥了重要示范引领和辐射带动作用。

国民经济发展的支撑引领作用进一步凸显。2020 年，国家高新区生产总值达到 13.6 万亿元，占全国的 13.3%；营业收入、工业总产值、净利润分别达到 42.8 万亿元、25.6 万亿元、3.0 万亿元，较 2015 年增长 68.7%、37.8%、89.1%，表现出强劲的抗风险能力和逆势增长势头。在芯片研发、智能制造、控制传染、疾病救治、疫苗和药物研发、复工复产等方面产生了一批发挥关键作用的新技术、新产品、新模式。

改革探索试验田作用有效发挥。持续推进"放管服"改革和简政放权，中关村等国家自创区政策先行先试与体制机制改革进一步深化，在外籍人才引进、天使投资税制、保税监管、权限下放、法定机构、组织架构、人事薪酬制度等方面，形成一批可复制可推广的改革试点成果。

科技创新策源功能持续强化。高端创新资源和人才不断集聚，在量子信息、生物医药等领域取得重大成果。2020 年，企业研发经费支出占全国 49.5%，企业研发投入强度是全国平均水平的 2.8 倍，PCT 国际专利申请量占全国 49.4%，每万名从业人员中研发人员全时当量是全国的 12.5 倍。

全链条孵化体系更加健全。形成了"众创空间—孵化器—加速器"孵化链条，创新型企业持续涌现。2020 年，孵化载体数量、新增注册企业、瞪羚企业分别是 2015 年的 2.2 倍、3.4 倍、1.6 倍；科技型中小企业、高新技术企业、科创板上市企业分别占全国的 35.9%、36.2%、67.4%。

创新型产业集群竞争力显著提高。培育壮大了一批世界级产业集群，中关村新一代信息技术、武汉东湖光电子、上海张江集成电路等产业规模分别占全国 17%、50%、35%。生物医药、智能制造、新材料、新能源等特色产业聚集效应日益明显，5G、人工智能等数字经济蓬勃发展。

集聚辐射能力不断增强。主动服务支撑京津冀协同发展、长江经济带发展、粤港澳大湾区建设、长三角一体化发展等国家区域重大战略，有力带动区域协调发展。积极融入全球创新网络，落实"一带一路"科技创新行动计划，2020 年货物和服务贸易合计出口总额占全国 22.6%，在境外设立研发机构超过 2000 家。

（二）机遇与挑战。

"十四五"时期，百年变局加速演进，国际环境更趋复杂严峻和不确定，我国进入新发展阶段，必须贯彻新发展理念，构建新发展格局，推动高质量发展，国家高新区发展面临新形势、新使命、新要求。

新一轮科技革命和产业变革突飞猛进，世界竞争格局加速重构，对国家高新区加快构建先发优势提出新要求。全球科技创新进入空前活跃期，科技创新范式发生深刻变革，数字化、智能化、绿色化成为重要趋势，应用导向、场景驱动成为科学发现和技术创新的新模式。世界科技园区发展呈现产业高端化、创新生态化、功能融合化、治理专业化等新特征。新冠肺炎疫情全球化蔓延，全球科技创新格局深度调整，前沿技术、高端人才、标准规则、市场空间成为竞争焦点。国家高新区应把握跃升发展机遇，主动迎接挑战，强化原始创新，加快突破关键核心技术，全面塑造又"高"又"新"发展新优势，成为支撑高水平科技自立自强的第一方阵。

高质量发展深入推进，新发展格局加快构建，为国家高新区发挥全方位引领作用指明新方向。我国已转向高质量发展阶段，构建以国内大循环为主体、国内国际双循环相互促进的新发展格局更加迫切，实现碳达峰碳中和目标、推进共同富裕等任务更加艰巨。国家高新区作为高质量发展的核心载体和新发展格局的重要支点，应更加聚焦国家战略需求，强化创新第一动力，推进经济、科技、社会、生态文明统筹发展，全面提升发展质量和效率，率先引领绿色低碳转型，让创新成果惠及更多民众。

国家区域重大战略加快实施，区域协调发展战略扎实推进，对国家高新区发挥辐射带动作用提出新需求。京津冀协同发展、长江经济带发展、粤港澳大湾区建设、长三角一体化发展、黄河流域生态保护和高质量发展等国家区域重大战略的实施，以及西部大开发、东北振兴、中部崛起等区域协调发展战略的落实，都迫切需要科技创新的全面支撑引领。国家高新区应进一步优化发展布局，强化创新引擎功能，充分发挥示范、带动、辐射作用，建设区域创新增长极，为解决发展不平衡不充分问题贡献重要力量，带动区域创新水平全面提升。

总体看，国家高新区在"十三五"期间取得显著成绩，但与新形势新要求相比，仍存在以下问题：一是自主创新能力亟待进一步提升，高端创新资源集聚不足，引领性原创成果突破不够，支撑高水平科技自立自强的作用尚未充分发挥。二是主导产业核心竞争力有待加强，产业优势和特色不突出，对产业链供应链安全支撑还不够。三是发展质量不平衡，东中西部园区发展差距比较大，支撑国家区域重大战略和区域协调发展战略的能力有待增强。四是国际化程度有待提高，与国际接轨的环境亟待改善，开放合作深度广度不够。五是制度环境和创新创业生态有待优化，符合自身发展条件和阶段的体制机制探索不足，专业化服务能力不强，与新产业、新业态、新场景发展相适应的制度创新亟须加强。

"十四五"时期，国家高新区迈进深入实施创新驱动发展战略、以高水平科技自立自强引领高质量发展的关键阶段，应主动应变求变，把握发展大势，紧扣国家需求，强化使命担当，提高战略位势，擦亮园区品牌，全面提升发展质量，更好发挥示范引领作用。

二、总体要求

（一）指导思想。

以习近平新时代中国特色社会主义思想为指导，全面贯彻党的十九大和十九届历次全会精神，立足新发展阶段，完整、准确、全面贯彻新发展理念，加快构建新发展格局，继续按照"发展高科技、实现产业化"方向，聚焦"四个面向"，做好"高"和"新"两篇文章，统筹落实创新驱动发展战略和国家重大区域战略，坚持科技创新和体制机制创新双轮驱动，以推动高质量发展为主题，以强化创新功能、支撑高水平科技自立自强为主线，以培育具有国际竞争力的企业和产业为重点，以营造良好创新创业生态为抓手，全面建设创新驱动发展示范区和高质量发展先行区，为创新型国家建设作出新的更大贡献。

（二）发展原则。

创新引领。把握世界科技前沿和国家发展需求，集聚高端创新资源，强化基础研究和应用基础研究，加强原创性、引领性科技攻关，突破关键核心技术，培育高精尖企业，壮大未来科技和产业，构建更多先发优势。

改革驱动。坚持市场化、法治化、差异化，加强先行先试和"放管服"改革，做强创新主体，完善竞争机制，创新治理方式，提升专业服务能力，探索适应新产业、新业态发展的制度，优化创新创业生态和营商环境，激发各类主体活力。

开放协同。深化园区东西合作与南北互动，提升开放合作水平，支撑国内国际双循环互促共进。推进产学研用、大中小企业融通发展，促进科技、产业、金融良性循环，深化产业链与创新链、产业创新与城市发展融合。

绿色智能。加大绿色技术、绿色产业、绿色场景、绿色制度等供给，推动资源能源循环集约利用。强化数字技术在园区智能化转型中的推广应用。深化绿色化智能化融合发展，提高绿色发展水平和效率，有力支撑实现碳达峰碳中和。

特色发展。根据地区资源禀赋与发展水平，选择适合的产业发展方向，更加聚焦价值链中高端，探索具有自身优势和特色的高质量发展模式。深化分类指导，建立健全分类评价机制。

（三）发展布局。

按照"做高位势、做强存量、做大增量"发展导向，根据国际科技产业竞争形势、提升产业链供应链安全的迫切需求，立足国家重大区域战略和地方资源禀赋等因素，进一步优化国家高新区、自创区发展布局，强化示范、带动、辐射作用，推动区域协调可持续发展。对符合条件、有优势、有特色的省级高新区加快"以升促建"步伐，完善东部地区布局，加大在中部、西部、东北以及特殊类型地区布局力度。实行"有进有出"的动态管理机制，强化优胜劣汰。到"十四五"末，国家高新区数量达到220家左右，实现东部大部分地级市和中西部重要地级市基本覆盖。适度增加国家自创区数量，鼓励有条件的地方整合国家高新区资源打造国家自创区，在更高层次探索创新驱动发展新路径。

（四）发展目标。

到2025年，国家高新区、自创区布局更加优化，自主创新能力显著提升，体制机制持续优化，创新创业环境明显改善，高新技术产业体系基本形成，高新技术成果产出、转化和产业化机制更加完善，攻克一批支撑产业和区域发展的关键核心技术，研制一批兼具原创性和先进性的高水平标准，形成一批自主可控、国际领先的产品，涌现一批具有国际竞争力的创新型企业和产业集群，对产业链供应链安全的保障作用明显增强，绿色低碳和智能化转型成效显著，中关村建设世界领先科技园区取得重要进展，建成若干具有世界影响力的高科技园区和一批创新型科技园区、创新型特色园区，对国家重大战略的全方位支撑引领作用进一步增强。

率先成为支撑科技自立自强的创新高地。国家战略科技力量不断聚集壮大，关键核心技术、前沿引领技术和颠覆性创新取得重要突破，涌现一批具有世界影响力的重大原创成果，在更多战略领域构建先发优势。

率先成为更具有吸引力的人才高地。在关键领域集聚一大批战略科技人才、一流科技领军人才和创新团队，青年科技人才、企业家队伍和高水平创业群体加快成长，形成具有国际竞争力的人才制度体系。

率先成为具有国际竞争力的产业高地。产生一批具有强大国际竞争力的科技领军企业和世界一流企业，高新技术企业、瞪羚企业、独角兽企业、科技型中小企业群体持续壮大，科技、产业、金融循环更加顺畅，成果转化效能显著提升，形成若干世界级创新型产业集群，培育一批未来产业。

率先成为服务新发展格局的开放高地。东西合作、南北互动等跨区域园区合作取得显著成效，"一带一路"科技园区合作取得重大进展，全球创新资源集聚辐射能力显著增强，创新环境的国际化程度大幅提升，开放合作水平明显提高。

率先成为制度与政策创新的改革高地。管理体制改革深入推进，突破性、首创性、引领性改革持续探索，形成一批可复制可推广的先行先试政策，专业化、市场化服务能力持续增强，适应新产业、新业态发展的制度环境不断完善。

附表 3-1 "十四五"国家高新区发展预期性目标

序号	指标	2020 年	2025 年
1	园区生产总值占全国的比重 /%	13.3	15
2	全员劳动生产率 /（万元 / 人）	36.6	45

序号	指标	2020 年	2025 年
3	单位增加值综合能耗降低 /%*	29	15
4	企业研发经费支出占地区生产总值比重 /%	6.8	7.8
5	当年国内发明专利授权量占全国比重 /%	34.2	40
6	每万名从业人员拥有研发人员数 / 人年	1240	1380
7	当年高新技术企业数 / 万家	10.1	30
8	当年境内外上市企业数 / 家	1684	2000
9	出口总额占全国外贸出口比重 /%	22.5	30
10	当年新注册企业数 / 万家	74.8	150
11	技术合同成交额 / 亿元	8017.4	25 000

注：* 是指五年累计下降率。

三、重点任务

（一）增强科技创新策源能力。

1. 壮大国家战略科技力量。

以国家战略需求为导向，推动国家科研机构、高水平研究型大学、科技领军企业等国家战略科技力量在国家高新区布局。鼓励园区强化对科技创新平台的硬件支持和配套服务，完善科技成果落地承接机制；加强对国家科研机构的资源引入、成果转化和运营评价；深化与高水平研究型大学的联合研发，加强基础前沿探索和关键技术突破；支持科技领军企业牵头建设布局跨领域、大协作、高强度的创新基地，积极参与全国重点实验室重组和国家技术创新中心布局，增强重点产业和关键领域技术创新能力。

2. 集聚高端科教资源。

支持国家高新区建设科教资源集聚区，打造高品质创新空间。鼓励园区通过联合共建、虚拟整合等方式，集聚境内外高等院校、科研院所等创新资源。

鼓励高等院校、科研院所在园区设立分支机构。支持区内骨干企业联合高等院校、科研院所建设市场化运行的高水平实验设施、新型研发机构。支持区内高等院校、科研院所组建开放实验室，面向企业开放共享科研仪器设备、检验检测等资源。支持园区企业在科技资源密集地区建设研发机构。

专栏1 科教资源集聚区建设行动

为提升国家高新区创新能级，推动一批有条件的园区率先建设科教资源集聚区，夯实特色产业和重点领域创新能力。

规划建设专门功能区。通过整合或新建等方式，设立专门空间，规划布局科学城、科技城、科创城、科教城等载体，建设若干创新社区、科技产业社区，完善商务生活配套。

集聚高端科教资源。推动园区所在地研发机构优先在集聚区布局，引入国内外高等院校、科研院所、企业研发中心、新型研发机构等，布局重大科技基础设施、国家技术创新中心等重大创新平台。

完善科技服务网络。引进培育创业孵化、技术转移、科技金融、知识产权、科技咨询等各类社会化的科技服务机构，提升专业化服务水平。

3. 提升基础研究和应用基础研究水平。

支持国家高新区企业、高等院校、科研院所积极承担国家和地方基础研究类项目。鼓励园区组织区内创新主体提出基础研究和应用基础研究重大问题清单。鼓励地方政府部门联合园区设立面向区内主体的基础研究类项目。支持区内高等院校、科研院所建设基础学科研究中心，自主开展基础研究和应用基础研究。鼓励园区有条件的行业龙头企业围绕解决产业发展和生产实践中的共性基础问题，加强应用基础研究。引导园区落实企业基础研究投入税收优惠政策，探索建立多渠道基础研究和应用基础研究投入的长效机制。

4. 加强关键核心技术研发。

支持国家高新区围绕重点产业领域和战略性产品的关键环节，聚焦关键共性技术、前沿引领技术、现代工程技术、颠覆性技术创新，集中优势资源和科研精锐力量推动技术攻关。鼓励园区探索市场化和政府投入协同联动的技术攻关体制，支持各类创新主体通过"揭榜挂帅""赛马制"等方式承担或参与国家、省级重大科技项目。引导园区推动关键核心技术研发、国家科技计划等重大成果落地转化，加快实现产品化、产业化。

（二）汇聚国家战略人才力量。

1. 集聚多层次创新人才。

支持国家高新区面向全球招才引智，实行更加积极、更加开放、更加有效的人才政策。鼓励园区依托重大创新平台、重大科技项目，培养和引进一批科技人才和创新团队。鼓励园区设立面向青年科技人才的专项计划，支持符合申报条件的设立博士后科研工作站，引进国内外优秀博士和博士后等青年科技人才。鼓励园区设立科技领军人才创新驱动中心等，实施科技人员服务企业专项行动，推动科技人才转化科技成果。

2. 培养高水平人才队伍。

支持国家高新区建立完善各类人才支持培养政策，构建精准化人才培育体系。鼓励区内高等院校主动适应新兴产业发展需求，加强行业特色学科专业建设，增设前沿和紧缺学科专业。深化产教融合，支持园区建设校企联合人才培养平台，引导骨干企业等与高等学校共建共管现代产业学院，深度参与未来技术学院建设，培养国际化人才和高水平工程技术人才等。鼓励园区探索完善校企、院企科研人员"双聘""旋转门"机制。建立健全市场导向的人才跨区域交流合作机制，促进人才健康有序流动。

3. 创新人才发展机制。

鼓励国家高新区探索市场评价人才机制，制定对标国际通行规则与标准的科技创新人才发展指标，建立以创新价值、能力、贡献为导向的人才评价体系。鼓励区内符合条件的高等院校、科研院所自主引进人才和评定职称，构建充分体现知识、技术等创新要素价值的收益分配机制。鼓励地方政府面向园区"高精尖缺"人才开辟"绿色通道"，优化外国高端人才来华工作许可和居留许可程序。支持在区内企业工作并取得永久居留资格的外籍科学家领衔承担科技计划项目，探索建立外国在华留学生校外实习和勤工助学制度。

4. 优化人才服务保障。

支持国家高新区坚持以人为本，强化综合保障与公共服务，激励各类人才创新创业。鼓励园区建设多种市场机制的人才公寓，采用"租、售、补"并举方式，着力解决创新人才住房问题。鼓励区内高等院校、科研院所等利用自有资源，做好人才安居保障工作。鼓励园区发展市场化人才服务机构，为人才提供多样化、专业化服务。推动园区强化福利保障、子女教育、医疗卫生等服务，建设国际学校、三甲医院等一流配套设施，营造和谐宜居、环境优美的人才生活环境。

（三）建设世界级产业集群。

1. 着力发展特色主导产业。

鼓励国家高新区立足资源禀赋和特色优势，因地制宜、因园施策，聚焦特色主导产业，强化创新资源配置，优先布局相关重大产业项目，加快形成聚集效应和品牌优势。引导园区发挥主导产业战略引领作用，集成大中小企业、研发机构、服务机构等，带动关联产业协同发展，形成各具特色的产业生态。引导园区企业广泛应用新技术、新工艺、新材料、新设备，推进互联网、大数据、人工智能同实体经济深度融合，促进产业向智能化、高端化、绿色化发展，加快迈向价值链中高端，提升产业链供应链现代化水平。

2. 壮大战略性新兴产业。

鼓励国家高新区加强战略前沿领域部署，实施一批引领型重大项目和新技术应用示范工程，加快关键核心技术创新应用，培育壮大战略产业新引擎。支持园区以产业链关键产品、创新链关键技术为核心，加快聚合关键要素，深入推进跨界融合创新，完善新兴产业配套设施，打造具有全球竞争力的战略性新兴产业集群。引导园区围绕战略性新兴产业，锻造长板，提升产业链韧性，推动强链补链，促进跨区域产业链协作，防止低水平重复建设。

3.塑造数字经济新优势。

引导国家高新区推动数字技术和制造业、服务业深度融合，催生新产业新业态新模式。支持园区建设数字基础设施、数字技术创新体系，培育一批数字化车间和智能工厂，部署一批具有国际水准的工业互联网平台、数字化转型促进中心。鼓励园区积极培育人工智能、大数据、云计算、区块链、工业互联网等新兴数字产业，打造优势数字产业集群。支持园区探索场景创新，完善场景促进机制，探索推出首发首创式应用场景，释放数字经济新活力。

专栏2　应用场景建设行动

围绕前沿科技和未来产业发展、消费升级、园区治理等需求，支持国家高新区实施应用场景建设行动，促进新技术新产品落地应用。

明确场景建设方向。突出区域特色，以数字技术创新应用为重点制定场景建设行动方案。围绕区块链、量子科技、生命科学、人工智能等方向，加大具有科技感、未来感的场景供给。

发布场景机会清单。围绕重大项目载体、产业数字化转型、城市建设与城市更新、城市管理和民生服务等，定期征集场景需求清单并向社会发布，吸引企业"揭榜挂帅"落地，参与园区场景创新。

完善场景促进机制。引入和培育专业化、市场化的场景机构，跟踪新技术创新场景，推动常态化场景挖掘、策划、发布和对接，形成一批具有核心竞争力和商业价值的示范产品。

4. 前瞻布局未来产业。

支持国家高新区依托高校优势学科和学科交叉融合的优势,面向类脑智能、量子信息、基因技术、未来网络、氢能与储能等前沿科技和产业变革领域,前瞻部署一批未来产业。支持园区联合国家大学科技园建设未来产业科技园、未来产业技术研究院等,创新未来产业应用场景,打造未来产业科技创新和孵化高地。引导园区支持产业跨界融合,开展前沿科技、硬科技创业,加速形成若干未来产业。

专栏3　未来产业培育行动

充分发挥高等院校、科研院所、大学科技园等优势,推动具备条件的国家高新区实施未来产业培育行动,促进基础研究和前沿科技成果转化。

建设未来产业科技园。依托国家大学科技园,建设未来产业科技园,强化相关基础设施建设和应用场景构建,探索"学科＋产业"创新模式和"孵化＋投资"服务体系,促进未来产业孵化和产业化。

建设未来产业技术研究院。依托区内高水平研究型大学、科技领军企业,联合共建未来产业技术研究院,加快集聚未来产业重点方向高层次人才等各类创新资源,加强前沿技术多路径探索、交叉融合和颠覆性技术供给。

完善未来产业培育机制。按照市场化方式,引入和培育促进未来产业发展的机构,开展产业选择、企业培育、招商引资、场景发布、品牌活动、评估考核等专业化服务。

（四）壮大创新型企业群体。

1. 建设科技领军和世界一流企业。

支持国家高新区瞄准产业链重点环节、关键核心技术,引进和培育一批核心技术能力突出、集成创新能力强、代表国家战略科技力量的科技领军和世界一流企业。支持区内企业联合高等院校、科研院所和行业上下游企业建设创新联合体，参与重大基础研究平台、科技创新基地、跨学科研究中心建设和国家科技计划。引导区内企业开放创新资源、供应链资源和市场渠道，通过研发众包、内部创业、大中小企业融通等方式，实现平台化转型。

2. 提升高新技术企业核心竞争力。

鼓励国家高新区持续扩大高新技术企业数量，推动高新技术企业高质量规范发展。引导园区建立健全政策协调联动机制，落实好研发费用加计扣除、高新技术企业所得税减免等政策。鼓励园区加大新产品新技术应用推广力度。支持区内企业进一步加大研发投入，建设高水平研发机构，开展关键核心技术攻关，提升创新能力。引导区内企业建立健全知识产权管理体系，优化核心自主知识产权，加强商标品牌建设，增强行业国际话语权。

3. 支持高成长企业发展。

支持国家高新区加大瞪羚、独角兽等高成长企业培育力度，完善企业发掘、筛选和培育机制，健全企业支持政策。支持园区建立高成长企业梯度培养体系，将更多具有发展潜力的企业纳入培育范围。支持园区引入市场化、专业化的高成长企业服务机构，针对不同阶段企业发展需求，开展商业模式优化、项目路演、资本对接、场景拓展等精准服务。引导创业投资、私募股权、并购基金等社会资本支持瞪羚、独角兽企业发展。

4. 培育科技型中小企业。

鼓励国家高新区建立支持科技型中小企业研发的制度安排，精准培育一批"四科"特征明显的科技型中小企业。推动园区各类创新平台加大对科技型中小企业研发活动的支持，引导更多资源向科技型中小企业聚集。鼓励园区加大对科技型中小企业技术研发、中试熟化基地、平台建设、场地租赁等支持力度。支持园区探索科技型中小企业创新产品政府采购制度，加大高端装备首台（套）、新材料首批次、软件首版次等创新产品政府非招标采购力度。鼓励园区引导中小企业向"专精特新"企业发展。

（五）推动高水平创新创业。

1. 提升创业孵化服务专业化水平。

鼓励国家高新区内大学科技园提升发展内涵，强化专业化运营管理水平。支持园区推动众创空间、孵化器等载体专业化、市场化、链条化发展，依托龙头企业、高校院所立足优势细分领域，建设专业化众创空间。引导园区对孵化载体实施分类指导、运行评估和动态管理，精准扶持优质载体提档升级。支持园区建设科技服务业集聚区，引进和培育研究开发、检验检测认证、科技咨询、标准服务等专业科技服务机构，优化创新创业生态。鼓励园区举办高质量创新创业活动，打造具有影响力的创新创业品牌，吸引海内外高层次人才开展硬科技、前沿科技等高水平创业。支持园区弘扬科学家精神、企业家精神，倡导鼓励创新、宽容失败的文化。

专栏4　高水平科技创业促进行动

推进创新创业纵深发展，推动国家高新区实施高水平科技创业促进行动，培育一批具有标杆效应和高成长潜力的创新型企业。

建设高质量孵化载体。加快建设一批高水平创业急需的专业化众创空间、硬科技孵化器，集聚市场化运营团队，打造专业化技术平台，强化产品研发、工业设计、小批量试制、中试熟化、检验检测等功能。

汇聚高水平创业人才。聚焦世界科技前沿、未来产业等方向，加快集聚海内外科学家、企业家、大企业高管等高层次创新创业人才，深入推进前沿科技创业、硬科技创业、科学家联合创业、连续创业。

完善专业化精准服务。加快引进国际律师、知识产权人才、产业投资人等高水平专业化服务机构和人才，实施科技创新券制度，不断深化"孵化＋投资"等服务。

2. 加强科技成果转移转化。

支持地方政府依托国家高新区建设国家科技成果转移转化示范区，在职务科技成果所有权改革、要素市场化配置改革、科技成果评价改革等方面创新机制、先行先试。支持园区建设专业化技术转移机构、技术成果交易平台、科技成果中试工程化服务平台、概念验证中心、质量基础设施服务平台等，培育科技咨询师、技术经纪人等高素质复合型人才。鼓励园区建立健全科技成果常态化路演机制，做实中国创新挑战赛、科技成果直通车、颠覆性技术创新大赛等品牌活动。

3. 促进科技与金融深度融合。

鼓励银行业金融机构在国家高新区设立科技支行。支持各类金融机构在区内开展投贷联动、知识产权质押融资、知识产权保险、绿色金融、供应链金融等多样化服务，落实首台（套）重大技术装备保险等相关政策。支持区内科技型企业扩大债券融资。支持园区按照市场化、法治化原则，探索多元风险分担机制，开展科技成果转化贷款风险补偿工作，健全科技型中小企业信贷风险分担体系。引导园区完善企业创新积分与涉企金融政策支持联动机制，鼓励金融机构支持企业研发创新。支持园区培育发展市场化股权投资基金，发挥政府引导基金的撬动作用，壮大天使投资、创业投资规模，加强对早期科创企业的扶持。支持园区创新国有资本创投管理机制，允许符合条件的国有创投企业建立跟投机制。支持园区科技企业在创业板、科创板等多层次资本市场上市。

专栏 5　科技与金融深度融合行动

强化金融对科技产业的支撑作用，推动国家高新区实施科技与金融深度融合行动，实现金融、科技和产业良性循环。

建设科技金融创新服务中心。加快集聚各类金融机构，建设科技金融信息服务平台。鼓励设立科技支行、专业化科技特色支行，围绕不同领域、不同阶段、不同类别企业需求提供个性化金融服务产品。

发展积分贷等新型科技信贷。统筹银行信贷、风险补偿、融资担保、金融债等，建立完善科技信贷产品体系与政府性融资担保的联动机制，推进企业创新积分制试点，发展企业创新积分贷等。

精准开展科技企业上市融资服务。联合各类机构建立"融资对接—投资路演—上市培训"辅导体系，分层分类支持重点科技企业在主板、创业板、科创板等上市融资。

4. 加强知识产权创造运用与保护。

支持国家高新区创建国家级知识产权强国建设试点示范园区，建设专利导航服务基地、商标品牌指导站，培育国家知识产权优势示范企业，引导企业在重点产业领域形成并转化一批技术含量高、市场发展前景好、竞争力强的高价值专利，打造一批知名商标品牌。鼓励园区加快引进和培育知识产权评估、交易等服务机构，开展知识产权转让、许可等运营服务。支持区内高等学校、科研院所推行知识产权全过程管理，挖掘存量专利价值。引导园区加强行政保护与司法保护的协同联动，大力培养知识产权法律服务人才，建立健全海外知识产权预警机制，强化海外知识产权纠纷应对指导及服务。

（六）促进绿色化智能化融合发展。

1. 加强绿色低碳技术研发应用。

鼓励国家高新区引导企业建设绿色技术验证中心、绿色技术创新中心、绿色技术工程研究中心等创新平台，聚焦化石能源绿色智能开发和清洁低碳利用、新能源、生态环境保护、清洁生产、资源综合循环利用等领域，开展绿色技术攻关和示范应用。支持区内企业、高等学校、科研院所探索建立绿色技术标准及服务体系，推广运用减碳、零碳、负碳技术和装备。

2. 推动绿色低碳产业发展。

鼓励国家高新区谋划建设低碳产业专业园，培育新能源、新能源汽车、绿色环保等绿色产业集群，发展绿色低碳技术咨询、碳资产开发管理、第三方合同能源管理、环保管家等服务业态，强化绿色产品、绿色装备、绿色低碳解决方案供给。支持园区推进产业绿色低碳转型，促进大数据、人工智能等新兴技术与绿色低碳产业深度融合，打造绿色工厂、绿色供应链、智能工厂等。

3. 优化绿色生态环境。

支持国家高新区绿色低碳循环化发展，严格控制高能耗、高排放、低水平企业入驻。鼓励园区倡导全面节能降耗，加大对工业污染物排放的全过程防控和治理，降低污染物产生量。支持园区加大清洁能源使用，推进能源梯级利用，降低化石能源消耗。引导园区加大绿色基础设施建设，打造更多生态绿色景观，提高整体绿化覆盖率。鼓励园区引导企业完善绿色认证和标识体系，建立绿色产品采信机制。

专栏6　园区绿色发展行动

加快落实国家高新区绿色发展行动，探索和形成科技创新引领绿色高质量发展的路径。

制定绿色技术目录。聚焦重点领域，通过公开征集、专家评审，推动更多符合条件的先进技术纳入绿色技术推广目录，引导企业申报、实施绿色技术项目，为加快迈向碳达峰碳中和提供技术支撑。

培育绿色领军企业。加强对企业绿色投资、绿色建设、绿色运营、绿色创新等方面的支持力度，培育一批具有引领性和示范性的绿色领军企业。

建设低碳产业专业园。围绕低碳产业集群发展、能源转型等导向，联合龙头企业，通过新建、整合、改造等方式集中规划专门区域建设低碳产业专业园，以点带面示范带动园区绿色发展。

4. 建设数字园区。

鼓励国家高新区布局建设绿色低碳的数字化智能化设施和平台。支持符合条件的各类社会主体在园区投资建设高速信息通信网络、工业互联网、算力中心、数据中心等新型信息基础设施。支持园区推进管理和服务的数字化智能化，建设产业和创新创业大数据平台，提升园区管理运营服务效能。支持园区建设智慧社区，推进教育、医疗、养老等数字化服务普惠应用，促进消费、生活、休闲、交通出行等各类场景数字化。

专栏7 数字园区建设行动

全面深化国家高新区数字化转型，推动数字经济优势突出的园区实施数字园区建设行动，提升发展质量和服务能力。

推进园区基础设施数字化。建设完善5G、物联网等通信网络基础设施，布局人工智能、区块链等新技术基础设施，提升智能计算中心等算力基础设施功能，推进交通、物流、市政等基础设施数字化升级。

加快培育数字产业。加强政策集成和要素保障，汇聚数字创新资源，推动数字科技成果孵化转化，建设数字应用场景，培育数字经济创新型企业，招引重点项目，打造数字产业集群。

推动产业数字化转型。深化数字技术在研发设计、生产制造、经营管理、市场服务等产业链关键环节的应用，强化数字化服务资源对接、定制化系统解决方案开发、测试试验等服务，形成一批数字化转型推广模式和标杆企业。

建设园区大数据平台。结合产业特色和运营需求，建设产业、创新创业、政务服务等大数据平台，整合打通各部门数据，优化提升企业发展、产业招商、社会民生、应急管理等精准数据监测、管理与服务。

（七）强化区域协同与辐射带动。

1.构建区域创新增长极。

强化国家高新区对国际科技创新中心、区域科技创新中心等的服务支撑作用。支持园区整合或托管区位相邻、产业互补的省级高新区或各类工业园区，打造集中连片、协同互补、联合发展的创新共同体。支持国家高新区做实"一区多园"，实现核心园和分园统一规划、统一建设、统一招商、统一管理。鼓励园区探索资源共享与利益平衡机制，示范带动本地及周边区域发展。引导各地依托国家自创区，遴选省内发展基础较好的园区和创新能力较强的龙头企业、科研院所纳入辐射带动范围，探索建立"核心区—辐射区—辐射点"发展格局。加强自创区核心区、辐射区、辐射点的管理与服务，将核心区率先形成的先行先试政策、专项资金向辐射区、辐射点推广共享，提高联动发展水平。

2. 支撑国家区域重大战略。

强化国家高新区在城市群和区域一体化发展中的动力引擎作用，更好服务于京津冀协同发展、长江经济带发展、粤港澳大湾区建设、长三角一体化发展、黄河流域生态保护和高质量发展等国家区域重大战略实施。支持园区探索创新资源开放、关键技术联合攻关、创新平台共建等方式，实现与周边区域创新要素和平台互联互通、产业发展成链成群、科技创新协同协作、公共服务共建共享、政策互融互认，提升区域整体创新能级。

3. 落实区域协调发展战略。

鼓励国家高新区开展东西合作和南北互动，优化异地孵化、伙伴园区等多种合作机制，探索解决区域发展不平衡不充分问题的有效路径。支持园区做实飞地经济模式，深入开展"孵化＋加速""科技创新＋场景应用""产业链供应链协同"等合作，创新商事登记"异地迁移通办"等互认机制，带动中西部地区和欠发达地区创新能力提升与产业转型升级。

专栏 8　跨区域园区合作行动

深入落实国家重大区域战略，推动国家高新区实施跨区域园区合作行动，有力支撑东西合作、南北互动，特别是发达地区与特殊类型地区的跨区域合作。

开展多种形式结对子合作。开展人才互派、产业互促、基金共建、创新资源共享、产学研协同等多种合作方式，定期组织主题对接活动，强化经验交流共享。积极探索分园、飞地经济等方式，建设合作载体。

建立完善利益共享机制。创新跨区域的资源优化组合制度，积极探索产值分计、跨区域布局企业税收分成、共建园区开发建设收益分成等市场导向的利益共享机制。

探索跨区域合作政策创新。探索科技创新券通用通兑、科技创新平台与科技专家库共享共用、人才评价标准互认、科技成果跨区域转化等。

（八）深化园区开放合作。

1. 集聚国际高端创新资源。

支持国家高新区持续吸引国际知名大学、高水平研发机构、知名风投、高层次人才等高端创新资源。鼓励园区内企业开展国际科技交流合作，支持园区建设国际合作园、国际技术转移中心等国际科技合作平台。支持外资企业在园区设立研发中心和参与承担科技计划项目。鼓励园区整合全球创新资源，建设海外研发中心、离岸创新中心等，通过"海外研发—国内转化、海外孵化—国内加速"等方式，加强与国际创新产业高地联动发展，推动与境外经贸合作区协同发展。

2. 推进高水平"走出去"。

鼓励国家高新区各类主体"走出去"，积极参与国际大科学计划和大科学工程、国际科技合作项目等。支持企业开展知识产权全球布局，参与国际标准创制活动。鼓励区内企业积极拓展新兴市场，设立海外研发机构，开展产业链合作、跨国并购、数字贸易，扩大高新技术产品和服务输出。

3. 深度融入共建"一带一路"。

引导国家高新区积极响应"一带一路"倡议，与共建"一带一路"国家探索开展多种形式的国际园区合作，共享中国高新区建设的成功经验。积极推进共建"一带一路"科技人文交流、技术交流、科技园区合作等任务的协调联动，打造"一带一路"开放合作新高地，促进共同发展。

专栏9　"一带一路"园区国际合作行动

深度融入共建"一带一路"大格局，推动国家高新区实施"一带一路"园区国际合作行动，实现互利共赢。

共建国际科技合作园区。统筹推进各类科技合作平台建设，与共建"一带一路"国家联合建设跨境经济合作园、海外科技园等载体，积极布局联合研发、制造集成、技术对接等合作平台，促进创新要素流动开放。

支持企业高水平"走出去"。支持区内企业投资和经营"一带一路"基础设施建设项目、国际产能合作项目等。完善跨境投融资体系，进一步优化国际结算、贸易融资、跨境资金管理等服务，深化企业经贸合作。

探索国际开放政策。对标区域全面经济伙伴关系协定、全面与进步跨太平洋伙伴关系协定等国际公认高标准经贸规则，加大对外开放压力测试，探索若干与国际接轨的制度创新试点。

（九）提升创新治理水平。

1. 优化市场化法治化国际化营商环境。

支持国家高新区进一步深化"放管服"改革，推进投资项目审批改革，实行企业投资项目承诺制、容缺受理制，减少不必要的行政干预和审批备案事项。鼓励园区进一步深化商事制度改革，全面推行"证照分离""照后减证"改革，放宽市场准入，推进企业简易注销登记改革，创新事前事中事后信用监管。引导园区建立健全法治体系，积极推进经济活动多层次多领域依法治理，强化安全生产责任，营造良好安全环境。探索建立与国际投资和贸易通行规则相衔接的政务服务、知识产权保护体系，形成更具国际竞争力的营商环境。

2. 强化政策创新与先行先试。

支持中关村落实新一轮先行先试改革措施。支持国家高新区围绕新兴产业监管、成果转化与股权激励、人才引进流动、新型融资模式、知识产权评估与交易、新型产业用地、跨区域互认等重点方向，强化政策创新与先行先试，推动重点领域项目、基地、人才、资金一体化配置。支持园区复制推广国家自创区等相关改革试点政策。支持园区按照监管合规和风险可控原则，探索"沙盒监管"机制，建立和完善容错免责事前备案制度。鼓励各类主体参与园区产业发展、创新创业、社会治理等，建立多元共治模式。鼓励地方政府在事权范围内大胆创新，落实"三个区分开来"要求，完善试错机制，做好容错纠错工作。

3. 持续深化管理体制机制改革。

支持国家高新区积极承接省级、市级经济管理权限下放，建立与省级有关部门直通车制度。支持地方出台高新区条例，更好保障和促进园区持续发展。支持园区因地因时探索适合自身发展条件和水平的管理体制，优化内部管理架构。鼓励有条件的园区探索岗位管理制度，实行聘用制和绩效工资制度，建立完善符合实际的分配激励和考核机制。支持园区开发建设主体完善市场化经营机制，推进混合所有制改革和上市融资。

4. 优化配套服务功能。

支持国家高新区深入推进产城融合发展，完善教育、医疗、养老、托育、商务、文化、娱乐、体育等公共服务设施。鼓励园区创新公共服务供给机制，建立健全主体多元化、方式多样化的公共服务制度体系。引导园区开展城市更新，建设创新资源集聚、双创服务完善、科技人才密集的产业社区、创新社区、国际科创社区等，构筑美好生活新图景。

四、保障措施

（一）加强组织领导管理。

坚持党的领导，充分发挥党的各级组织在推进国家高新区发展中的领导作用和战斗堡垒作用。充分发挥国家科技管理部门宏观引导和省级科技管理部门业务指导作用。各有关省级人民政府要将国家高新区作为实施创新驱动发展战略的重要载体，加强对省内国家高新区规划建设、产业发展和创新资源配置的统筹。国家高新区所在地市级人民政府要切实承担国家高新区建设的主体责任，加强国家高新区领导班子配备和干部队伍建设，并给予国家高新区充分的财政、土地等政策保障。

（二）深化园区分类指导。

坚持高质量发展标准，根据不同地区、不同阶段、不同资源禀赋等情况，对国家高新区实行分类管理。支持先进园区建设世界领先科技园区和具有世界影响力的高科技园区；支持创新资源相对富集的园区建设创新型科技园区；支持主导产业和发展模式突出的园区建设创新型特色园区。引导园区强化数据统计、运行监测和绩效评价，创新完善土地集约利用状况评价。建立动态管理和淘汰机制，对评价考核结果好的园区予以通报表扬；对评价考核结果较差的园区通过约谈、通报等方式予以警告；对整改不力的园区予以撤销，退出国家高新区序列。

（三）实施若干关键行动。

围绕创新驱动高质量发展要求，在国家高新区组织开展科教资源集聚区建设、应用场景建设、未来产业培育、高水平科技创业促进、科技与金融深度融合、园区绿色发展、数字园区建设、跨区域园区合作、"一带一路"园区国际合作等行动。科技部发挥牵头引导作用，推动中央和地方的通力协作，充分调动地方积极性，促进关键行动落实。各园区要结合实际研究具体落实举措，明确任务目标，确保有序推进。

（四）完善规划落实机制。

本规划实施范围为国务院和省级人民政府依法审批的国家高新区规划范围。要加强对规划实施的组织、协调和督导，建立健全规划实施监测评估、考核监督机制，根据实际情况对规划与考核目标进行合理调整或修订。开展规划实施情况年度监测、中期评估和总结评估，鼓励开展第三方评估，强化监测评估结果应用。

附录四

科技部关于印发
《国家高新技术产业开发区综合评价指标体系》的通知

国科发火〔2021〕106 号

各省、自治区、直辖市及计划单列市科技厅(委、局),新疆生产建设兵团科技局,
各国家高新区管委会:

为深入贯彻落实习近平新时代中国特色社会主义思想和《国务院关于促进
国家高新技术产业开发区高质量发展的若干意见》(国发〔2020〕7 号),推
动国家高新区建设成为"创新驱动发展示范区和高质量发展先行区",科技
部研究修订了《国家高新技术产业开发区综合评价指标体系》,现印发给你们,
请认真贯彻落实。

科技部

2021 年 4 月 22 日

附件

国家高新技术产业开发区综合评价指标体系

一级指标	二级指标	赋权
创新能力和创业活跃度 20%	1.1 国家级和省级研发机构数	0.8
	1.2 从业人员中研发人员全时当量数占比	1.2
	1.3 研发经费内部支出占营业收入比例	1.2
	1.4 每万人当年发明专利授权数	1.2
	1.5 当年每千万研发经费支出的发明专利申请数	1.2
	1.6 国家级创业服务机构数	0.8
	1.7 当年新注册企业数	0.8
	1.8 当年登记入信息库的科技型中小企业数*	0.8
	1.9 当年孵化器、加速器和大学科技园内新增在孵企业数	0.8
	1.10 园区管委会营造创新创业环境及发展导向符合国家总体要求评价	1.2
结构优化和产业价值链 20%	2.1 营业收入中高技术服务业营收占比	1.0
	2.2 从业人员中本科及以上学历人员占比	1.2
	2.3 人均技术合同成交额	1.0
	2.4 当年净增营业收入	0.8
	2.5 企业利润率	1.0
	2.6 当年净增高新技术企业数*	0.8
	2.7 当年获得风险投资的企业数	0.8
	2.8 企业每 100 亿元营业收入所含有效发明专利数和注册商标数	1.0
	2.9 企业增加值率	1.2
	2.10 园区推动产业技术创新、自立自强、保证供应链自主可控的政策措施和成效评价	1.2
绿色发展和宜居包容性 15%	3.1 单位增加值综合能耗*	1.2
	3.2 园区二氧化碳排放量增长率	1.0
	3.3 园区总绿地率	1.2
	3.4 园区各级医院和各类学校数	0.8
	3.5 当年净增从业人员数	0.8

一级指标	二级指标	赋权
绿色发展和宜居包容性 15%	3.6 单位增加值中从业人员工资性收入占比	1.0
	3.7 从业人员平均月工资性收入与当地每平方米房价的比例	1.0
	3.8 园区管委会当年可支配财力	0.8
	3.9 园区促进产城融合、以人为本、共享发展与生态环保、绿色发展、引领示范作用评价	1.2
开放创新和国际竞争力 15%	4.1 设立境外研发机构（含境外孵化器）的内资控股企业数	0.8
	4.2 企业引进技术、消化吸收再创新和境内外产学研合作经费支出总额占营业收入比例	1.2
	4.3 当年获得境外注册商标或境外发明专利授权的内资控股企业数	0.8
	4.4 当年新增主导制定国际标准的内资控股企业数	0.8
	4.5 出口总额中技术服务出口占比 *	1.0
	4.6 营业收入中高新技术企业出口总额占比	1.2
	4.7 从业人员中外籍常驻人员和留学归国人员占比	1.2
综合质效和持续创新力 30%	5.1 园区全口径增加值占所在城市 GDP 比例	1.0
	5.2 全员劳动生产率的增长率	1.2
	5.3 当年内部研发投入强度达 5% 企业的营收合计占营业收入比例	1.2
	5.4 营业收入中数字产业相关企业营收合计占比	1.0
	5.5 当年新晋高成长（瞪羚企业）企业数	0.8
	5.6 当年在境内外上市（不含新三板）企业数 *	0.8
	5.7 当年内部研发投入强度达 5% 且营业收入超 5 亿元的企业数	0.8
	5.8 拥有国家级研发机构的企业数	0.8
	5.9 园区抓党建守规矩、权责健全、体制机制创新、先行先试以及依法施政、严管安全生产、建设平安社区评价	1.2
	5.10 园区参与评价所报数据和相关材料的及时性、准确性以及重视火炬统计工作的评价	1.2

指标解释

为探索分类评价机制，体现评价指标体系标准基本统一又有所区别对待的原则，部分创新指标和绿色发展指标（用＊标注的指标）对东部地区、中部和东北地区、西部地区的各高新区采取差别对待的办法。方法是设置加分系数，对涉及的部分二级指标进行加分处理。

对于部分创新指标，东部基础得分 ×1，中部和东北基础得分 ×1.05，西部基础得分 ×1.1。

对于部分绿色发展指标，东部基础得分 ×1.1，中部和东北基础得分 ×1.0，西部基础得分 ×0.9。

这 5 个二级指标为：1.8，2.6，3.1，4.5，5.6。

（一）创新能力和创业活跃度

1.1　国家级和省级研发机构数

计算公式：国家或行业归口研究院所数 + 国家重点实验室数 + 国家认定的国家级企业技术中心数 ×3+ 省级企业技术中心数 ×1/10+ 国家工程研究中心数 + 国家工程技术研究中心数 + 国家工程实验室数 + 国家地方联合工程研究中心数 + 省级新型研发机构数 ×1/10+ 其他国家级研发机构数 + 国家级研发机构分中心数 ×1/10

指标解释：鼓励园区积极引进和培育各类高水平研发载体，着力提升园区研发实力，特别是建立以企业为主体的技术创新体系。

1.2　从业人员中研发人员全时当量数占比

计算公式：企业 R&D 人员折合全时当量核算值 / 从业人员期末数

指标解释：衡量园区企业研发人员的实际投入强度，鼓励企业强化自主创新人力的投入。

1.3　研发经费内部支出占营业收入比例

计算公式：企业 R&D 经费内部支出核算值 / 企业营业收入

指标解释：衡量企业研发投入强度的通用指标，反映园区企业对研发和技术创新的重视程度以及投入能力。

1.4　每万人当年发明专利授权数

计算公式：企业当年发明专利授权数／从业人员期末数

指标解释：衡量园区企业的高质量创新成果的人均产出效率，引导企业开展具有较高原创性的创新活动。

1.5　当年每千万研发经费支出的发明专利申请数

计算公式：企业当年发明专利申请数／企业 R&D 经费内部支出核算值

指标解释：衡量园区企业高质量研发创新成果的单位经费产出效率。

1.6　国家级创业服务机构数

计算公式：国家级科技企业孵化器数 ×3+ 科技部备案的众创空间数 + 科技企业加速器数 + 大学科技园数 + 国家级生产力促进中心数 + 国家技术转移示范机构数 + 国家级资质产品检验检测机构数

指标解释：引导国家级创业服务机构在园区聚集，反映园区整体的产业服务平台实力。

1.7　当年新注册企业数

计算公式：当年新注册企业数（不含个体户）

指标解释：体现园区大众创业活力，反映园区对全国创业的示范和引领情况。

1.8　当年登记入信息库的科技型中小企业数

计算公式：园区当年在科技部科技型中小企业信息库中登记的企业数

指标解释：反映园区科技型企业的新生力量培育情况。

1.9　当年孵化器、加速器和大学科技园内新增在孵企业数

计算公式：科技企业孵化器新增在孵企业数 + 大学科技园新增在孵企业数 +（加速器当年在孵企业数 - 上年在孵企业数）

指标解释：反映创业服务机构的运营水平，营造利于大众创业的良好环境。

1.10 园区管委会营造创新创业环境及发展导向符合国家总体要求评价

计算方法：对参与评价的国家高新区进行问卷调查，同时结合专家评分，进行综合判断

指标解释：综合衡量园区支撑创新创业的环境建设以及创新驱动示范区和高质量先行区的发展定位。

（二）结构优化和产业价值链

2.1 营业收入中高技术服务业营收占比

计算公式：高技术服务业企业营业收入合计 / 所有入统企业营业收入

指标解释：反映园区产业结构调整情况，同时强调和鼓励发展知识密集型服务业。

2.2 从业人员中本科及以上学历人员占比

计算公式：（本科＋研究生）人员数 / 从业人员期末数

指标解释：衡量企业从业人员的知识结构，引导企业进一步提升从业人员综合素质，也是衡量产业结构优化的重要指标。

2.3 人均技术合同成交额

计算公式：企业技术合同成交总额 / 从业人员期末数

指标解释：衡量园区技术交易活跃度，体现园区科技研发服务业和科技成果转化的发展态势。

2.4 当年净增营业收入

计算公式：企业当年营业收入 － 企业上年营业收入

指标解释：反映园区经济成长力，侧面反映企业的培育和成长成效，同时体现了园区新动能的培育成效。

2.5 企业利润率

计算公式：企业净利润 / 企业营业收入

指标解释：衡量企业的盈利能力和发展绩效。

2.6　当年净增高新技术企业数

计算公式：当年高新技术企业数－上年高新技术企业数

指标解释：引导企业申报高新技术企业，衡量园区科技型企业的培育情况，促进产业价值链的提升。

2.7　当年获得风险投资的企业数

计算公式：当年园区内获得风险投资的企业数

指标解释：反映园区内科技金融和风险投资的发展状况，体现"源于技术，成于资本"，推动新产业形成，提高出现独角兽企业的潜力。

2.8　企业每100亿元营业收入所含有效发明专利数和注册商标数

计算公式：（企业期末拥有有效发明专利数＋企业期末拥有注册商标数）/企业营业收入

指标解释：反映园区经济产出中的知识产权密度，体现产业的创新层级和在产业价值链的位置。

2.9　企业增加值率

计算公式：企业核算增加值/（区内工业企业的工业总产值＋其他企业的营业收入）

指标解释：衡量园区所有入统企业的附加值创造能力和在价值链的位置。

2.10　园区推动产业技术创新、自立自强、保证供应链自主可控的政策措施和成效评价

计算方法：对参与评价的国家高新区进行问卷调查，同时结合专家评分，进行综合判断

指标解释：综合衡量园区在转方式、调结构，鼓励企业持续加大研发投入，推动研发创新，填补空白，保证产业供应链自主可控的政策措施。

（三）绿色发展和宜居包容性

3.1　单位增加值综合能耗

计算公式：工业企业综合能源消费量/工业企业核算增加值

指标解释：衡量产业能耗的重要指标，也是衡量园区低碳经济实现程度的重要参考。

3.2 园区二氧化碳排放量增长率

计算公式：（当年园区二氧化碳排量－上年园区二氧化碳排量）/上年园区二氧化碳排量

指标解释：衡量园区排放温室气体总量变化的趋势，也反映产业结构调整力度。

3.3 园区总绿地率

计算方法：园区绿地面积/园区管辖面积

指标解释：反映园区优质的自然环境，也是中和二氧化碳的重要物质基础。

3.4 园区各级医院和各类学校数

计算方法：重点高中数＋初中数×1/3＋小学数×1/3＋国际学校数＋双语幼儿园数＋三甲医院数＋其他医院数×1/3

指标解释：反映园区优质基础教育以及优质医疗服务资源和水平，是吸引人才落户生根发展事业的重要指标。

3.5 当年净增从业人员数

计算公式：当年从业人员期末数－上年从业人员期末数

指标解释：从业人员的增长是反映园区持续发展活力的重要指标，吸纳就业人口也是对国家发展和社会稳定的重要贡献。

3.6 单位增加值中从业人员工资性收入占比

计算公式：本年应付职工薪酬/企业核算增加值

指标解释：该指标能够较好地反映 GDP 的幸福指数，体现园区人力资本价值的实现能力和水平，体现园区对民生的贡献。

3.7 从业人员平均月工资性收入与当地每平方米房价的比例

计算公式：（本年应付职工薪酬/12）/高新区平均房价

指标解释：衡量园区从业人员住房压力情况，是吸引人才的重要指标。

3.8　园区管委会当年可支配财力

计算公式：高新区管委会当年可支配财力（没有一级财政的高新区使用"管委会管理并支出的园区发展专项资金额"代替）

指标解释：衡量主园区管委会整体财政实力，体现园区综合统筹各类资源的财政储备情况，也反映园区全面协调可持续发展的综合创新实力。

3.9　园区促进产城融合、以人为本、共享发展与生态环保、绿色发展、引领示范作用评价

计算方法：对参与评价的国家高新区进行问卷调查，同时结合专家评分，进行综合判断

指标解释：衡量园区推动产城融合发展，绿色发展，建设生态环保、宜居宜业科技新城，着力打造以人为本、共享发展的行政效能。

（四）开放创新和国际竞争力

4.1　设立境外研发机构（含境外孵化器）的内资控股企业数

计算公式：设立境外技术研发机构或境外孵化器的内资控股企业数

指标解释：反映园区企业对国际创新创业平台资源的建设、集聚和整合能力。

4.2　企业引进技术、消化吸收再创新和境内外产学研合作经费支出总额占营业收入比例

计算公式：企业当年（委托境内研究院所研发费用支出＋委托境内高等学校研发费用支出＋委托境内其他企业研发费用支出＋委托境外开展研发活动经费支出＋引进境外技术经费支出＋引进境外技术的消化吸收经费支出）/企业营业收入

指标解释：衡量园区企业通过委外研发、技术引进、消化吸收再创新等方式，整合国内外创新资源进行开放式创新的情况，也反映企业外部研发投入的强度。

4.3　当年获得境外注册商标或境外发明专利授权的内资控股企业数

计算公式：当年获得海外注册商标的企业数 + 当年获得海外发明专利授权的内资控股企业数

指标解释：鼓励更多的企业申请境外商标和发明专利，增强知识产权保护意识，更有利于运用国际规则开拓国际市场，提升国际竞争力。

4.4　当年新增主导制定国际标准的内资控股企业数

计算公式：当年新增国际标准数大于零的内资控股企业数

指标解释：鼓励内资控股企业主导制定国际标准，能够牵头制定国际标准的企业集中体现了在业界的领先地位，这类企业具有高能级创新能力和国际创新竞争力。

4.5　出口总额中技术服务出口占比

计算公式：技术服务出口额 / 服务和商品出口总额

指标解释：衡量企业以自主知识产权对境外提供知识密集型服务能力，鼓励企业为减少我国的服务贸易逆差作出贡献。

4.6　营业收入中高新技术企业的出口总额占比

计算公式：高新技术企业的出口额合计 / 企业营业收入

指标解释：衡量企业以自主知识产权参与国际竞争的能力，高新技术企业出口额比高新技术产品出口额更能反映本土创新型企业的国际竞争力。

4.7　从业人员中外籍常驻人员和留学归国人员占比

计算公式：（外籍常驻人员数 + 留学归国人员数）/ 从业人员期末数

指标解释：从业人员的国际化是提升全球竞争能力的重要因素，该指标体现园区对全球人才的吸引力。

（五）综合质效和持续创新力

5.1　园区全口径增加值占所在城市 GDP 比例

计算公式：园区全口径增加值 / 所在城市（或区）的 GDP

指标解释：反映园区对所在城市经济产业的贡献，引导园区发挥辐射带动作用，争做创新驱动示范区和高质量发展先行区。

5.2 全员劳动生产率的增长率

计算公式：（当年核算的增加值／当年从业人员期末数－上年核算的增加值／上年从业人员期末数）／（上年核算的增加值／上年从业人员期末数）

指标解释：衡量企业价值创造效能，激励园区企业不断提高生产效率。

5.3 当年内部研发投入强度达5%企业的营收合计占营业收入比例

计算公式：当年研发经费内部投入强度达到5%企业的营业收入合计／企业营业收入

指标解释：衡量园区由创新所驱动的经济规模占园区整体规模的比重，反映高能级创新活动对园区整体经济作出的贡献。

5.4 营业收入中数字产业相关企业营收合计占比

计算公式：按代码提取入统企业中与数字产业相关的企业营收加总／火炬入统企业营收总额

指标解释：反映园区数字产业发展状况，集中体现园区对最具有代表意义的未来产业的布局、培育和率先发展情况。

5.5 当年新晋高成长（瞪羚企业）企业数

计算公式：当年末新晋的高成长企业数

指标解释：反映园区高成长性企业（瞪羚企业）的培育，也反映园区新经济的发展状况。

5.6 当年在境内外上市（不含新三板）企业数

计算公式：园区当年在境内、外上市企业数（不含新三板）

指标解释：反映园区中具有发展实力和质量的企业增长情况，同时引导园区企业积极通过金融市场进行科技融资。

5.7 当年内部研发投入强度达5%且营业收入超过5亿元的企业数

计算公式：内部研发投入强度达到5%且营业收入超过5亿元的企业数

指标解释：反映园区具有高能级创新能力和实力的企业发展情况。

5.8 拥有国家级研发机构的企业数

计算公式：拥有任一国家级研发机构的企业数之和，国家级研发机构类型包括国家认定企业技术中心、国家重点实验室、国家工程研究中心、国家工程实验室、国家工程技术研究中心、国家地方联合工程研究中心（工程实验室）

指标解释：衡量园区具有研发实力的龙头科技企业培育成效，鼓励园区自主培育有根植性创新型大企业。

5.9 园区抓党建守规矩、权责健全，体制机制创新、先行先试以及依法施政、严管安全生产、建设平安社区评价

计算方法：对参与评价的国家高新区进行问卷调查，同时结合专家评分，进行综合判断

指标解释：衡量园区管委会重视党建工作，严守党纪政纪，率先改革探索，不断提升综合管理和行政服务效能。

5.10 园区参与评价所报数据和相关材料的及时性、准确性以及重视火炬统计工作的评价

计算方法：由科技部火炬中心对各园区数据填报和调查问卷反馈的工作质量（包括对相关问题改进情况）进行打分

指标解释：引导园区加强对统计工作及数据准确性的重视，做好基础统计工作和园区创新发展监测工作，防止虚报、瞒报和弄虚作假。

附录五

科技部关于印发
《国家高新区绿色发展专项行动实施方案》的通知

国科发火〔2021〕28号

各省、自治区、直辖市及计划单列市科技厅(委、局),新疆生产建设兵团科技局,各国家高新区管委会:

为深入贯彻落实习近平新时代中国特色社会主义思想和《国务院关于促进国家高新技术产业开发区高质量发展的若干意见》(国发〔2020〕7号),推动国家高新区绿色发展,科技部将组织实施"国家高新区绿色发展专项行动",现将《国家高新区绿色发展专项行动实施方案》印发给你们,请认真贯彻落实。

科技部

2021年1月29日

国家高新区绿色发展专项行动实施方案

国家高新区建设三十多年来,坚持走创新、协调、绿色发展的新型工业化道路,实现了从科技价值到经济价值,再到社会价值的转变。为统筹推进"五位一体"总体布局、协调推进"四个全面"战略布局,坚持新发展理念,贯彻落实《国务院关于促进国家高新技术产业开发区高质量发展的若干意见》(国发〔2020〕7号)有关精神,科技部决定在国家高新区组织开展"国家高新区绿色发展专项行动",特制订实施方案如下。

一、行动背景

当今世界正经历百年未有之大变局,新一轮科技革命和产业变革深入发展,绿色低碳循环发展成为大势所趋,一系列深层次挑战和不确定性在加大。党的十九大开启了全面建设社会主义现代化国家新征程,确立了高质量发展的重大命题,并再次强调了"创新、协调、绿色、开放、共享"的新发展理念。绿色发展作为新发展理念之一,是高质量发展的重要标志和底线,是引导经济发展方式转变,构建人与经济、自然、社会、生态、文化协调发展新格局的重要战略部署。中国应对气候变化承诺二氧化碳排放力争于 2030 年前达到峰值,努力争取 2060 年前实现碳中和。加快形成绿色发展方式和生活方式,做好碳达峰、碳中和成为经济社会发展的新课题。

国家高新区作为高质量发展先行区,理应在绿色发展方面走在前列,作出表率。国家高新区建设三十多年来,通过完善环境管理体系认证,创新环境保护和绿色发展政策,积极推动构建现代环境治理体系,生态环境质量改善取得积极成效,绿色发展理念不断深入,绿色发展成效日益突出,一批国家高新区已经成为所在城市能耗最低、生态最优、环境最美的区域。据统计,2019 年国家高新区工业企业万元增加值能耗为 0.464 吨标准煤,优于国家生态工业示范园区标准相关指标值和全国平均水平;136 家国家高新区全年 PM2.5 浓度低于 50 $\mu g/m^3$ 的天数达到 200 天以上;86 家国家高新区森林覆盖率超过 25%。但是从全面提升绿色发展和高质量发展的要求来看,国家高新区还存在绿色技术创新能力不强、绿色产业竞争力较弱、部分国家高新区重工业和高能耗产业比重偏大等问题。面对新形势、新要求,国家高新区作为我国发展高新技术产业和推进自主创新的核心载体,更要深入践行绿色发展理念,巩固提升绿色发展优势,探索生态文明与科技创新、经济繁荣相协调相统一的可持续发展新路径,为引领我国经济、科技、社会、生态全面高质量发展作出新的贡献。

二、指导思想

以习近平新时代中国特色社会主义思想为指导，全面贯彻党的十九大和十九届二中、三中、四中、五中全会精神，认真落实习近平总书记关于绿色发展的重要讲话精神，统筹推进"五位一体"总体布局、协调推进"四个全面"战略布局，立足新发展阶段，坚持新发展理念，落实创新驱动发展战略和可持续发展战略，做好碳达峰、碳中和工作，围绕把国家高新区建设成为"创新驱动发展示范区和高质量发展先行区"的目标定位，强化底线思维，把绿色发展理念贯彻到一切工作之中，推动国家高新区加强绿色技术供给、构建绿色产业体系、实施绿色制造工程、提升绿色生态环境、健全绿色发展机制，进一步探索和形成科技创新引领绿色崛起的高质量发展路径，将国家高新区打造成为引领科技创新、经济发展与绿色生态深度融合、协调发展，全面支撑生态文明建设和美丽中国建设的示范区。

三、基本原则

1. 创新驱动，产业优先。构建国家重大需求和双循环导向的绿色技术创新体系，以关键核心技术转化与产业化带动技术创新体系工程化，培育发展具有国际竞争力、自主可控的绿色技术和产业体系。

2. 改造存量，优化增量。加快传统制造业绿色技术改造升级，鼓励使用绿色低碳能源，提高资源利用效率，淘汰落后设备工艺，从源头减少污染物产生。积极引领新兴产业高起点绿色发展，强化绿色设计，加快开发绿色产品，大力发展节能环保产业和清洁生产产业。

3. 分类推进，试点示范。结合各高新区经济社会发展水平、创新能力、产业特色、地域特点和资源禀赋，指导各园区编制绿色创新发展规划，建立绿色发展机制，组织有条件的园区和企业开展试点示范，发布绿色发展报告。

4. 加强引导，重点突破。以评价导向、标准设定等方式优化完善国家高新区评价指标体系，着力解决重点园区、企业发展中的资源环境问题，引导国家高新区切实贯彻绿色发展理念，加大绿色发展投入，推动体制机制改革和园区绿色发展。

四、主要目标

在国家高新区内全面深入践行绿色发展理念、执行绿色政策法规标准、创新绿色发展机制，实现园区污染物排放和能耗大幅下降，绿色技术创新能力不断增强，绿色制造体系进一步完善，绿色产业不断壮大，自然生态和谐、环境友好和绿色低碳生活方式不断强化，可持续的绿色生态发展体系基本形成，培育一批具有全国乃至全球影响力的绿色发展示范园区和一批绿色技术领先企业，在国家高新区率先实现联合国2030年可持续发展议程、工业废水近零排放、碳达峰、园区绿色发展治理能力现代化等目标，部分高新区率先实现碳中和。到2025年，国家高新区单位工业增加值综合能耗降至0.4吨标准煤/万元以下，其中50%的国家高新区单位工业增加值综合能耗低于0.3吨标准煤/万元；单位工业增加值二氧化碳排放量年均削减率4%以上，部分高新区实现碳达峰。

五、重点任务

（一）推动国家高新区节能减排，优化绿色生态环境。

1. 降低园区污染物产生量。以绿色技术驱动源头降低污染物产生量为核心，深化生产全过程和园区系统化污染防治，推动联防联控和区域共治，切实改善环境质量，降低环境风险。结合国家高新区高新技术产业聚集的特点，高度重视新兴污染物和有毒有害污染物排放，加大对电子信息、生物医药、新材料等产业污染物排放的全过程防控和治理。引导传统重污染行业的绿色技术进步和产业结构优化升级，加大清洁能源使用，推进能源梯级利用；持续削减化学需氧量、氨氮、二氧化硫、氮氧化物、挥发性有机化合物、细颗粒物等主要污染物和温室气体等的产生量和排放量。完善国家高新区能源、环境基础设施升级及配套管网建设，持续推动高新区内重点行业的清洁生产审核工作，深入开展园区用排水全过程的精细化、智能化和可持续水管理，实施水污染源的排放闭环和循环利用技术改造。

2. 降低园区化石能源消耗。鼓励国家高新区推行资源能源环境数字化管理，实现智能化管控，加强生产制造过程精细化管控，减少生产过程中资源消耗。园区建立统一的能源申报管理平台，做好园区二氧化碳排放量核算，实施碳达峰年度报告制度。支持有条件的国家高新区创新市场化的节能减排手段，搭建碳排放权交易平台。鼓励各国家高新区加快推进智能交通基础设施、智慧能源基础设施建设。鼓励高新区倡导绿色低碳生活方式和全面节能降耗，引导企业积极践行绿色生产方式，探索建设"碳中和"示范园区。

3. 构建绿色发展新模式。按照"一区一主导产业"的原则，在国家高新区现有产业基础上，推动园区绿色、低碳、循环、智慧化改造，以增量优化带动存量提升，促进产业向智能化、高端化、绿色化融合发展。鼓励园区编制绿色发展规划，开展国家生态工业示范园区、绿色园区等示范试点创建；加快产业转型升级，着力发展环境友好型产业，严格控制高污染、高耗能、高排放企业入驻。对重点行业企业用地加强督查评估，提高土地集约利用水平，土地开发利用应符合土壤环境质量要求。

（二）引导国家高新区加强绿色技术供给，构建绿色技术创新体系。

1. 加强绿色技术研发攻关。支持国家高新区围绕产业绿色发展、生态环境治理等领域，加快培育绿色技术创新主体与绿色技术成果，全面增强绿色创新发展的引领支撑能力。开展高新区工业废水近零排放科技创新行动，做好管网及污水处理设施建设及有毒有害污染物监测，以企业内废水处理和园区污水厂综合处理为基础，形成国家高新区污水近零排放整体方案。围绕节能环保、清洁生产、清洁能源、生态保护与修复、臭氧污染治理、资源回收利用、城市绿色治理等重点领域实施一批绿色技术重点研发项目，培育一批绿色技术创新龙头企业和绿色技术创新企业，支持企业创建绿色技术工程研究中心、绿色企业技术中心、绿色技术创新中心等。

2. 构建绿色技术标准及服务体系。支持国家高新区建立绿色技术创新发展标准体系和服务体系，加速绿色技术和产品的创新开发和推广应用。引导国家高新区强化绿色标准贯彻实施，引导企业运用绿色技术进行升级改造，推进标准实施效果评价和成果应用。支持国家高新区强化绿色技术创新服务体系建设，加快专利转化和技术交易，提供节能环保技术装备发布展示、清洁生产审核服务、园区循环化改造咨询、第三方合同能源管理、"环保管家"服务、企业需求发布对接等服务。

3. 实施绿色制造试点示范。鼓励国家高新区按照用地集约化、生产清洁化、能源低碳化、废物资源化原则，开展绿色产品、绿色工艺、绿色建筑等改造。支持企业推行资源能源环境数字化、智能化管控系统，加强生产制造精细化、智能化管理，优化过程控制，减少生产过程中资源消耗和环境影响。建立覆盖采购、生产、物流、销售、回收等环节的绿色供应链管理体系，支持企业申报绿色供应链管理示范企业。推动工业绿色低碳循环发展，开展工业节能监察，推进节能技术改造和应用，促进落后产能依法依规退出。

（三）支持国家高新区发展绿色产业，构建绿色产业体系。

1. 进一步优化产业结构、完善产业布局。鼓励国家高新区更多采用清洁生产技术，采用环境友好的新工艺、新技术，实现投入少、产出高、污染低，尽可能把污染物排放消除在生产过程。选择若干国家高新区开展"绿色产业补链强链行动"，找准产业链创新链短板与关键风险点、着力点开展科技攻关。推进智能化、信息化、绿色化等有关产业类项目的融通发展，着力培育绿色产业集群，持续引导有条件的国家高新区重点布局国家急需的战略性新兴产业、未来产业和重大前沿性领域，积极稳妥推进落后产能、过剩产能的腾退与升级改造。国家高新区要积极融入所在区域的产业发展重点领域、产业定位及产业链的上下游配套，制定出台产业转移、整合、协作的推进机制和考核机制，推动形成优势互补、协调统筹、高质量发展的绿色发展整体布局。

2. 建立绿色产业专业孵化与服务机构。积极引导各国家高新区、科技型绿色示范企业、投融资机构加快建设绿色产业专业孵化器、众创空间，支持综合型孵化器、众创空间面向绿色发展实施精准孵化。支持孵化机构围绕企业需求加强绿色技术创新服务体系建设，搭建公共技术研发、检验检测、外包定制等服务平台，提供绿色产业专业化服务。

3. 举办绿色产业专业赛事。聚焦绿色产业领域，支持开展专项创新创业大赛、创新挑战赛、科技成果直通车等活动，搭建核心技术攻关交流平台。鼓励行业有影响力的领军企业或者研发实力较强的企业参与核心关键技术攻关，进一步联合高校、科研院所、企业技术中心等共同开展重大科技项目研发攻关，提升企业自主研发能力和水平。加大政策支持和服务保障，进一步培育壮大绿色技术研发和产业化的主体力量。

4. 搭建绿色产业创新联盟。以绿色产业示范集群为依托，有效整合并共享联盟资源，重点围绕绿色产业补短板、强弱项、延链条。组建以企业为核心，高校、科研院所、新型研发机构、双创载体等深度参与的园区绿色发展创新联盟，强化产业链前端的技术供给，通过技术转移机构搭建大学和企业之间的桥梁。支持举办现代绿色发展项目资本对接会，进一步打通科技、资本等要素对接绿色产业的通道。

5. 构建绿色产业发展促进长效机制。搭建国家高新区绿色发展信息交流平台，鼓励专业机构开展国家高新区绿色发展专题研究，支持有条件的国家高新区举办绿色技术学术论坛和会议，鼓励有条件的高新区发布年度绿色发展报告。引导高新区通过完善绿色发展政策制度，对企业绿色产业发展进行鼓励和规范，支持节能环保等绿色产业做大做强。引导国家高新区建立绿色技术创新成果转化平台，促进绿色科技成果转化应用。结合市场导向和政府人才引进的双向需求，统筹推进绿色发展产业人才引进工作，进一步打通人才服务绿色发展的通道。

6. 健全绿色产业金融体系。支持国家高新区构建绿色产业金融体系，通过创新性金融制度安排，引导和激励绿色技术银行及更多社会资本投入绿色产业领域，推动高新区创新水平整体提升。鼓励国家高新区政府引导基金和社会资本优先支持绿色、低碳、循环经济的产业项目，探索建立绿色项目储备库和限制进入名单库，建立起贯穿生产、销售、结算、投融资的"全链条"绿色金融服务体系，扩大绿色金融服务的覆盖面。

六、保障措施

1. 加强组织领导。国家高新区绿色发展专项行动在科技部统一领导下，由火炬中心成立专项办公室具体组织推动。各国家高新区管委会紧密结合工作实际，加强组织领导和工作协同，制定切实可行的实施方案，制定出台促进绿色发展的产业、投资、财税、服务、保障等政策措施，建立推动绿色发展的制度体系，做好试点示范和推广应用，确保各项工作落实到位。

2. 开展"十百千"示范工程。围绕绿色发展的总体要求，以关键领域绿色技术创新、节能减排绿色技术和发展绿色产业为核心，在国家高新区组织开展绿色发展"十百千"示范工程，推动数十家园区开展"国家高新区绿色发展示范园区"建设，培育数百家绿色技术和节能减排技术领先企业，服务数千家企业切实实现污染物排放或能耗大幅降低。支持国家高新区创建国家生态工业示范园区、国家生态文明建设示范区。支持国家高新区与国家可持续发展议程创新示范区加强合作，交流经验，促进产业绿色转型升级。

3. 加大项目支持和成果转化力度。支持国家高新区相关单位承担科技重大专项、重点研发计划中有关绿色发展的科技计划项目，相关成果以成果包形式，在中国创新挑战赛、科技成果直通车等活动中予以推广。鼓励科研院所加强绿色发展成果转化，提高重大创新成果在园区落地转化并实现产业化的效率。加大对绿色发展技术研发的投入，加强产业链、创新链各环节的衔接，促进企业进行长期专注的科技创新投入。各国家高新区要建立健全对绿色发展有关项目的激励、支持和保障制度，探索通过贷款贴息、风险补偿、税收优惠等方式，促进资金投向绿色发展项目，加快政府采购、生态补偿等助力绿色发展的快速有效方法的实施。

4. 强化监督评价。在国家高新区发展评价指标体系中加大绿色发展的指标权重，强化评价的引导和促进作用，对出现重特大环境污染事故的园区，在评价排名工作中进行扣分降档处理。

5. 加强宣传引导。加强舆论宣传引导，开展多层次、多形式的宣传教育，积极开展公益性宣传活动，大力传播绿色发展理念。充分发挥媒体、公益组织、行业协会、产业联盟的积极作用，引导企业践行绿色创新理念。鼓励国家高新区组织开展绿色生产、低碳生活、绿色出行、节能节水、废物循环利用等多种形式的绿色实践，为国家高新区绿色发展营造良好社会氛围。

附录六

新时代十年国家高新区大事记

2012 年 7 月 5—9 日，由科技部、国家发展改革委、财政部、国土资源部、住房和城乡建设部主办，中组部、教育部、中国科学院、中国工程院、中国科协共同支持的以"科学发展　创新驱动　铸就辉煌"为主题的"国家高新技术产业开发区建设二十年成就展"在国家会议中心成功举办。

2012 年 7 月 7 日，科技部在北京组织召开国家高新技术产业开发区工作会议，系统回顾与总结国家高新区 20 年来所取得的成就与发展经验，明确了新时期国家高新区所肩负的新的历史使命和发展目标。会上，37 个国家高新区管委会获"国家高新技术产业开发区建设 20 年先进集体"荣誉称号，268人获"国家高新技术产业开发区建设 20 年先进个人"荣誉称号，22 人获"国家高新技术产业开发区建设 20 年突出贡献者"称号。

2012 年 8 月 19 日，国务院批准承德、本溪等 17 家省级高新技术产业开发区升级为国家高新技术产业开发区。

2013 年 3 月 12 日，科技部发布《科技部关于印发国家高新技术产业开发区创新驱动战略提升行动实施方案的通知》（国科发火〔2013〕388 号），修订国家高新区综合评价指标体系。

2013 年 12 月 20 日，国务院批复同意呼和浩特等 9 家省级高新技术产业开发区升级为国家高新技术产业开发区。

2014 年 10 月 20 日，国务院批复同意镇江高新技术产业开发区升级为国家高新技术产业开发区。

2015 年 2 月 5 日、9 月 29 日，国务院先后两批批复同意锦州、清远等 30

家省级高新技术产业开发区升级为国家高新技术产业开发区。

2015 年 10 月 19 日，国务院批准设立"黄河三角洲农业高新技术产业示范区"，这是全国第二个国家农业高新区。

2017 年 2 月 13 日，国务院批复同意鄂尔多斯高新区等 10 家省级高新技术产业开发区升级为国家高新技术产业开发区。

2018 年 2 月 28 日，国务院批复同意淮南高新区等 12 家省级高新技术产业开发区升级为国家高新技术产业开发区。

2018 年 12 月 26 日，国家高新区建设 30 周年座谈会在京召开，科技部党组书记、部长王志刚出席并讲话。

2020 年 7 月 13 日，国务院印发《国务院关于促进国家高新技术产业开发区高质量发展的若干意见》（国发〔2020〕7 号）。

2021 年 1 月 29 日，科技部印发《科技部关于印发〈国家高新区绿色发展专项行动实施方案〉的通知》（国科发火〔2021〕28 号）。

2021 年 4 月 22 日，科技部修订印发《科技部关于印发〈国家高新技术产业开发区综合评价指标体系〉的通知》（国科发火〔2021〕106 号）。

2021 年 6 月 9 日，科技部火炬中心组织召开"国家高新区'碳达峰碳中和'技术革命与产业变革专题会议"，联合 12 家国家高新区共同发起《国家高新区"碳达峰碳中和"行动宣言》。

2022 年 8 月 12 日，科技部组织国家高新区和高新技术企业高质量发展推进会，全国各省、自治区、直辖市、计划单列市和新疆生产建设兵团科技管理部门，173 家国家高新区管委会和 1000 余家高新技术企业代表通过视频连线参加会议。

2022 年 6 月 8 日、12 月 14 日，国务院先后批复同意滁州、拉萨等 8 家高新技术产业开发区升级为国家高新技术产业开发区。至此内地 31 个省级行政单元和新疆生产建设兵团全部插上了国家高新区的旗帜。

2022 年 9 月 28 日，国家高新区科学城交流研讨会在山东淄博举办，中关村、上海张江等 21 家高新区共同发起成立首届国家高新区科学城合作联合体。

2023 年 3 月，中共中央、国务院印发《党和国家机构改革方案》，将科技部的组织拟订高新技术发展及产业化规划和政策，指导国家自主创新示范区、国家高新技术产业开发区等科技园区建设相关职责划入工业和信息化部。

2023 年 6 月 12 日，国务院批复同意阿克苏阿拉尔高新技术产业开发区升级为国家高新技术产业开发区，开启兵地协作跨区域建设国家高新区新篇章。